FOURIER ET NAPOLÉON.

PARIS. — TYPOGRAPHIE DE FIRMIN DIDOT FRÈRES, RUE JACOB, 56.

FOURIER ET NAPOLÉON

L'ÉGYPTE ET LES CENT JOURS

MÉMOIRES

ET DOCUMENTS INÉDITS

PAR

M. CHAMPOLLION-FIGEAC

PARIS,

FIRMIN DIDOT FRÈRES, LIBRAIRES,

IMPRIMEURS DE L'INSTITUT DE FRANCE,

RUE JACOB, 56.

1844.

PRÉFACE.

Peu de personnes se sont occupées de recherches historiques, sans se faire promptement une juste et favorable idée du mérite particulier des relations écrites par des témoins oculaires des faits, ainsi que des documents originaux dont rien n'altère l'authenticité. Le volume que je publie aujourd'hui offrira aux lecteurs une portion de ces avantages : les faits y abondent, et je ne raconte que ce que j'ai vu ; les documents y sont nombreux, et je puis en montrer les textes mêmes. On n'écrira pas sur le plus grand homme des temps modernes, et sur l'événement le plus mémorable de sa vie, l'un de ceux en même temps qui ont exercé une durable influence sur les destinées sociales de la France, sans consulter ces documents, et les souvenirs que j'ai retracés des premiers moments de la fabuleuse entreprise qui ramena Napoléon sur le trône impérial en 1815.

Un homme éminent par son esprit, par son caractère, et qui se fit distinguer par ses services publics parmi les illustres serviteurs de l'Empire, travailla à la fois pour l'honneur de la patrie, l'avancement de la science et la gloire de l'Empereur ; il eut avec Napoléon, dans ses diverses fortunes, empereur ou proscrit, en Égypte et en France, les rapports les plus personnels, et dans des circonstances majeures que le cours des âges doit agrandir encore. Cet homme, qui s'est illustré par ses propres œuvres, est le sujet réel de cet écrit. Je

a

me suis proposé d'y rappeler les circonstances principales de ces rapports intimes entre *Fourier et Napoléon*,
durant *l'expédition d'Égypte et les cent jours.*

Les historiens de ces événements si extraordinaires
retrouveront ces souvenirs et ces documents avec quelque intérêt : ainsi sera rempli l'objet même que je devais
avoir en vue en publiant cet ouvrage.

Les sujets en sont nombreux et divers, je dois en
convenir, mais ils touchent tous à la vie laborieuse de
Fourier, elle en constitue l'unité : et serait-ce donc
attenter aux règles de l'art, quand la variété, l'étendue et l'excellence des mérites d'un homme en font
une obligation à son historien, que de le montrer à la
fois grand géomètre, habile écrivain, philosophe profond, administrateur intègre et désintéressé? Fourier
figura dans les grandes affaires de son pays et de son
temps; est-il donc inutile de savoir quelle part put y
prendre un citoyen aussi distingué, et si, devenu homme
public, il donna ou non le trop rare exemple d'une parfaite fidélité à la science et à la philosophie? Ajoutons
que la vogue des histoires universelles est passée, et
qu'elle ne peut revenir et s'accréditer qu'après de
bonnes relations expresses sur chacun des grands événements ou des grands hommes qu'elle doit faire connaître : j'ai réuni quelques faits certains qui concernent
un de ces hommes et plusieurs de ces événements.

Un digne panégyriste a déjà recommandé la vie et
les travaux scientifiques de Fourier à l'estime et au
respect de l'histoire. J'ajoute à ce qu'a dit **M.** Arago;
je ne pouvais pas après lui parler, sans imprudence,
des mêmes faits de la vie de Fourier; aussi me suis-je

proposé de la décrire dans ses rapports intimes avec ses opinions, sa famille, ses amis et les événements qui la traversèrent.

J'ai dû, en un pareil sujet, me défendre de toute indiscrétion; je crois avoir obéi sans faillir à ce sentiment des plus justes convenances; et quoique je nomme bien des personnes, je n'ai point cessé d'avoir présent à l'esprit ce désintéressement général de Fourier à l'égard des hommes qu'il connaissait le plus, de ceux même dont il se louait le moins. Toutefois, je dois l'avouer, il ne m'a point paru que ce désintéressement pût s'appliquer, dans son universalité même, à la moralité de l'histoire; et s'il est vrai qu'elle doive toujours être d'un parti, l'histoire satisfait à cette règle en n'abandonnant jamais le parti de la justice et de la vérité : à leur égard l'impartialité serait de l'ingratitude; il y a un instinct infaillible qui avertit les écrivains de bonne foi de tout ce qui est juste et vrai.

Les lettres et la politique sont mêlées ensemble dans cet ouvrage. Ainsi s'écoula le siècle pour tous nos contemporains de quelque valeur intellectuelle. On n'oubliera donc pas que le personnage qui est le sujet de cet ouvrage fut d'abord un géomètre distingué, et successivement chef de l'administration de la justice en Égypte, administrateur d'un des grands départements de l'Empire, secrétaire perpétuel de l'Académie des sciences et l'un des quarante de l'Académie française. Quel est d'ailleurs l'homme de quelque mérite supérieur, ou capable de quelques généreux sentiments, qui n'a pas été mêlé aux prospérités ou aux infortunes de notre France? L'histoire n'est muette que pour le froid égoïsme et

pour les inspirations factices du patriotisme de calcul.
A des hommes si malheureusement doués, les joies, les
douleurs de la patrie ne sont rien : l'histoire est indul-
gente en les oubliant.

L'ordre des *Documents et Additions* est subordonné à
la division même du texte; chacune de ces pièces doit
répandre quelque intérêt nouveau sur la partie de la
narration qu'elle concerne.

La planche du *Planisphère ou* ZODIAQUE CIRCULAIRE
DE DENDÉRAH, placée en regard de la page 64, était indispensable, devant démontrer aux yeux un fait du plus
haut intérêt pour éclairer les savantes discussions dont ce
précieux monument sera longtemps encore le difficile
sujet. Ce fait fut constaté par mon frère, durant son
voyage en Égypte et en Nubie, et il est consigné dans
sa lettre écrite de Thèbes le 24 novembre 1828 (1). Il a
été vérifié de nouveau l'année dernière (septembre 1843),
sur ma prière, par M. Prisse, vice-président de l'Association littéraire égyptienne du Kaire. Je dois aussi à
l'obligeance de ce savant et zélé archéologue un bon dessin de ce qui subsiste encore à Dendérah des sculptures
et des inscriptions voisines du planisphère : la partie de
ces inscriptions que j'ajoute à la figure de ce zodiaque
suffit à l'objet que je me propose aujourd'hui, et intéresse très-directement l'histoire des zodiaques égyptiens,
les opinions déjà connues sur leur antiquité, et les recherches inépuisables dont ils doivent être encore l'objet, car cet élément nouveau de la question agrandit
le champ des incertitudes plutôt qu'il ne le resserre :

(1) C'est le 17 du même mois que cette observation fut faite à
Dendérah par Champollion le jeune.

mais la science est fort résolue, toute-puissante; elle n'hésitera point en face d'un tel incident.

Il y a peu de chose à dire du Discours qui remplit à lui seul le chapitre VIIe de ce volume; ses mérites reconnus suffisent pour le recommander. Ordonné et commencé sous le Consulat, la marche des événements publics en Europe le destina à être publié sous l'Empire. Le Premier Consul avait tenté d'accréditer les opinions les plus exagérées de l'antiquité des zodiaques égyptiens; l'Empereur favorisa ouvertement les opinions les plus restreintes, et sa première politique dirigée selon les vœux des peuples, il la remplaça par une politique conforme aux désirs des rois : il venait de s'introduire dans leur rang. Il y a de curieuses traces de ces solennelles variations, inspirées par l'enivrement de la victoire, dans cette première rédaction inédite du célèbre Discours de Fourier, qui sert d'introduction à la Description de l'Égypte et d'histoire à l'expédition française.

L'Europe entière a jugé, selon la diversité des intérêts, cette merveilleuse entreprise de notre révolution. Un autre de ses ennemis en a écrit ce qui suit : c'est la copie d'un mémoire autographe et inédit du général *Dumourier*.

« L'ignorance, la folie et l'amour effréné du pillage ont dicté le projet de conquête de l'Inde par l'Égypte, dont le Directoire a chargé le malheureux Buonaparte.... Il n'est pas douteux que, si le général Buonaparte parvenait à s'établir solidement en Égypte, à révolutionner les faibles Égyptiens, à leur donner un caractère national, des lumières, de la force et de l'ensemble, à les amalgamer avec les Français

(ce qu'on doit regarder comme impossible), à établir une marine militaire dans la mer Rouge, à pénétrer sur la côte de Malabar en s'emparant de Surate, ou Diu, ou Daman, à se trouver sur cette côte assez en force pour assiéger et prendre ou Bombay, ou Goa, à faire d'un de ces excellents ports sa place d'armes, il ne pût ensuite réussir à diviser les puissances indiennes, à les détacher de l'Angleterre, à attaquer les trois présidences avec avantage, et même à renverser la puissance anglaise dans l'Inde.... Mais ce plan demanderait pour son exécution la liaison la plus intime avec les Turcs et les Arabes, surtout plusieurs années;... que les Égyptiens et les différentes hordes d'Arabes se fussent jointes en foule sous les drapeaux du conquérant de l'Italie; que la Porte, au lieu de prendre en mauvaise part l'invasion des Français en Égypte, eût été satisfaite du soin que prenait le Directoire de corriger ses Beys indociles, eût adopté le général Buonaparte pour son Pacha.....; et qu'avec vingt mille de ses braves soldats ce général eût traversé la mer Rouge et le golfe Arabique pour mettre pied à terre dans l'Inde et la conquérir. Mais il ne peut plus être question des projets de l'Inde. Le premier coup de fusil tiré en Égypte a tout détruit : l'armée française y lutte contre la faim, les maladies, la mort ou l'esclavage... tout Français, tout militaire, tout homme sensible, même ennemi, gémit sur le sort terrible de ces braves guerriers et de leurs chefs. On ne peut que s'indigner de les voir sacrifiés aux projets chimériques et au machiavélisme aveugle d'un gouvernement éphémère, que les Français ne peuvent pas soutenir plus longtemps sans compléter leur ruine. »

Cette opinion de Dumourier est de l'année 1799, du temps même où l'expédition d'Égypte s'accomplissait : le courage et la résolution de l'armée trompèrent ses sinistres prévisions ; l'opinion d'un tel homme nous a semblé néanmoins mériter une place parmi les documents qui intéressent le sujet de cet ouvrage.

Je l'aurais livré plus tôt au public curieux, si l'impression eût avancé selon mon désir ; elle est commencée, sur une copie entière de mon manuscrit, depuis le mois de mai de l'année dernière. Quelques personnes nommées dans mes récits sont mortes dans cet intervalle de près d'une année : je n'invoquais pas leur témoignage, mais elles pouvaient attester la certitude de mes souvenirs. Il me faut bien souscrire à ce désavantage qui est du fait du temps : un peu d'indulgence du public m'en dédommagerait avec largesse.

FOURIER ET NAPOLÉON.

L'ÉGYPTE ET LES CENT JOURS.

CHAPITRE PREMIER.

Fourier. Son premier âge. Novice bénédictin. Élève de l'École normale. Professeur à l'École polytechnique.

Fourier, fils d'un artisan, naquit à Auxerre, le 21 mars 1768, et reçut au baptème les prénoms de Jean-Joseph; il était le dix-neuvième enfant d'une famille plus nombreuse.

C'est une chose constante qu'il se donna, vers le milieu de sa vie, les prénoms de Jean-Baptiste-Joseph : son nom était précédé des trois lettres J. B. J. et dans ses signatures manuscrites et dans ses actes imprimés durant les premières années de son administration à Grenoble. Vers l'époque où il reçut le titre de baron, il supprima ces trois initiales, ainsi que le paraphe qu'il ajoutait à son nom : plus tard, dans les académies, il adopta le prénom de Joseph, qui fit partie de sa signature; il l'orna rarement du titre de baron, et il jouit à peine pendant deux mois de celui de comte, qui existe cependant au bas de quelques lettres ou de quelques actes, datés de Lyon et de l'année 1815.

On trouvera dans une élégante notice biographique composée par M. Mauger, l'un des plus honorables compatriotes et des meilleurs amis de Fourier, l'histoire de son enfance, de ses premières études et de ses premiers succès (1). Du collége communal de sa ville natale, Fourier, orphelin dès l'âge de neuf ans, passa au collége de Montaigu à Paris, de là chez les bénédictins d'Auxerre, dont il prit l'habit, à l'école normale de 1795, à l'école polytechnique, et en Égypte. C'est là que nous pouvons le suivre de très-près, ayant pour guides le témoignage de quelques documents encore nouveaux pour l'histoire, et les souvenirs qu'il nous a confiés.

CHAPITRE II.

Fourier en Égypte. Bonaparte. Kléber. Menou. Le Divan. L'Institut. Événements intérieurs. Documents inédits.

Un arrêté du directoire exécutif de la république, en date de germinal an VI, mit Fourier au nombre des savants désignés pour une expédi-

(1) Annuaire statistique du département de l'Yonne, pour l'année 1837.

tion dont le but était ignoré du public, et qui se rendit en Égypte. Fourier partit et débarqua avec l'armée.

Dans une analyse bienveillante, mais fidèle, des actes concernant le séjour et les services divers de Fourier en Égypte, actes déposés dans le *Courrier de l'Égypte,* dans la *Décade égyptienne* (1), et dans les *Annuaires de la république française* imprimés au Kaire, M. Cousin (2), son successeur à l'Académie française, a fait connaître à quels titres divers, étant revêtu à la fois de fonctions littéraires et de fonctions administratives qui touchaient également aux plus grands intérêts de l'établissement français sur les rives du Nil, Fourier rendit partout de très-grands services, secondant à la fois, d'un zèle infatigable, l'administration nouvelle du pays et les re-

(1) Recueil en trois volumes petit in-4° ; les feuilles A, B, C, formant les 24 premières pages du 4ᵉ volume, ont été imprimées au Kaire, mais elles n'ont pas été conservées, la capitulation de la place ayant mis fin à l'occupation française. Ces trois feuilles se trouvent très-rarement réunies aux trois volumes de la *Décade.* L'imprimerie nationale s'était réfugiée dans la citadelle du Kaire. La convention du 8 messidor an ix (27 juin 1801), pour l'évacuation de cette ville et de son territoire, fut la dernière pièce imprimée en Égypte. Parmi les ouvrages malheureusement interrompus aussi par les mêmes circonstances, il faut citer la *Grammaire arabe vulgaire* de M. J. J. Marcel, dont il n'existe que les 168 premières pages, format petit in-4° et dont les exemplaires sont aussi très-rares.

(2) Supplément du journal le *Constitutionnel;* mois de juillet 1838.

1.

cherches les plus intéressantes sur son état ancien; dirigeant l'Institut et le Divan; concourant avec une habileté remarquable au succès des négociations diplomatiques, et louant en orateur éminent, aux applaudissements de l'armée entière, les généraux illustres qu'elle avait perdus.

Les recueils aujourd'hui si historiques, qui furent imprimés en Égypte pendant l'occupation française, abondent en mentions ou même en textes des travaux de Fourier; et à l'énumération déjà fort étendue qu'a publiée M. Cousin, il faut ajouter ce qui se trouve dans le n° 108 et dans le n° 115 du *Courrier*, qui eut 116 numéros, dont M. Cousin n'a pu consulter que les 105 premiers.

Je possède avec ces recueils imprimés, intéressants au plus haut degré pour les temps héroïques et merveilleux de notre histoire moderne, quelques documents manuscrits non moins utiles pour écrire sur la vie de Fourier et les événements de son temps. J'en tire plusieurs renseignements qui compléteront ceux que les précédents biographes ont déjà réunis.

Dans la première séance de l'Institut d'Égypte tenue au Kaire le 6 fructidor an VI (23 août 1798), Monge fut élu président, Bonaparte vice-président, et Fourier, qui était alors à Rosette, fut nommé secrétaire perpétuel (1).

____

(1) On a souvent confondu, dans nos souvenirs historiques, *l'Institut d'Égypte* avec la *Commission d'Égypte*. L'Institut fut

Le général en chef Bonaparte étant arrivé au
Kaire le 23 thermidor an VII (10 août 1799),

un corps permanent, et la Commission n'eut qu'une existence
temporaire. Nous recueillons ici avec un juste sentiment de respect, les noms des personnes qui composèrent l'un et l'autre.

Le 3 fructidor an VI (20 août 1798), un arrêté du général en
chef Bonaparte créa l'Institut d'Égypte, composé de 4 sections
et de 48 membres. Il nomma en même temps les sept premiers
membres, Andreossi, Berthollet, Cafarelli, Costaz, Desgenettes,
Geoffroy, Monge, et il les chargea de présenter les noms des
personnes qui leur paraîtraient dignes d'entrer dans une des
quatre classes du nouvel Institut. Le 5 fructidor, la liste fut arrêtée; mais, contre l'avis des sept membres primitifs, les généraux Kléber, désigné pour la section des beaux-arts, Desaix et
Reynier, pour la section d'économie politique, ne furent pas
nommés, parce qu'ils ne résidaient pas au Kaire. Le 19 brumaire an VIII (11 octobre 1799) l'Institut les reconnut néanmoins comme membres du corps : ils habitaient alors la capitale
de l'Égypte.

Voici la composition des quatre sections, arrêtée le 5 fructidor an VI :

Classe des mathématiques, Andréossi, Bonaparte, Costaz,
Fourier, Girard, Lepère, ingénieur, Leroi, Malus, Monge,
Nouet, Quesnot, H. Say. Lancret, nommé plus tard. *Ils sont tous
morts.* M. Lepère, architecte, nommé avant Lancret, a seul survécu.

Physique. Berthollet, Champy, Conté, Delille, Descotils,
Desgenettes, Dolomieu, Dubois, Geoffroy, Savigny. Beauchamp
et Larrey, nommés ensuite. M. Geoffroy St-Hilaire a seul survécu.

Économie politique. Cafarelli, Gloutier, Poussielgue, Shul-
kowski, Sucy, Tallien, Bourienne et Corancez, nommés plus
tard. *Ils sont tous morts.*

Littérature et beaux-arts. Denon, Dutertre, Norry, Parceval,
Redouté, Rigal, Vanture, dom Raphaël de Monachis, prêtre
grec uni, Ripault, nommé plus tard. *Ils sont tous morts.*

Ainsi de la création de l'Institut d'Égypte composé des 36
membres le 22 août 1798 (il y a 45 ans), des dix membres
nommés dans la suite, total 46, deux seulement vivent encore :
M. Geoffroy-St-Hilaire, membre de l'Académie royale des

après la bataille qu'il venait de gagner sur les Turcs près d'Aboukir, le 7 du même mois, fit partir de suite les deux Commissions scientifiques qu'il avait nommées par un ordre du jour, et chargées d'explorer tous les monuments de la haute Égypte. Fourier fut nommé *commandant* de la deuxième commission. Le général Berthier lui en donne l'avis par une lettre en date du 27 thermidor (14 août). La Commission a ordre de partir le 1ᵉʳ fructidor (2 septembre). Le commandant d'armes de Boulac doit fournir une djerme armée et une escorte de vingt hommes...... Par l'effet du hasard, cette escorte fut commandée par un de mes proches parents, de mon nom, capitaine à la célèbre trente-deuxième demi-brigade. Il eut l'occasion, à Grenoble, de rappeler cette circonstance à Fourier, qui fut heureux de

sciences, et M. Lepère, l'architecte de la colonne de la place Vendôme.

Les deux Commissions chargées d'explorer les monuments de la haute Égypte furent composées, *la première*, des citoyens *Costaz, Nouet* (*), Méchain, Coquebert, Coutelle, *Savigny, Ripault, Balzac*; et *la seconde*, des citoyens *Fourier, Parseval*, Villoteau, *Delille, Geoffroy, Lepère*, ingénieur, *Redouté*, Lacypière, Chabrol (de Volvic), Arnoult, Vincent. Plusieurs ingénieurs des ponts et chaussées (Jollois et Devilliers étaient de ce nombre); des ingénieurs géographes (et parmi eux M. Jomard), et des officiers de diverses armes concoururent aux recherches entreprises par les deux Commissions, et doivent être associés aux hommages qu'inspirent de si rudes et de si fructueux travaux.

(*) Les noms en italiques sont ceux des membres de la Commission, membres en même temps de l'Institut d'Égypte.

ce souvenir, comme il l'était de tous ceux qui se rattachaient à l'expédition d'Égypte.

La rédaction de la notice analytique des travaux des deux Commissions de retour de la haute Égypte, insérée dans le n° 47 du *Courrier*, est manifestement de Fourier et peut être ajoutée à la liste dressée par M. Cousin. Ceci résulte du style, de l'emploi fréquent de la particule *on*, très-habituel dans les écrits de Fourier, et de ce qui s'y lit au sujet des zodiaques comparés entre eux, expression certaine de l'opinion primitive de Fourier sur ces rares monuments ; et lorsqu'il ajoute que ces sculptures ont échappé aux observations des voyageurs dont *les écrits ont été publiés*, il se souvient que Denon, alors parti pour la France avec le général en chef Bonaparte, avait dessiné ces zodiaques à Dendérah et à Esnèh. Fourier me dit avoir comme découvert aussi le zodiaque circulaire de Dendérah, un jour où, fatigué à l'excès, malade, et s'étant couché à la renverse dans la salle dont ce monument formait le plafond, il y vit d'abord le signe du scorpion, et bientôt après tous les autres signes rangés en ligne spirale.

Un bureau des renseignements sur l'état moderne de l'Égypte fut institué par le général Kléber le 28 brumaire an VIII (20 novembre 1799) (1) ; Fourier en fut nommé président, et

____

(1) On lit l'an vii par erreur dans la notice de M. Cousin.

c'est en cette qualité que Tallien , le célèbre conventionnel , membre du bureau, adressa à Fourier un mémoire sur l'administration de l'Égypte, avec une lettre ainsi conçue :

« TALLIEN , *au citoyen* FOURIER, *président, etc.*

« Je vous adresse , citoyen président, un mé-
« moire sur l'administration de l'Égypte, résultat
« du travail dont j'ai été chargé par la Commis-
« sion. L'exactitude des renseignements que j'ai
« recueillis fait le seul mérite de ces notes,
« auxquelles je n'attache de prix qu'autant qu'el-
« les pourront contribuer à la perfection de l'ou-
« vrage que vous vous proposez de publier. Je
« vous laisse entièrement le maître d'y faire les
« changements que vous croirez convenables.

« Si j'avais eu plus de temps, j'en aurais soi-
« gné davantage la rédaction; mais jaloux de
« remplir mes engagements , j'ai voulu, avant de
« partir (1) vous remettre mon travail.

« Salut et amitié.

« TALLIEN. »

Alexandrie , 30 pluviôse an VIII (23 janvier 1800).

Lorsque, le 3 frimaire de la même année (24 novembre 1799), le bureau de l'Institut du Kaire assembla les deux Commissions de la haute Égypte, pour délibérer sur la réunion de toutes

_____

(1) On a dit que Tallien , dont l'activité d'esprit déplaisait au général en chef, avait été autorisé à retourner en France.

les observations en un seul corps d'ouvrage, et pour désigner le secrétaire chargé de diriger l'ensemble de ce travail, Fourier, sur les quarante-sept votants, réunit quarante-cinq voix; les deux autres bulletins nommèrent, l'un Villoteau, et l'autre Girard.

La minute du traité entre Kléber et Mourad-Bey (mois de floréal an VIII, mai 1800), écrite de la main de Fourier, a été conservée : il n'y a aucune trace de ses rapports diplomatiques avec la belle Sitty-Naficah, ou Setty-Naffy, femme de ce bey, à laquelle le général en chef Menou donna une pension de soixante mille francs lors qu'elle devint veuve de Mourad (1).

Par un arrêté en date du 27 messidor an VIII (16 juillet 1800) le général en chef Menou voulut fonder au Kaire une bibliothèque publique, composée des livres de l'Institut d'Égypte et de ceux que Bonaparte y avait laissés : Fourier fut chargé d'en faire dresser l'inventaire, ainsi que des manuscrits, des instruments de physique et autres objets d'étude; de désigner le lo-

(1) *Courrier de l'Égypte*, n° 113, 20 floréal an IX (23 avril 1800). Setty-Naffy était veuve d'Aly-Bey quand elle devint la femme de Mourad-Bey. Une décision du général en chef lui laissa la possession de la partie de ses biens qui lui venait de son premier mari. « Je veux par là, » disait Bonaparte dans sa lettre à Poussielgue, contrôleur des dépenses, « je veux par là donner une « marque d'estime à ce grand homme (Aly-Bey). » Lettre du 11 pluviôse an VII (31 janvier 1799).

cal où ils seraient déposés, de donner un règlement au nouvel établissement littéraire, et d'en surveiller l'exécution.

Peu de jours après, le 17 fructidor (4 septembre, même année), Fourier était nommé le premier membre du conseil privé d'Égypte; le 9 vendémiaire suivant (1ᵉʳ octobre), examinateur des aspirants de la marine sortant de l'école des mathématiques fondée au Kaire; le lendemain, chef de l'administration de la justice et commissaire près le divan du Kaire, corps politique d'une haute influence sur la population égyptienne : et pour cette active variété de services, on ne trouve qu'un équitable témoignage de leur utilité dans ce passage d'une dépêche du général Menou au premier consul : « L'Institut a repris ses séances; « le citoyen Fourier, secrétaire perpétuel, se con- « duit à merveille et nous est d'une très-grande « utilité. Je demanderais, citoyen consul, que « vous fissiez quelque chose pour l'Institut. » (Lettre du 10 brumaire an IX, 2 novembre 1800.)

Les brouillons du discours prononcé à la cérémonie funèbre de Desaix (11 brumaire an IX, 3 novembre 1800) contiennent quelques variantes remarquables. On lit dans le texte connu de ce discours : « L'admiration, l'amitié et le « désir d'obtenir, en l'imitant, une gloire im- « mortelle, l'unissaient au premier général de

« l'armée d'Orient, qui lui accorda l'honneur
« de conquérir le Saïd. » Dans le manuscrit, au
contraire, cette phrase inédite et plus brillante
subsiste encore : « Le premier chef de l'armée
« d'Orient, à qui il est aussi aisé de donner la
« gloire que de la posséder, et qui, parvenu
« sans efforts à l'immortalité, ne semble plus oc-
« cupé que de la distribuer, nomma d'avance
« Desaix conquérant de la haute Égypte ». On
lit aussi dans le manuscrit autographe ce rapprochement historique : « Français, vous avez en-
« voyé dans l'Occident le récit de la bataille
« d'Héliopolis, et nos armées d'Europe vous ont
« répondu par celui de la journée de Marengo. »

Ajoutons cette pensée si noblement exprimée :
« Il n'y a dans l'histoire qu'un petit nombre
« d'époques signalées par de grands événements
« de guerre, comme si la fortune et le génie
« des nations eussent besoin de s'accorder pour
les y accumuler. »

En Égypte Fourier ne cessait de penser à la
France ; il doutait peut-être si, dans le nouvel
ordre politique établi par la révolution du 18
brumaire, on penserait à lui, et je sais qu'il ne
comptait que faiblement sur la mémoire du premier consul. Fourier écrivit donc à Paris, et
reçut en réponse une lettre qui mérite d'être
conservée ; la voici :

« Paris, le 21 nivôse an IX de la rép. (11 janvier 1801).

« *Le* MINISTRE *de l'Intérieur par intérim au citoyen*
« FOURIER, *etc.* »

« Citoyen, la science que vous cultiviez en
« Europe vous donnait des titres à la célébrité ;
« mais vous avez aspiré à un autre genre de
« gloire, et vous venez d'associer votre nom à
« ceux des conquérants et des bienfaiteurs du
« pays le plus intéressant du monde, du peuple
« le plus célèbre de l'histoire.

« Continuez, citoyen, à acquérir des droits à
« la reconnaissance nationale, et reposez-vous sur
« le gouvernement du soin d'acquitter envers
« vous une dette publique. Je m'estime heureux
« de vous en transmettre l'assurance.

« Recevez, citoyen, l'expression de mon es-
« time particulière.

« *Signé :* CHAPTAL. »

Ces assurances, bien motivées, et données au
nom du gouvernement, tiraient plus de prix
des circonstances où l'armée française se trouvait alors en Égypte. Kléber avait été assassiné.
Menou avait le commandement en chef, il était
en présence avec l'ennemi, et il écrivait ce qui
suit à Fourier, alors au Kaire :

« Au quartier général d'Alexandrie, le 1er germinal an IX
« de la rép., etc. (22 mai 1801).

« *Au citoyen* FOURIER, *chef de l'administration de la jus-*
« *tice et secrétaire perpétuel de l'Institut.*

« Nous avons attaqué hier les Anglais; l'atta-
« que n'a pas réussi. Ils ont gardé leurs positions;
« nous avons repris les nôtres. Les circonstances
« exigent que tout ce qu'il y a de Français au
« Kaire se tiennent infiniment sur leurs gardes;
« ils savent qu'en cas que les événements de-
« viennent plus orageux, la citadelle doit être
« leur retraite. Je vous prie, citoyen, de préve-
« nir de cette mesure tout l'Institut, et comptez
« à tout jamais sur mon estime et mon attache-
« chement. Donnez-moi souvent de vos nouvel-
« les. Je vous donnerai des miennes.

« Je vous salue.

« *Signé :* ABDALLA JACQUES MENOU. »

Huit jours après, on apprend par une autre
lettre du général en chef, que sa position n'é-
tait pas meilleure; il comptait beaucoup sur la
bonne fortune de la république; mais il recommandait très-particulièrement aux soins de Fourier les habitants du Kaire de toutes les classes;
il l'engageait à les entretenir dans un bon esprit.

Cette seconde capitale de l'Égypte était en
effet menacée : elle fut sommée de se rendre le
12 floréal (2 mai) par les parlementaires anglais
et turcs; Rosette était tombée au pouvoir de

l'ennemi le 18 du même mois (8 mai). Le 25 (15 mai), le général Lagrange, pressé par les Osmanlis et les Anglais, était rentré dans le Kaire; le général Belliard, qui avait le commandement supérieur, fortifiait les approches de cette immense ville; l'intrépide Desgenettes y combattait de toutes ses forces l'épidémie des fièvres pestilentielles qui la désolait, mais qui diminuait, disait-on, puisqu'il n'était mort que 1,811 Égyptiens dans un mois.

Ce fut dans des circonstances aussi critiques qu'il vint à l'esprit des membres de l'Institut du Kaire et de la Commission des arts d'entreprendre de rentrer en France, sous la protection du pavillon de la science, toujours neutre et toujours respecté, disait-on; bien convaincus aussi que les vaisseaux anglais, reconnaissant cette noble neutralité, ne leur fermeraient point la route des mers!

Tous ces savants quittèrent le Kaire et se rendirent au quartier général d'Alexandrie : Fourier fut chargé de négocier en leur nom cette affaire délicate avec le général en chef, et il existe sur ce sujet une correspondance officielle qui, par son objet, intéresse sans nul doute l'histoire littéraire générale des sciences, aussi bien que celle de l'expédition française en Égypte.

Je puis donner quelques extraits des lettres du général Menou :

« 29 *floréal* (19 *mai*). Un bâtiment est accordé ;
« le préfet maritime le désignera.

« On ne peut emporter aucune collection
« scientifique ; elles appartiennent toutes à la
« république.

« Les notes et renseignements sur le pays se-
« ront déposés au quartier général, afin qu'ils
« ne tombent pas au pouvoir des Anglais.

« Tous les titulaires de places à la nomination
« du gouvernement en Égypte, donneront leur
« démission en forme, puisqu'ils quittent volon-
« tairement le pays.

« Les ingénieurs des ponts et chaussées et les
« ingénieurs géographes appartiennent à des
« corps dépendants du gouvernement ; leur titre
« de membres de l'Institut ou de la Commission
« des arts n'est qu'accidentel ; ils ne peuvent
« pas s'en prévaloir pour quitter l'armée, sans
« un ordre particulier du général en chef. »

Ces décisions parurent fort rigoureuses ; Fourier fut chargé de les discuter avec le général
Menou, de les combattre au nom de tous ses
collègues, et il est très-vraisemblable qu'il s'acquitta de cette mission avec quelque ardeur :
c'est du moins ce que portent à penser quelques
passages de la réponse du général en chef, datée
d'Alexandrie, le 1ᵉʳ prairial an IX (21 mai) :

« LE GÉNÉRAL EN CHEF *au citoyen* FOURIER.

« Citoyen, mon intention n'est et n'a jamais

été de priver qui que ce soit de ce qui lui appartient ; la seule que je puisse avoir est d'empêcher que les ennemis de la république ne profitent d'aucuns renseignements utiles sur le pays que je suis chargé de défendre jusqu'à la mort. Je me borne donc à demander à chacun des membres de l'Institut et de la Commission des arts, leur parole d'honneur par écrit, qu'ils n'emportent rien qui, tombé entre les mains des ennemis, puisse leur donner des notions utiles sur le pays, politiquement, militairement ou financièrement.

« Quant à ce qui a rapport aux antiquités ou à l'histoire, c'est un bien qui appartient à l'univers entier, je n'ai pu ni dû avoir l'intention d'en frustrer qui que ce soit.

« Quant aux collections de plantes, de graines, d'histoire naturelle, et d'objets qui ont subi une préparation quelconque pour être transportés en France, j'en autorise l'exportation, à la condition qu'on me donnera parole de les déposer en France (si elles y arrivent) dans les établissements publics qui sont destinés à les recevoir.

« Quant aux collections d'antiquités, de minéralogie, etc., etc., il est évident qu'elles appartiennent au gouvernement et qu'elles doivent être déposées.

« Vous me mandez, citoyen, que vous n'avez

ni la volonté, ni la force de résister à un ordre que je donnerais : je tâche de n'en donner que lorsqu'ils sont rigoureusement dans la classe de ceux utiles à la chose publique; vous auriez donc pu vous dispenser de m'écrire cette phrase, qui supposerait une injustice de ma part.

« Il n'y a, citoyen, aucune parité dans les circonstances que vous me citez et celles qui existent aujourd'hui.

« Lorsque les citoyens Monge et Berthollet partirent, il n'y avait pas un seul bâtiment ennemi devant Alexandrie; aujourd'hui il y en a 150; d'ailleurs je ne commandais pas en Égypte.

« Lorsque le citoyen Tallien est parti, il n'y avait alors que peu de bâtiments en croisière; d'ailleurs comme c'était une véritable peste dans le pays, j'aimai mieux courir les risques d'un moindre mal, qui a pu arriver s'il a emporté des notes qui soient tombées entre les mains des Anglais.

« Je n'ai point envoyé en France le citoyen D.., de guerre lasse, je lui ai permis de partir; je ne savais pas qu'il eût une collection de minéraux; si je l'eusse su, il l'aurait déposée.

« Quant au citoyen Costaz, je lui ai donné l'ordre de partir, et il n'a point emporté les notes qui auraient pu être utiles aux ennemis.

« Quant à la dernière circonstance, personne ne sait ce que j'ai fait à cet égard.

« Vous savez, citoyen, que les Anglais s'étaient déjà expliqués une fois sur les monuments et autres objets qu'on voulait emporter. M. Smith lui-même avait dit que cela ne se pouvait pas ; je pense qu'ils regarderont tout cela comme droit de conquête. Il n'en est pas de même d'un voyage qui, séparé de toute expédition militaire, n'a pour objet que l'avancement des sciences ; alors, je crois que les Anglais rendraient tout ; mais, dans les circonstances actuelles, ils vous regarderont comme une portion de l'armée d'Orient ; et si vous tombez entre les mains ou des Turcs ou des Barbaresques, c'est à vous d'en tirer les conséquences.

« Quant aux commissions dont vous avez été chargé lors de notre arrivée en Égypte, rappelez-vous qu'Épaminondas et Plutarque, les hommes les plus célèbres et les plus éminents de leur temps, furent commissaires de police dans leurs villes natales. Mon prédécesseur a su vous estimer, je me suis empressé de l'imiter.

« Citoyen, je ne témoignerai aucun mécontentement de votre départ ni à l'armée ni au gouvernement... Votre départ dans les circonstances actuelles m'a paru, me paraît encore et me paraîtra toujours mal calculé et peu mesuré ; mais la manière vive dont je me suis expliqué sur cet objet avait entièrement pour motif votre intérêt personnel...... *Signé :* ABD. J. MENOU. »

Le 11 du même mois (1 juin) le général en chef annonce que tous les passeports seront prêts pour le 13 (3 juin), et qu'une commission est chargée de recevoir les objets laissés en Égypte; la défense d'emporter des copies, soit des mémoires, soit des cartes et plans, est renouvelée, et Fourier est chargé de la surveillance de l'exécution de cet ordre.

Le 19 (9 juin) le général recommande, pour l'heureux succès du voyage en France, de faire un règlement de police obligatoire à bord, pour tous les passagers de l'*Oiseau*. On doit se concerter à cet égard avec le préfet maritime et le capitaine Murat : ce règlement sera visé par le général en chef.

On partit. Mais à la sortie du port d'Alexandrie, l'escadre anglaise, ne reconnaissant pas une neutralité trop facilement imaginée, arrêta et retint le bâtiment français, malgré ou peut-être même à cause de la nature inaccoutumée de sa cargaison, et à la grande surprise de tant d'hommes distingués, naturellement faciles à s'émouvoir, non moins prompts à la défense, mais dont les argumentations furent sans succès. Voici ce que j'ai appris des circonstances de cet événement singulier, fait inouï dans les annales des sciences, dans celles de la guerre, et dans les fastes de la marine, qui n'avait jamais jusque-là capturé une cargaison de savants.

Le commodore sir Sidney Smith commandait en chef les forces navales anglaises sur les côtes d'Égypte; il lui fut rendu compte de ce qui se passait, nos compatriotes le firent prier de les entendre; il reçut à son bord ceux qui furent chargés de demander libre passage, et Fourier fut du nombre des commissaires.

Le commodore anglais déclara d'abord le bâtiment l'*Oiseau* prise de guerre, et toutes les personnes qui le montaient, ses prisonniers. Mais, ami des lettres et des hommes, savant mathématicien, doué d'un esprit élevé et d'une imagination facile à toutes les nobles séductions, le commodore se décida, sur les plaidoyers de Fourier, d'abord à ne pas faire de prisonniers de guerre, ensuite à relâcher le bâtiment et toute sa cargaison, à la condition rigoureuse qu'il rentrerait immédiatement dans le port d'Alexandrie, et en retenant Fourier à son bord comme otage de l'exécution de ses volontés.

Ce grave mécompte de nos savants voyageurs les affligea; mais il n'était qu'un avant-goût de ceux qui leur étaient encore réservés par la destinée : lorsque le bâtiment français de retour se présenta devant Alexandrie, le général Menou lui refusa l'entrée, ordonna de tirer dessus s'il approchait du port : il avait touché avec l'ennemi.

L'Institut et la Commission d'Égypte étaient

ainsi placés entre des feux ennemis, et toutes les circonstances extérieures étaient contraires; car Menou, qui avait vu leur résolution avec déplaisir, et leur départ contre ses avis avec un secret dépit, n'était peut-être pas fort sensible à leurs peines, et Fourier leur avocat était à bord du vaisseau amiral anglais, retenu en otage.

Sir Sidney Smith le garda en effet plusieurs jours; et il nous disait fort gracieusement à Paris, en présence de Fourier, qu'il ne l'avait retenu que pour avoir bonne compagnie à son bord, et à cause du charme de sa conversation. Il le laissa libre enfin, quand ses camarades eurent obtenu grâce de leur général en chef; mais le commodore garda, par le droit de la guerre, tous les papiers de Fourier, fruits précieux de ses méditations mathématiques. L'amiral en était fort curieux, et dans cette occasion à cause de leur auteur.

Je dois ajouter, comme un des souvenirs les plus honorables pour la mémoire de l'amiral anglais, que le comte Otto, ministre plénipotentaire de France en Angleterre, obtint de lui, en 1802, la restitution de ces papiers, et que le chevalier Smith les remit de la meilleure grâce du monde comme lui ayant été confiés par Fourier. Tels sont en effet les termes de la lettre du comte Otto (5 *vendémiaire an XI*, 27 sept. 1802), et ils rappellent un service éminent rendu aux sciences, car depuis l'année 1787 Fourier ne s'était jamais séparé de ses manuscrits sur la résolution des équations algébriques.

Bientôt après, la colonie française d'Égypte rentra en France à la suite des conventions conclues au Kaire le 8 messidor an IX (27 juin 1801) et à Alexandrie le 13 fructidor suivant, 31 août.

Fourier, débarqué à Marseille, se rendit immédiatement à Paris ; il y retrouva, toujours remplis pour lui d'une estime tout affectueuse, Monge, Berthollet et tous ceux de ses collègues de l'Institut d'Égypte qui étaient les mieux placés dans le gouvernement consulaire et dans les bonnes grâces du premier consul. Ils les dirigèrent attentivement sur Fourier. L'illustre Berthollet écrivit un jour ce billet à l'illustre Monge :

« Je te prie, mon cher ami, de faire chercher
« le citoyen Fourier et de l'engager à se trouver
« chez toi ce soir entre huit et neuf heures. J'ai
« à lui faire une proposition de la part du pre-
« mier consul, et c'est un objet qui presse. Je
« t'embrasse.

Signé : B<small>ERTHOLLET</small>. »

Quel charme, quelle admirable simplicité ! et quel admirable assemblage de grands noms en si peu de lignes !... Peu de jours après, Fourier fut nommé préfet du département de l'Isère, et quand le temps fut venu (le 27 frimaire an XII, 20 déc. 1803), membre de la Légion d'honneur :

c'est le grand conseil de l'ordre qui les nommait
alors.

CHAPITRE III.

Fourier préfet à Grenoble. Le Consulat, l'Empire, la Restauration. Le pape Pie VII. Charles IV roi d'Espagne. Siége de Grenoble par les Autrichiens. Napoléon conduit à l'île d'Elbe. MONSIEUR comte d'Artois. Travaux administratifs et scientifiques de Fourier.

Fourier durant sa longue préfecture du département de l'Isère, vit et subit toutes les trans-
formations successives du gouvernement de la
France, et se plia facilement à leurs divers proto-
coles : la république, l'empire et la restauration; les consuls, Napoléon et les Bourbons; la
révolution encore très-vivace avec le consulat,
l'empire qui ne fut qu'une dictature militaire
passionnée pour les intérêts nationaux, et la restauration qui voulait l'ancien régime, mais qui
fut impuissante pour le rétablir sans péril. Dans
une province dont l'administration fut toujours
difficile, ces formes nouvelles s'acclimatèrent
sans secousses parce que Fourier s'y était fait bien
vite de nombreux partisans; il traitait avec distinction et accueillait avec une faveur marquée la
classe anciennement privilégiée, qui le recherchait
à son tour pour l'aménité habituelle de son commerce, le charme de sa conversation et les services

qu'elle en recevait journellement. La classe des notabilités nouvelles, la plus puissante partout, aimait aussi Fourier pour lui-même et pour son administration douce et attentive, très-éclairée sur toutes les questions importantes, amie de l'ordre et de la paix, ennemie des formalistes-jurés, des façonniers, des chicaneurs, des gros dossiers; et qui fut, dans les mains de Fourier, toujours pure, toujours généreuse. Si, cependant, quelques voix inquiètes ou justement irritées révélèrent quelques abus, graves peut-être, durant la confusion générale des affaires publiques, qui signala dans toute la France les années 1813 et 1814, ces voix ne se dirigèrent jamais vers Fourier; elles parurent même reconnaître comme presque impossible de sa part, en de si graves conjonctures publiques, la surveillance efficace de quelques-uns de ses agents, qui abusèrent de sa confiance avec une rare audace. Et je n'ai pas dû omettre ces souvenirs, car Fourier n'ignorait point ces rumeurs, et il en parlait avec une sincère affliction.

Il serait presque inutile de dire que les établissements littéraires du département trouvèrent près de lui une protection constante et éclairée ; que les personnes qui se distinguaient par des travaux utiles ou des connaissances réelles dans quelque branche des sciences humaines, étaient favorablement accueillies, recherchées et admises dans son intimité : mon frère, à l'âge de 14 ans, reçut de lui des encouragements publics, et lorsqu'un tel suffrage était ardemment ambitionné par les professeurs mêmes : Fourier comme préfet présidait alors à l'administration de l'instruction publique. Mais quand l'Université fut établie, il ne s'intéressa plus qu'aux personnes qu'il aimait, car toute autorité avait été enlevée aux préfets par le nouveau régime : conception hardie, s'il en fut jamais, dans l'administration nouvelle d'un État, et par laquelle l'empereur remettait en présence, imprudemment peut-être, Jansénius et Loyola renouvelant leurs joûtes acharnées devant un conseil de témoins doublement indifférents, et sous la conduite inattentive d'un chef illustre, mais irrésolu, que séduisirent trop facilement quelques adroites médiocrités jusque-là inconnues au pays de la science : et tout cela se passait au plus fort des démêlés de l'empire avec la papauté. Telles furent en effet les influences et les maléfices qui étiolèrent le premier âge de l'Université impériale, et minèrent son existence en la privant du souffle vivificateur de l'opinion nationale. L'autorité des préfets avait été dispensée de la servir : Fourier, plus que tout autre magistrat, avait pris au sérieux cette singulière prescription.

Il décida l'acquisition, pour la bibliothèque de Grenoble, des volumineuses collections académi-

ques de Berlin, Saint-Pétersbourg, Munich, etc.,
de ce qui manquait à celles de Paris; des voyages modernes les plus importants, des ouvrages
marquants sur les sciences physiques, naturelles
et mathématiques, et de celui de MM. de Hum-
boldt et Bonpland, qui embrasse ces trois sciences ensemble. Il endetta le budget de la bibliothèque pour quelques années, il le savait; mais
il n'était pas de ceux qui pensent toucher à la
perfection administrative, en introduisant les
règles domestiques et journalières des ménages
qui ne vivent qu'une génération, dans le gouvernement des établissements publics qui vivent
toujours. Quand ces établissements s'endettent
à termes fixes, et dans la proportion de leurs
ressources assurées, ils devancent le temps et
réalisent quelques années plus tôt, au profit du
public, les avantages évidents qui résultent de
l'accroissement réfléchi des dépôts littéraires.

Fourier fut le promoteur de quelques ouvrages également utiles à la science et au département : il voulut bien me demander un travail
sur les *Antiquités de la ville de Grenoble;* je le
publiai en l'année 1811, en un volume in-4°,
contenant toutes les inscriptions antiques de ce
municipe romain nommé alors Culero, et quelques recherches géographiques sur les deux cités limotrophes, les Voconces et les Allobroges.
Le préfet désirait surtout une statistique géné-

rale de son département : il fonda un prix pour ce sujet de recherches, et ce prix fut décerné à un mémoire manuscrit, en quatre volumes, qui se sont égarés depuis. Un ouvrage imprimé, sur le même sujet, en deux volumes in-8°, intitulé *Description générale du département de l'Isère*, par M. Perrin Dulac (l'auteur du Voyage dans les deux Louisianes), *Grenoble, Allier*, 1806, reçut aussi des encouragements : mais il fut présenté au conseil général du département, et le conseil, après l'avoir examiné, en demanda la suppression à cause des erreurs nombreuses qu'il renfermait. Fourier n'hésita point à l'ordonner, et fit porter l'édition entière dans son appartement; elle fut ensuite distribuée aux épiciers, en 1816, par ses successeurs : il ne reste de cet ouvrage que trois ou quatre exemplaires; celui que je possède est complet.

Le département de l'Isère est un des plus riches de France en productions minérales; les savants de tous les pays y viennent faire des études et des découvertes : Fourier fonda un autre prix pour exciter à traiter dans un mémoire spécial ce sujet intéressant : la Société des Sciences et des Arts de Grenoble était le juge de ces concours.

Fourier avait été admis avec empressement au nombre des membres de cette société, qui succéda en 1795 à l'ancienne *Académie del-*

phinale (1). On donna au savant mathématicien la première place vacante, aucun fonctionnaire public n'y venant siéger de droit. Fourier **ne** fut pas assidu aux réunions de cette société; il la présida cependant, et il y prit sa place dans toutes les séances publiques et dans les circonstances solennelles. Il lui communiquait d'ailleurs, avec une attention marquée, les découvertes nouvelles qu'il apprenait par sa correspondance, et parmi ces communications, je dois mentionner celle qui concerne la *théorie des tubes capillaires*, découverte faite par M. de Laplace, et dont Fourier nous remit la notice autographe. Dans une séance publique il lut un *Mémoire sur le blanchiment à la vapeur*, dont il avait fait répéter les expériences sous ses yeux; et dans une autre séance, également publique, un *Discours sur les sciences*, dans lequel il développa cette pensée **de** Platon : *Scientia amica omnibus*, et cette autre pensée, qui est à lui : *La science est la propriété commune de tous les hommes*. (*Docum.* n° VII.)

(1) Dispersée par l'effet des événements de 1815 et 1816, la Société des sciences et des arts de Grenoble a fourni, depuis, quatre membres à l'Institut, MM. Fourier, Champollion le jeune, Bérenger (de la Drôme), Berriat St-Prix; deux correspondants à l'Académie des sciences; un à l'Académie des inscriptions; un à l'Académie des beaux-arts; et Fourier, nommé secrétaire perpétuel de l'Académie des sciences et membre de l'Académie française, a été élevé aux plus hauts honneurs académiques et littéraires.

Ce discours est remarquable par l'élévation des sentiments, par le bon choix des pensées, et l'auteur en trouvait la source dans sa vive philanthropie : le manuscrit autographe a été conservé. Parmi les fragments qui ne furent pas employés dans la rédaction définitive, on trouve aussi quelques pensées dignes d'être recueillies et qui ne me semblent pas avoir encore vieilli ; je les transcris ici :

« Si l'on s'estime heureux d'avoir procuré un « bienfait à un seul homme, quelle satisfaction « doit-on éprouver lorsqu'on a pu rendre un « service durable à la société tout entière ! »

« Vous voulez connaître l'influence des arts « sur la prospérité des nations ? jetez les yeux « sur les contrées du globe où la lumière des « sciences n'a point pénétré : la moitié de la terre « répond à cette question. »

« Qui ne sait point douter ne mérite point de « connaître. »

« L'homme le plus instruit est le plus circons- « pect dans ses décisions, et le propre de l'igno- « rance est de ne pas hésiter. »

« Pour être indulgent et modeste, il faut seu- « lement comparer ce que l'on sait avec ce que « l'on ignore, et n'avoir point oublié combien de « fois on s'est trompé. »

« Quant aux injures et aux rixes littéraires, « elles sont plutôt dans la société un ridicule

« qu'un désordre; elles dédommagent la médio-
« crité. »

« Cultivons les beaux-arts parce qu'ils adoucis-
« sent le songe de la vie, et qu'ils jettent quelques
« fleurs sur le chemin pénible qui nous conduit
« tous de la naissance à la mort; qu'ils nous ga-
« rantissent des fautes graves de l'oisiveté, et
« qu'ils nous consolent des injustices de la for-
« tune. »

Cette dernière pensée était habituellement présente à l'esprit de Fourier : il n'était point heureux de sa position; il fut du petit nombre des
préfets que leur autorité, considérable alors,
n'enorgueillissait pas, et le seul peut-être qu'elle
ne distrayait point, suffisamment pour son bonheur, d'autres pensées ou d'autres vœux. Qu'on
n'oublie pas que Fourier, contre son gré, quittait
la recherche de ses admirables théories mathématiques pour apposer sa signature sur cinq cent
cinquante pauvres budgets de village, et qu'il
croyait qu'on l'oubliait à Paris, pendant qu'il
mourait de rhumatismes à Grenoble, leur pays
natal, disait-il.

Il n'attendait rien de l'Empereur; il m'a ouvert son âme sur ce sujet, sans que j'aie pu pénétrer le secret de cette position, que personne,
certes, n'aurait soupçonnée. Et si rapprochant
quelques autres mots de ses conversations, j'étais
entraîné à faire des conjectures, je me reporte-

rais à l'époque où Bonaparte quitta l'Égypte. Ce
départ secret et inopiné irrita bien des esprits ;
quelques-uns, moins circonspects, maltraitèrent
le général en chef par de durs propos ; il se forma
deux partis dans l'armée d'Égypte, le parti de
Bonaparte et celui de Kléber qui lui succédait ;
l'armée du Rhin, d'ailleurs, ne sympathisait
pas précisément en Égypte avec l'armée d'Italie ;
et Fourier, admirateur respectueux du caractère
de Kléber, se déclara peut-être pour lui trop
ouvertement. Toutefois je ne pense pas qu'il ait
pris quelque part à cette correspondance officielle
ou volontaire adressée d'Égypte au Directoire
exécutif, laquelle était remplie de blâmes et de
plaintes contre le général Bonaparte, et qui fut
reçue et ouverte par le Premier Consul.

Il n'y avait certes ni instinct ni volonté d'opposition dans le caractère de Fourier ; mais la soumission sans examen, la flatterie sans inspiration,
si menteuse de naissance, lui étaient encore plus
antipathiques : l'habitude de l'examen l'éloignait
de ces pratiques sociales qui naissent de l'habitude de l'irréflexion : on flatte en attendant de
raisonner. Fourier ne se baissait résolûment que
devant l'évidence, et la fécondité comme l'étendue de son esprit le portaient sans cesse à la dé-
gager, par une discussion polie mais sérieuse,
des erreurs et des autres mauvais principes dont
l'ignorance ou l'intérêt l'aurait parfois envelop-

pée. Fourier n'était point disputeur; mais une mauvaise raison le désobligeait profondément; c'était aussi pour lui une erreur qu'il était porté à combattre pour l'amour de la vérité. Peut-être aurait-il dû quelquefois la laisser passer pour l'amour de lui-même : il aura peut-être aussi disputé quelque jour en Égypte avec le général Bonaparte!

Au mois de juillet 1809, Fourier était à Paris lorsque le pape Pie VII fut amené, d'un seul trait, du Vatican à la chartreuse de Florence, et de là, par Turin, à l'hôtel de la préfecture de l'Isère (1). Aux premiers avis reçus à Paris de cet événement imprévu, même pour le gouvernement, le ministre avertit Fourier de se tenir prêt à partir dans quelques heures. Lorsque le préfet alla prendre congé et ses instructions, Fouché lui dit : « Votre remplaçant n'est pas très-fort; mais « vous pouvez rester, je vais vous débarrasser de « votre voyageur. » Le pape fut en effet dirigé sur Savone.

(1) Rapport au ministre de la guerre, par le général Radet, daté de Rome le 13 juillet, à son retour de Florence où il avait remis Sa Sainteté à la grande duchesse de Toscane. L'enlèvement du pape par l'escalade militaire du palais Quirinal, sous les ordres de ce général, fut entrepris à 3 heures du matin, le 6 juillet. A 4 heures le Saint Père et le cardinal Pacca étaient emmenés de Rome, le général étant sur le siége de leur voiture. On arriva à Florence le 8 au soir; on en partit le 9 à 4 heures du matin pour Turin; le 15 on dirigea l'auguste prisonnier de Turin sur Grenoble, où l'avis de cet événement arriva le 20 juillet.

Il s'est élevé quelques rumeurs défavorables à la conduite du conseiller de préfecture qui remplaçait Fourier en une si grave conjoncture ; mais que dire et que faire quand une dépêche du prince gouverneur des départements au delà des Alpes vous annonce inopinément le voyage imprévu du chef suprême de l'Église, et qu'à l'arrivée de la dépêche, le vénérable pontife n'est plus qu'à quelques lieues de la ville? Quand aussi le défaut de toute instruction vous laisse ignorer si vous recevez ou le souverain de toute la chrétienté, ou un illustre prisonnier politique? Dans une position dominée par tant d'incertitudes, le préfet intérimaire fit tout pour allier son respect avec sa responsabilité, avec le maintien de la tranquillité publique. Il refusa aux grands vicaires de Lyon l'accès auprès du Saint Père : il leur demandait d'attendre deux ou trois jours les instructions du gouvernement. En toute circonstance, il se montra plein de respect ; et si sa haute taille et son âge donnaient peu de grâce à ses manières, ses intentions ne pouvaient être accusées. J'ai vu alors tous les jours l'intérieur de la préfecture ; j'ai dressé dans le cabinet de Sa Sainteté une bibliothèque temporaire composée des livres qu'elle me demanda ; j'ai formé aussi une moins nombreuse collection pour S. Ém. le cardinal Pacca, logé dans un autre hôtel, et j'ai vu partout prévenances, vénération, soumission même, la responsabilité de l'autorité publique réservée. Fourier s'est toujours félicité du hasard qui le préserva de cette rencontre.

Le désir d'être appelé au conseil d'État, afin de vivre à Paris avec le loisir nécessaire à ses travaux scientifiques, n'était point un secret pour ses amis de Grenoble. Monge, Berthollet et Costaz à Paris parlaient de lui, mais l'Empereur ne les entendait point. Ils essayèrent plusieurs fois, mais en vain. La direction générale des mines, que Fourier aurait considérée comme son bâton de maréchal, fut donnée à un autre. Ces circonstances portaient naturellement Fourier, peut-être à tort, à ne pas croire à quelque bienveillance de Napoléon, et en ceci les événements politiques n'influençaient point ses pensées : alors l'empereur était heureux dans ses guerres; mais Fourier, préoccupé de sa disgrâce, n'imaginait d'autre ressource contre un tel événement que de passer en Angleterre, d'y reprendre l'enseignement des mathématiques, espérant tirer de son labeur journalier une guinée qui suffirait à toutes ses dépenses.

Mais de plus redoutables orages s'annonçaient pour nous. La victoire avait passé à l'ennemi; la fin de l'année 1813 avait mené les étrangers sur nos frontières; l'empire et l'empereur étaient menacés de leur fin; les partisans de l'an-

cien régime recrutaient ouvertement pour lui;
les mécontents du nouveau les secondaient, et je
me souviens que dans la soirée du jour de Noël
1813, un républicain, que le dépit démoralisa jusqu'à le porter à s'honorer du titre et des cruelles
fonctions de prévôt en 1815, vint nous proposer,
à mon frère et à moi, de nous enrôler pour les
Bourbons, qui devaient être à Paris et sur le trône
au mois d'avril d'après : nous rîmes beaucoup de
ce rêve, et il se réalisa à jour fixe!

Dans les premiers mois de 1814, la ville de
Grenoble fut assiégée par les Autrichiens de l'armée du comte de Bubna. Le général Marchand
commandait la ville avec une faible garnison; le
prince d'Isembourg, l'un des généraux assié-
geants, avait servi dans les armées françaises sous
les ordres mêmes du général Marchand. Le prince
lui écrivit, lui donna la nouvelle des événements
de Paris; une convention fut conclue, et les Autrichiens occupèrent la ville comme auxiliaires
du gouvernement royal rétabli dans la personne
de Louis XVIII. Le roi fut proclamé à Grenoble
avec l'intervention des autorités publiques françaises; la cocarde blanche fut adoptée : la parole
accréditée de Fourier contribua singulièrement à
cette transmutation de gouvernement. On répan-
dit aussi que le roi donnerait, en bonne forme,
avec le concours de la nation, une charte constitutionnelle, et les politiques de Grenoble fu-

rent séduits par cette bonne nouvelle. La propriété
et le commerce y virent la fin de guerres incessantes, et calamiteuses à la prospérité publique;
les hommes timides ou indifférents obtenaient
enfin la paix, le repos; et les masses populaires
ne s'émurent point. Fourier n'eut d'autres frais à
faire que ceux d'une proclamation : mais il fut
habilement secondé par les autres fonctionnaires
éminents, particulièrement par le maire de la
ville, le baron Renauldon : ses longs et honorables services lui avaient concilié le suffrage et la
confiance de toutes les classes de la population.

Toutefois, ces événements extraordinaires jetèrent momentanément le préfet Fourier dans
l'embarras le plus imprévu. Napoléon se rendant
à l'île d'Elbe, devait passer par Grenoble. Fourier en reçut l'avis inattendu, et fit tout disposer comme une telle circonstance lui parut
l'exiger. Les appartements d'honneur de la Préfecture furent préparés; la garde nationale fut
avertie, tout était prêt, mais Fourier ne l'était
point; son embarras était extrême et douloureux.
Comment allait-il se tenir devant Napoléon encore
enveloppé d'une vapeur d'autorité souveraine,
mais allant, ou bien conduit, dans ses nouveaux
États, dans l'île où l'Europe, en apparence res-
pectueuse, mais usant réellement des droits du
vainqueur, le reléguait par journées d'étape comme
un prisonnier de guerre? Je ne saurais dire la

multiplicité, la diversité, l'opposition des pensées qui obsédaient Fourier dans cette circonstance réellement cruelle pour lui ; il demandait l'avis de ses plus intimes : *suivez-le*, lui dis-je. Cette pensée le frappa, l'émut visiblement ; il ne parla plus. C'était le matin même du jour où l'empereur arrivait ; les postes étaient placés aux approches de la ville, la garde nationale était sous les armes ; j'étais de service dans l'intérieur de la préfecture ; un courrier de retour de Lyon arrive vers midi ; je l'introduis, moins comme caporal de tour que comme habitué dans la maison ; Fourier lit la dépêche, et me dit bien froidement, mais avec un grand sentiment de lassitude : « L'empereur prendra à Bourgoin la route du midi ; il ne passe pas à Grenoble, vous pouvez l'annoncer. » Il expédia les ordres nécessaires, et voulut demeurer seul le reste de la journée. Il avait obtenu le changement de l'itinéraire de Napoléon par ses vives instances, et par ses représentations au sujet de l'état exalté de l'opinion de la ville et du département, mécontents du traitement fait à l'empereur et à sa famille : mais ce succès lui fit mal, car il ne l'avait pas espéré.

Peu de temps après il alla présenter ses devoirs à madame la duchesse d'Angoulême qui était à Lyon ; il fit un discours dans lequel le mot alors à la mode, celui de *légitimité*, fut habilement encadré, et quoique sans acception politique, les courtisans s'en contentèrent; ils accréditèrent Fourier auprès de la princesse, et il conserva sa préfecture.

Ce n'est pas qu'il n'existât à Grenoble, comme dans d'autres lieux, une opposition au gouvernement des Bourbons, née de la crainte d'une contre-révolution; cette crainte était fortifiée, accrue par les actes de l'autorité publique qui condamnaient le passé, et bien plus encore par les imprudences et les menaces des partisans passionnés ou intéressés de la restauration. Mais les sentiments modérés de Fourier aidèrent à accréditer toutes ces nouveautés; il y eut des fonctionnaires nouveaux, mais aucun des anciens ne fut révoqué; on ne changea réellement que la cocarde, les drapeaux, les sceaux, les livrées et le protocole officiel.

On peut expliquer par cette permanence des anciens fonctionnaires cette transition si facile à tant de choses nouvelles, et en particulier l'accueil réellement universel qui fut fait à *Monsieur* comte d'Artois; le prince passa deux jours à Grenoble au mois d'octobre 1814. *Monsieur* occupa l'hôtel de la préfecture, et fut frappé de l'esprit, des manières, des attentions et de la gracieuse habileté du préfet Fourier.

S. A. R. le traita avec une distinction marquée, et malgré la diversité des événements, le prince ne lui retira jamais sa bienveillance. Fourier obtint un assez grand nombre de décorations pour des fonctionnaires fort méritants : il se prêta aussi à quelques faveurs, incontestablement ; mais si *Monsieur* avait approuvé toutes les propositions du préfet, plus de services recommandables auraient été récompensés par cette distinction. Il y eut dans les trois listes de Fourier, et à ma parfaite connaissance, douze noms de rayés de la main du prince, et deux autres qui furent ajoutés. Dans les noms effacés se trouvèrent ceux de quelques fonctionnaires que leurs services auraient dû protéger ; on effaça aussi les noms de plusieurs émigrés rentrés sous l'empire, et qui n'avaient pas encore mérité, en 1814, la récompense qu'ils obtinrent en 1815 et en 1816, non pas pour avoir marché contre Bonaparte (1), mais pour la violence de leur concours aux brutales réactions qui suivirent les cent jours. Fourier eut sans doute de bonnes raisons pour présenter ces personnes, et le prince également pour les refuser. Je puis, sans indiscrétion, ajouter que le malheureux Didier fut frappé du même refus, quoique émigré d'abord, l'un des promoteurs du camp de Jalès, alors membre du conseil de ville, du conseil général, ancien commissaire secret et breveté des Bourbons, et ayant aidé

______

(1) Le général Ernouf, à la tête d'un des corps de l'armée royale du midi en 1815, remarquait que pas un seul gentilhomme dauphinois ne s'était réuni à cette armée. (*Moniteur* du 12 avril 1815, page 415, col. 3e.)

à diriger favorablement l'opinion publique pour la restauration.

Les cent jours vinrent bientôt après : à cette époque mes relations avec Fourier étaient moins intimes, moins fréquentes, quelqu'un s'était mis entre lui et moi : il n'y avait plus pour nous d'entretiens confidentiels de plusieurs heures, où, enfermés dans son petit cabinet qui était chauffé en toute saison par un grand poêle, Fourier parlait de tout longuement et à découvert, des choses anciennes et des nouvelles, des morts et des vivants ; de ses amis avec cordialité, des sots avec une ironie mortelle, de l'Égypte avec passion, des circonstances les plus minutieuses de sa vie tant qu'elles avaient trait à ses travaux scientifiques, de sa position avec amertume, de son avenir avec une morose incertitude, des savants de l'antiquité, persécutés ou malheureux, avec un intérêt bien vif et mêlé d'une teinte évidente de personnalité, enfin bien peu des affaires publiques, moins encore de Napoléon. Et quant aux affaires ordinaires, malheur dans ces occasions-là à tout importun, malheur surtout au dossier qui réussissait à pénétrer dans ce cabinet scientifique, par l'adresse d'un valet de chambre séduit aux instances d'un chef de bureau : le dossier le plus favorisé n'en sortait que tout couvert de figures et d'hiéroglyphes algébriques.

Il est certain que Fourier parlait avec plaisir

d'un saint de son nom et de sa famille, le bienheureux Pierre Fourier, surnommé le père de
Matincourt, fondateur de l'ordre des religieuses
chanoinesses chargées de répandre l'instruction
parmi les jeunes filles, et qui mourut en 1640.
Il me sut quelque gré de lui avoir procuré le
portrait du saint homme béatifié par le pape
Innocent X, et son histoire, énumérant ses mira-
cles, imprimée plusieurs fois en français et en la-
tin, à Paris et à Augsbourg.

Fourier montra le portrait du bienheureux au
roi d'Espagne Charles IV, amené aussi par les révolutions, comme les papes Pie VI et Pie VII,
dans l'hôtel de la préfecture à Grenoble. La nécessité de se tirer d'un grand embarras, et non
pas la vanité, inspira cette démarche singulière
à Fourier. Il avait fait meubler avec les soins les
plus attentifs, les plus prévoyants, les appartements du roi et de la reine d'Espagne; mais à
l'heure du coucher, le roi fit demander à Fourier de lui *prêter son* crucifix; on avait oublié
de placer ce signe religieux dans la chambre du
roi; il était onze heures, il fallut courir à
l'Église voisine qui était fermée, et en attendant
Fourier alla porter ses excuses au roi sous la protection de son saint arrière-grand-oncle.

Sa maison était la plus agréable de la ville,
toutes les classes s'y trouvaient réunies, également bien reçues. Il ne visitait que les princi-

paux fonctionnaires publics, et au premier rang des autres maisons, en bien petit nombre, qu'il fréquenta, on doit placer celle de la grande famille Périer, si honorée d'abord pour les nombreux avantages qu'avaient procurés à la province de Dauphiné les vastes manufactures qu'elle y créa, et depuis, à jamais illustrée par les services éminents que la France a reçus de MM. Casimir et Augustin Périer, dont la vie sera, pour leurs frères et pour leurs descendants, une source de mémorables exemples qui ne resteront point stériles. Fourier était aimé et honoré par cette famille puissante, et il la retrouvait également affectueuse à Paris et à Grenoble. Pour les affaires du département, M. Augustin Périer fut en effet la personne que Fourier consulta avec le plus de confiance, et de laquelle il reçut les meilleurs avis, car ce n'était pas trop d'un si utile concours pour le succès des grandes entreprises d'utilité publique, d'un intérêt supérieur pour la France entière, dont le préfet de l'Isère eut à s'occuper, et qui exigèrent de Fourier le zèle, la science de l'administrateur expérimenté, avec toutes les lumières du profond géomètre. Et l'on ne saurait méconnaître cet intérêt supérieur dans le desséchement des marais de Bourgoin, la route d'Italie par le Lautaret au travers des montagnes du Briançonnais, un pont sur le large torrent du Drac, l'organisation légale des chemins vicinaux, accessoires accidentels, si l'on veut, aux occupations habituelles du préfet d'un département dont l'administration embrassait des objets aussi variés que l'est la nature même de son sol, celle de sa température et de ses productions; qui touche par un point aux glaciers des Alpes et par le point opposé aux plaines sablonneuses du midi; qui est inondé à l'est par les eaux des montagnes et stérile à l'ouest par l'impossibilité d'un système d'irrigations.

C'est quand il était livré à tant de soins divers que Fourier entreprit

1° Son Mémoire sur la chaleur;

2° Sa Préface historique de la Description de l'Égypte;

3° L'étude des zodiaques égyptiens.

Je vais raconter, comme témoin oculaire, l'histoire de ces mémorables recherches, qui suffiraient sans doute à plusieurs bonnes renommées scientifiques.

CHAPITRE IV.

Fourier. Son Mémoire sur la théorie de la propagation de la chaleur dans les corps solides. L'Institut lui décerne le grand prix de mathématiques. Mécompte de l'auteur. Tradition à ce sujet.

Les relations de Fourier avec l'académie des sciences remontent à l'année 1787. Vingt ans après il communiquait à cette académie un mémoire sur la propagation de la chaleur dans les corps solides. L'académie, frappée de l'importance de telles recherches, en fit le sujet d'un grand prix de mathématiques, afin de porter l'auteur du mémoire à l'étendre et à le perfectionner (1). Fourier s'y engagea, et ce travail le préoccupa sous plus d'un aspect. Il aimait les hommes, mais il les avait assez fréquentés pour redouter quelque peu les effets des passions que tout intérêt averti manque rarement d'émouvoir, et qui, dans la classe des puissants, ne sont quelquefois que l'instinct de conservation d'un rang bien ou mal acquis. Et partout l'amour-propre n'est-il pas pétri de susceptibilités, et, comme une juste compensation, d'incessantes alarmes? Mais de telles considérations ne détournèrent point Fourier du projet et de l'obligation de terminer son mémoire, selon le programme publié par l'académie. Le sujet s'agrandit sensiblement sous sa plume par ses vastes calculs, par ses nombreuses expériences; son manuscrit forma un volume in-folio de plusieurs centaines de pages. Je devais l'apporter à Paris, où j'allais me rendre dans les premiers jours de septembre 1811; il ne fut pas prêt pour le jour de mon départ : en fait de textes en chiffres, Fourier était aussi difficile que pour les phrases d'un discours, et il y avait pour lui une manière plus élégante que toute autre d'écrire

(1) Éloge de Fourier par M. Arago, page 40.

une proposition ou un théorème avec les signes et la langue des calculs. L'ouvrage fut terminé dans le délai prescrit; mais l'auteur ne livra son manuscrit qu'à la dernière extrémité; il
me le fit remettre à Paris. Je vois encore par les
trois lettres dont l'envoi de ce manuscrit fut le sujet, à quelles inquiétudes l'auteur fut livré, jusqu'au jour où il eut dans ses mains la preuve du
dépôt que j'en avais fait, avant l'expiration du
délai donné, au secrétariat de l'Institut.

« Voilà, monsieur (m'écrivait-il le 17 septem-
« bre 1811), une des commissions les plus impor-
« tantes que je puisse donner de ma vie. » Le
17 octobre, il m'exprimait sa satisfaction de
l'heureuse arrivée de son mémoire, et Millin qui
était chez lui dans ce temps-là, m'a dit qu'il
montrait avec une joie d'enfant le récépissé venu
du secrétariat de l'Institut. Cependant cette satisfaction ne fut que de peu de durée, elle se
changea même pour Fourier en une source de
chagrines réminiscences, qui ne se sont jamais
éteintes dans son esprit.

Le mémoire fut couronné : mais les termes
du jugement favorable de l'académie, ou plutôt
de la commission qui avait examiné le mémoire,
car les commissions sont souveraines à l'Institut,
étaient quelque peu restrictifs, sans que les motifs de ces réserves fussent exprimés, ce qui semblait intolérable dans une matière où la diversité

bien légitime des goûts, la diversité moins équitable des opinions, et la diversité toujours con-
damnable des vues personnelles ne peuvent trouver à se produire, puisqu'en ces matières, tout
se pèse, se mesure, et se résume en faits authen-
tiquement démontrés et constatés.

A l'occasion de ce qui arriva à Fourier, le secrétaire perpétuel de l'Académie des sciences
n'a pas hésité à déclarer publiquement que les
académies qui jugent, doivent, comme les autres tribunaux, motiver leurs jugements. Cette
règle nous semble impérieuse, même dans les
contrées que Fontenelle a nommées le Pays des
démonstrations. Ailleurs cette règle serait parfois tyrannique, dans les domaines du goût par
exemple, et dans ceux où les opinions les mieux
motivées ne sont parfois encore qu'une affaire
de goût. L'académie des inscriptions et belles-
lettres, en l'année 1760, proclamait Bullet son
oracle celtique (1). Aujourd'hui pour la même
académie tous les oracles sont morts, et il est
juste d'avouer qu'il y a en érudition tant de degrés de bien, qu'on peut dire que certaines choses
ne sont pas mauvaises quand même elles ne sont
pas bonnes. Le laborieux assemblage des passages
écrits qui concernent un sujet, est presqu'un
mérite; il n'y a cependant ni esprit, ni invention, conséquemment point de génie, rien qu'on

(1) Dictionnaire celtique, tome 3e, au frontispice.

ne puisse faire, quand même on n'est pas membre d'une académie, car ce secret a vieilli ; mais c'est un ensemble, c'est curieux, c'est surtout du temps épargné aux autres. Aussi les jugements rendus en matière d'érudition exigent-ils plus de politesse que de vérité ; le vieux Dacier, qui jugea pendant plus de cinquante ans les morts et les vivants, a fondé les bonnes doctrines sur cette partie des coutumes littéraires, et toute bonne tradition réside dans ses exemples.

Le mémoire de Fourier sur la théorie de la chaleur fut imprimé vingt ans après dans les volumes de l'académie, et tel qu'il l'avait présenté au concours : c'était de sa part une tacite protestation contre un jugement qui l'affligea toute sa vie (1).

L'élévation des sujets scientifiques auxquels il s'attacha par une préférence réfléchie, lui promettait de la gloire, suave aliment des nobles esprits, et des contradictions, qui s'assimilent

(1) Il en écrivit au secrétaire perpétuel Delambre, qui disait, pour toute réponse, que *deux ou trois mots de plus ou de moins* n'étaient rien à l'honneur d'un grand prix de mathématiques décerné par l'Institut. Les traditions du temps disent enfin que ces deux ou trois mots furent généralement désapprouvés : l'opinion publique juge parfois autrement que les académies, qui d'ailleurs n'ont pas droit de vie et de mort dans la république des lettres. C'est pourquoi elles n'ont jamais fait ni défait aucune renommée. C'est pourquoi encore on peut décéder à peu près obscur dans un fauteuil académique : il y a des hommes qui ont obtenu quelque réputation quoique mourant comme tout le monde.

moins aisément à notre nature. Comme la théorie de la chaleur, les zodiaques d'Égypte tourmentèrent la vie de Fourier; je m'arrête un moment sur cet autre sujet intarissable de ses conversations : quoiqu'ancien, et fort débattu depuis quarante ans, il me reste encore quelque chose de nouveau à en dire.

CHAPITRE V.

Zodiaques égyptiens. Première opinion sur leur excessive antiquité. Tentative du Premier Consul à ce sujet. Influences politiques restrictives. Variations et sentiments modérés de Fourier sur ces zodiaques. Clameurs coalisées. Intervention protectrice de Louis XVIII. Influence de la découverte de Champollion le jeune sur cette question. État actuel de la discussion. Élément nouveau qui doit l'éclairer. Antiquité des annales égyptiennes.

Les monuments qui, d'après l'opinion de Fourier et celle de ses collègues de la Commission d'Égypte, devaient être considérés comme astronomiques, étaient au nombre de six; ils avaient été découverts dans les temples d'Esnèh, **de Dendèrah**, d'Hermonthis, et dans un tombeau royal de Thèbes (1). De ces curieux sujets astro-

(1) Aujourd'hui où renaissent les vives discussions académiques sur les zodiaques égyptiens, on en exclut les autres sujets considérés comme astronomiques, tels que les tableaux peints à Hermonthis et dans les tombeaux des rois à Thèbes, où figurent le Lion, le Taureau et le Scorpion. Les zodiaques contenant la série des 12 signes sont seuls en cause.

nomiques, tous sculptés ou peints, deux étaient à Dendérah, au portique du grand temple et au plafond d'une pièce supérieure; deux autres à Esnèh, et ces quatre monuments contiennent également les douze constellations zodiacales, dont les signes se succèdent selon l'ordre du zodiaque moderne. Dans les deux zodiaques d'Esnèh et dans celui du portique de Dendérah, les douze constellations sont placées sur une ligne qui est pliée en deux droites parallèles; cette ligne au contraire forme un arc de spirale dans l'autre zodiaque de Dendérah, celui-là même qui est aujourd'hui à la bibliothèque royale de Paris, et qu'on nomme généralement planisphère.

Le signe qui occupe la première place dans les deux zodiaques d'Esnèh, c'est la Vierge; et dans ceux de Dendérah, ce premier signe est le Lion.

A Hermonthis, on trouve séparément deux constellations, le Taureau et le Scorpion; et à Thèbes, le Taureau, le Lion et le Scorpion.

Denon, protégé par l'amitié et les victoires de Desaix, avait pénétré dans la Haute Égypte et exploré le premier cette riche contrée historique. Parvenus avec l'armée à Dendérah, Desaix découvrit de ses yeux le zodiaque circulaire, en avertit Denon qui le dessina, et qui l'annonça à ses collègues, dès son retour au quartier général du Kaire, au mois d'août 1799.

La commission présidée par Fourier compléta

cette première découverte, et lui donna son véritable prix par l'observation des monuments d'Esnèh, dessinés aussi par Denon, et de ceux de Thèbes et d'Hermonthis.

Du rapprochement de ces tableaux naquit la prompte interprétation des causes de leur ressemblance, de leurs disparités, et cette interprétation fut, dès son origine, une science tout entière, dont les conséquences changeaient inopinément toutes les bases, jusque-là accréditées, de l'histoire de la société humaine.

On rapportait ces disparités dans le thème des zodiaques et dans l'ordre de leurs signes, au phénomène astronomique désigné par le nom de précession des équinoxes; et considérant le premier signe de chaque zodiaque comme celui du solstice au temps où les deux temples qui les renferment furent construits, on disait : le temple de Dendérah, où le solstice est dans le signe du Lion, date de quatre mille ans avant notre époque, et le temple d'Esnèh, de sept mille ans, le solstice y étant indiqué dans le signe de la Vierge (1).

Un écrit officiel accréditait ces opinions; on lisait dans le journal du gouvernement (2) que ces zodiaques portaient dans l'ordre de leurs signes, une date de cinq à six mille ans, et que

(1) Corabœuf et Burkhardt dans le Mémoire de Grosbert sur les Pyramides ; vendémiaire au IX (septembre 1800).

(2) *Moniteur* du 3o messidor an VIII (18 août 1800) et jours suivants.

les temples qui recélaient ces tableaux célestes étaient des plus modernes parmi ceux de l'É-gypte. Cet écrit était un rapport au Premier Consul; l'auteur de ce rapport était son bibliothé-caire, et cet auteur, feu Ripault, disait dans une déclaration écrite que j'ai sous les yeux : « Le « Premier Consul a donné à l'imprimeur la des-« cription que nous avons faite à la quarantaine. « Dites bien à mes camarades (encore en Égypte) « que c'est par sa volonté formelle et irrésistible « que cela a été publié. Le général Bonaparte, « ainsi que je le tiens de sa propre bouche, les « a fait imprimer pour préparer l'opinion sur le « travail de la Commission, dont il paraît extrê-« mement satisfait. » (Le 3 thermidor an VIII, 22 juillet 1800.)

Dans le temps où ces idées si nouvelles furent rendues publiques en France, toutes les opinions avaient un libre cours; il y eut donc des écrivains qui applaudirent à ces nouveautés, d'autres qui s'en alarmèrent dans l'intérêt de la chronologie sacrée; enfin les savants géomètres les plus haut placés ne recevaient point sans répugnance cet enseignement inattendu, retrouvé par leurs élèves dans les ruines égyptiennes. Les contra-dicteurs ne firent donc point faute à ces zodia-ques; mais il est juste de dire qu'il n'existe de Fourier aucun écrit qui puisse le rendre respon-sable des opinions exagérées qui eurent cours

4.

dans ces premiers temps au sujet des zodiaques
égyptiens. Il repoussait publiquement ce qu'on
lui en attribuait; et il ne ménageait point ses
protestations, souvent renouvelées, contre l'intention qu'on lui supposait, bien gratuitement
en effet, de rattacher ses opinions aux conjectures ingénieuses que Dupuis avait publiées en 1781
sur l'origine des constellations : mémoire de
quelque célébrité, et dans lequel l'auteur supposant que la succession des signes du zodiaque
représente les phases de l'année agricole en
Égypte, et remettant chaque signe à la place que
lui donne son expression symbolique par rapport
aux saisons, il retrouvait que l'institution et l'o-
rigine de ce zodiaque, ramené par ce procédé à
sa forme primitive, remontaient à douze ou quinze
mille ans avant l'ère chrétienne. Pour attaquer
Dupuis, qui avait attaqué tous les cultes, on leva
la sape contre les zodiaques à Rome, en Allemagne, en Angleterre; l'antiquaire Visconti les dis-
crédita en France, et j'ai sous les yeux une note
autographe de l'astronome Lalande qui, quoique enclin à découvrir avec la même joie et les
athées et les corps célestes, se prononça néanmoins contre les zodiaques égyptiens. Il dit dans
cette note : « Le 4 décembre 1804, M. Fourier
« a enfin consenti à me laisser voir les dessins
« (des zodiaques), mais à condition que je n'en
« ferais aucun usage avant lui. Je les ai vus le

« 5 avec le cortége de l'empereur. Je suis à por-
« tée de changer le calcul de M. Burkhardt. »

Ce changement ne fut pas réellement très-
important, car Lalande admettant que les signes
initiaux du zodiaque sont ceux du solstice, il
efface la Vierge du zodiaque d'Esnèh, place le
solstice au milieu du Lion, ne donne à cette
position que 3500 ans, et 2000 de moins au
thème de Denderah : mais se rangeant aussitôt
après à l'opinion de Visconti, Lalande considère
les temples d'Esnèh et de Dendérah comme des ouvrages des Grecs contemporains ou successeurs
d'Alexandre, et ne s'embarrasse plus du thème
astronomique des zodiaques. Il y a toujours eu
parmi les savants modernes des hommes très-diffi-
ciles au sujet des travaux philosophiques des anciens; en faisant à ceux-ci la part médiocre, celle
de notre temps sera plus grande : misérable
égoïsme condamné par les témoignages de l'histoire, et illusoire inspiration de la vanité qui essaye d'immoler à la satisfaction momentanée
d'un individu, toutes les pensées, toutes les découvertes des antiques générations humaines!

Il arriva ensuite que le consulat, et l'empire
surtout, exigèrent, quoique tacitement, une réserve annuellement croissante de la part des
écrivains sur les antiquités de l'Orient; l'Église
était rappelée au secours de la société civile. La
restauration rétrécit encore ce terrain des libres

discussions, et c'est ainsi que pour Fourier, et par l'effet de ses temporisations, peut-être même de ses doutes, la question des zodiaques se compliquait de plus en plus de ces contradictions savantes et de ces difficultés politiques.

C'est par l'influence simultanée de ces causes diverses, que peut s'expliquer le silence absolu gardé par Fourier, au sujet des monuments astronomiques égyptiens, dans la première rédaction de sa *Préface historique*, terminée en l'année 1809. Plus tard, sans être plus libre, il fut plus résolu sur ce sujet qui lui était à la fois cher et redoutable, et il s'en expliqua enfin dans la rédaction officielle de ce discours, qui fut publiée en 1810. On y lit, en deux paragraphes, cette exposition à dessein inoffensive :

« Les conséquences qui résultent de l'étude
« attentive des monuments ne permettront ja-
« mais de comprendre l'histoire de l'Égypte entre
« les limites d'une chronologie restreinte qui
« n'était point suivie dans les premiers siècles du
« l'ère chrétienne » [voilà de l'espace à plaisir ;
mais il ajoute immédiatement :] « Elles ne sont
« pas moins contraires au sentiment de ceux
« qui fondent sur des conjectures l'antiquité
« exagérée de la nation égyptienne, et ne dis-
« tinguent point les époques vraiment histori-
« ques des supputations qui servaient à régler
« le calendrier. » Et ceci est restrictif : d'où ré-

sulte entre ces deux passages, non pas un juste
milieu, mais une sorte de compensation qui pouvait plaire au caractère de l'auteur, mais dont il
serait bien difficile d'énoncer exactement la véritable expression.

C'est dans ses mémoires sur les monuments
astronomiques des Égyptiens que sa pensée devait être révélée et démontrée; il a consacré à
ces recherches une infinité de temps et une infinité de calculs, mais il ne les a point mis au
jour; ses manuscrits ont été conservés, et je ne
saurais dire ce qu'ils deviendront, car leur contenu est encore un mystère pour la science qui
n'en a retiré jusqu'ici aucun profit; ces manuscrits
sont la propriété de l'État; ils sont déposés à la
bibliothèque royale, mais je ne les ai jamais vus.

Fourier a publié un résumé littéraire de ses
recherches sur les antiquités astronomiques de
l'Égypte; il a exprimé en ces termes ses con-
victions, et les conséquences les plus générales
qu'il pensait pouvoir déduire de ses études :
« La sphère égyptienne, telle qu'elle est re-
« présentée dans tous les édifices existants, se rap-
« porte au XXVe siècle avant l'ère chrétienne. A
« cette époque, l'observation avait déjà fait con-
« naître les premiers éléments de l'astronomie.
« On les réunit alors, et l'on en forma une ins-
« titution fixe qui servit à régler l'ordre civil
« des temps et devint une partie de la doctrine

« sacrée....... L'époque de l'institution est
« celle de la splendeur de Thèbes ; nous l'avons
« vue écrite en caractères astronomiques dans
« les plus beaux ouvrages de l'architecture des
« Égyptiens. Ainsi l'origine de leurs lois et de
« leurs arts est plus ancienne (1).

« Une époque qui diffère peu de deux mille
« cent ans avant l'ère chrétienne, a précédé la
« construction du temple de Tentyra, et elle est
« postérieure à celle des monuments de Latopo-
« lis (Esnèh ;) elle appartient donc, comme l'é-
« poque de l'institution zodiacale (deux mille
« cinq cents ans avant l'ère chrétienne), à l'his-
« toire civile de l'Égypte. La monarchie subsis-
« tait alors dans toute sa force ; elle obéissait à des
« lois sages et constantes. L'expérience avait fixé
« les principes du gouvernement et des mœurs,
« et les arts étaient cultivés depuis un temps
« immémorial ; ils avaient produit les monu-
« ments admirables de Latopolis (Esnèh), et ils
« devaient en produire de nouveaux, puisque
« le temple d'Isis à Tentyra n'était pas cons-
« truit (2). »

Et le texte de ces deux passages se résume en
ces trois propositions :

Au vingt-cinquième siècle avant l'ère chré-

(1) Recherches sur les sciences et le gouvernement de l'É-
gypte, § 1er ; dans la Description de l'Égypte ; antiquités, mémoires, tome II de l'édition in 8º. — (2) Idem, § XXVII.

tienne, la monarchie égyptienne était florissante par les lois, les mœurs et les arts. La sphère égyptienne et le calendrier furent inventés.

Au vingt-unième siècle, le temple d'Esnèh, qui est orné d'un zodiaque, était construit.

A la même époque, le temple de Dendérah n'existait pas, ni ses deux zodiaques : mais ils furent édifiés peu de temps après.

Ainsi les antiquités astronomiques donnaient aux institutions civiles de l'Égypte, qui étaient le fruit d'une longue expérience antérieure, vingt-cinq siècles d'existence avant l'ère chrétienne. Cette opinion de Fourier n'obtint point l'approbation de tous les savants : on contesta les bases mêmes de ses recherches, on refusa obstinément et on refuse encore aux Égyptiens la connaissance de la précession des équinoxes.

L'arrivée merveilleuse du zodiaque circulaire de Dendérah à Paris, en 1822, parut ranimer la discussion ; plusieurs écrivains luttèrent de science et de zèle pour rabaisser l'époque assignée à ce monument ; pas un seul n'en défendit l'antiquité ; M. Biot ayant cru y reconnaître quatre étoiles, y vit aussi une projection et en déduisit l'époque du zodiaque, qu'il fixa à sept cent seize années avant notre ère. Mon frère avança que les signes désignés par M. Biot n'étaient pas des étoiles (1). En même temps un respectable

(1) *Revue Encyclopédique*, août 1822.

ecclésiastique, ancien bibliothécaire de l'impératrice Joséphine, mathématicien et helléniste, vouait à l'exécration des siècles la mémoire de l'homme pervers qui avait parlé de treize mille années révolues, et maudissait même ceux qui avaient apporté en France cette vilaine pierre noire. A la tribune nationale un zèle politique et religieux de nouvelle formation, tonnait contre ce monument d'athéisme et d'irréligion : ce fut alors que le roi Louis XVIII ordonna inopinément l'acquisition de ce monument dont la vivace célébrité semait dans les esprits tant de germes divers d'interminables controverses.

Peu de jours après l'accomplissement de cet ordre du roi, la découverte de l'alphabet hiéroglyphique par mon frère (septembre 1822) leva bien des doutes; le temple d'Esnèh et celui de Dendérah, où sont les zodiaques, furent reconnus pour des édifices élevés et terminés du temps de la domination des Romains en Égypte. Avant de rendre public ce résultat bien inattendu, mon frère en fit part à Fourier, qui, après être revenu d'une profonde surprise, demeura dans ce doute de la bonne foi qui aspire après la révélation de la vérité : et lorsqu'il eut lu le travail complet de mon frère, la *Lettre à M. Dacier*, il lui dit en propres termes : « C'est de la géométrie, mais « les antiques institutions de l'Égypte sont écri- « tes ailleurs en signes ineffaçables; vous nous le

« démontrerez par la suite de vos recherches ;
« quant à celles-ci, c'est une découverte qui doit
« vous surprendre autant que moi-même. Vous
« êtes, je crois, dans une heureuse voie ; persis-
« tez, et tous nos rêves sur cette admirable ci-
« vilisation se changeront en réalités. »

Il est certain que les idées de Fourier perdi-
rent quelque chose de leur autorité par les conséquences immédiates de la nouvelle découverte.
Le temple d'Esnèh, qui existait, disait-on, plus de
deux mille ans avant l'ère chrétienne, ne portait dans ses sculptures que des noms d'empereurs romains, Claude, Titus, Domitien, Trajan,
Antonin et Septime Sévère. A Dendérah, on lisait
sur la partie la plus ancienne le nom de la dernière Cléopâtre ; et tous les souverains qui, après
cette reine, avaient concouru à la construction
ou à l'achèvement de cet admirable et immense
édifice, étaient également romains : c'étaient
Auguste, Tibère, Caïus, Claude et Néron. Enfin le
nom qui se trouvait sculpté sur le zodiaque même
selon le dessin publié par la Commission d'É-
gypte, était un titre impérial romain, celui de
Claude ou de Néron.

La merveilleuse antiquité des zodiaques s'é-
vanouissait par la conséquence naturelle de ces
observations, et par l'effet simultané des efforts
renouvelés de l'érudition contemporaine (1) ; mais

(1) Observations sur l'objet des représentations zodiacales,
etc. ; par M. Letronne. Paris, 1824, in-8°.

l'antiquité de la civilisation égyptienne, plus merveilleuse encore parce qu'elle était vraie, n'en souffrit point, on peut l'assurer ; et Fourier qui suivit avec un si vif intérêt les travaux de mon frère qu'il avait connu et aimé dès sa première jeunesse, qu'il aurait vu avec attendrissement et orgueil assis à ses côtés sur les bancs de l'Institut, Fourier, disons-nous, ne fut pas privé de la satisfaction d'apprendre de mon frère même que toutes ses opinions sur les origines, les époques et l'état avancé de la civilisation égyptienne, étaient confirmées ; et que si l'interprétation des zodiaques devait être distraite du nombre des témoignages sur lesquels ces opinions étaient fondées, les autres considérations qui avaient déterminé ses jugements tiraient de l'ensemble des travaux de mon frère et des documents qu'il avait recueillis en Égypte et en Nubie, les plus éclatantes confirmations.

Nous ne trouvons, dans le bel éloge de Fourier par M. Arago son successeur, aucune mention de ses mémoires sur l'ancienne Égypte. Cette omission, motivée sans doute, nous a porté à nous étendre un peu plus sur ce sujet auquel Fourier n'a pas cessé de penser, quoiqu'il n'en parlât plus. Je n'ai que peu de mots à ajouter à ce que je viens d'exposer sur cette époque si pénible et si occupée de sa vie ; mais ce peu de mots renferment des considérations nouvelles qui l'auraient vivement intéressé, si le destin moins rigoureux avait prolongé sa vie de quelques années encore.

Un homme qui, comme Fourier, est doué d'une portée d'esprit peu commune même parmi les savants d'un ordre supérieur, possède aussi pour l'appréciation des faits les plus importants de l'histoire philosophique des hommes, cette habileté d'examen qui donne aux conséquences adoptées l'autorité des documents les plus authentiques; et si dans cette appréciation, il entre parfois un peu de conjecture, on peut s'y fier néanmoins; l'instinct de ces sortes d'esprits se révèle par des divinations.

Ainsi, après la destruction de l'autorité chronologique des zodiaques, l'antiquité de la civilisation égyptienne, selon Fourier, est devenue plus manifeste encore par des monuments nouvellement rendus à la science; il est même arrivé que des écrivains peu favorables d'abord aux opinions les plus hardies de Fourier, et qu'ils disaient être les plus hasardées, l'ont dépassé dans l'interprétation historique des monuments. Résumons, puisque l'occasion en est offerte, l'état actuel de la question, et tel qu'il résultera du concours d'un élément de critique jusqu'à ce jour inconnu.

1° Fourier portait jusqu'au XXVe siècle avant l'ère chrétienne, l'époque de la grande splendeur de Thèbes et celle de l'institution du zodia-

que et du calendrier ; ce n'est plus assez aujour-
d'hui.

M. Biot a exposé, dans un mémoire fort étendu,
le résultat de l'étude qu'il a faite des sujets astronomiques, et qu'il considère comme tels, découverts par mon frère dans les tombeaux des
rois égyptiens des anciennes dynasties thébai-
nes, et il a conclu de ces documents, dont l'é-
poque et l'authenticité sont certaines, que l'institution du calendrier égyptien, fondé sur la
connaissance de la véritable longueur de l'année
solaire, remontait à trois mille deux cents ans
avant l'ère chrétienne : c'est déjà sept siècles plus
haut que les temps indiqués par Fourier.

2° Tant qu'il n'exista aucun moyen matériel
de connaître l'époque de la construction des zodiaques de Dendérah ou celle du temple dont ils
ornent le portique et le plafond, la carrière des
interprétations était large et libre aux astronomes
comme aux antiquaires, et ils ne la laissèrent pas
inoccupée. Mais quand l'alphabet des hiéroglyphes fut découvert, il fut immédiatement appliqué à l'examen de ces temples célèbres, et on
trouva sur toutes leurs parties des noms d'empereurs romains. Le zodiaque rectangulaire sculpté
sur les pierres du portique de cet édifice fut
aussi déclaré romain, et le prestige d'une excessive antiquité s'évanouit devant ce moyen de
critique infaillible et nouveau.

Les partisans de cette antiquité dirent que ce zodiaque moderne devait être la copie d'un original plus ancien, aucun motif plausible n'ayant pu porter des empereurs romains à faire composer, à grands frais, des tableaux représentant l'état du ciel pour une époque de longtemps antérieure à leur règne. Quant au zodiaque circulaire, ou planisphère, du même temple, zodiaque d'un volume qui le rendait facilement transportable, il avait pu être distrait ou sauvé d'anciennes ruines et employé comme plafond dans une construction plus récente.

A la première conjecture, on ne répondait rien, elle était du libre domaine de l'opinion, et l'on pouvait aussi bien l'adopter ou la rejeter avec une égale raison. Quant à la seconde, au transport présumé du zodiaque circulaire, on objectait avec plus de succès, que l'inscription hiéroglyphique du zodiaque même, laquelle est gravée *en relief* sur une des deux pierres où ce tableau est sculpté, se termine par un cartouche qui renferme le nom ou le prénom d'un souverain égyptien; que ce nom est le mot grec ΑΥΤΟΚΡΑΤΩΡ (l'empereur), et que ce mot ne peut être que le titre impérial des empereurs Claude ou Néron, qualifiés bien des fois absolument de même et sur leurs médailles frappées en Égypte, et sur les bas-reliefs du temple même de Dendérah.

3º L'existence de ce *mot* gréco-romain dans

l'inscription hiéroglyphique du zodiaque circulaire ne pouvait être contestée : le dessin du zodiaque publié par la Commission d'Égypte en était un témoignage public, d'une imposante autorité, et les conséquences déduites de la présence de ce mot étaient d'une rigoureuse exactitude ; le zodiaque circulaire était donc aussi de l'époque romaine.

Quand le zodiaque fut transporté à Paris, on reconnut qu'il avait été détaché de telle manière que la partie de celle des deux pierres où existe son cartouche gréco-romain, si décisif dans la question de l'antiquité, avait été laissée en Égypte, au plafond même où le zodiaque fut primitivement placé. La question restait donc dans les termes déjà énoncés, et l'existence du cartouche n'était contestée par aucune des opinions existantes sur ce difficile sujet. Mais mon frère en Égypte a examiné attentivement les restes du zodiaque circulaire de Dendérah, *et il a reconnu que le mot gréco-romain* ΑΥΤΟΚΡΑΤΩΡ *n'existe pas dans l'inscription hiéroglyphique*, et que le cartouche qui renfermait ce mot selon le dessin de la Commission d'Égypte, est au contraire *absolument vide ;* comme le sont *tous* ceux qui se voient dans les bas-reliefs de l'intérieur du temple et des chambres construites sur le temple même, là où existait le zodiaque (1).

(1) Champollion le j. note ms. et lett. écrites d'Égypte, p. 92.

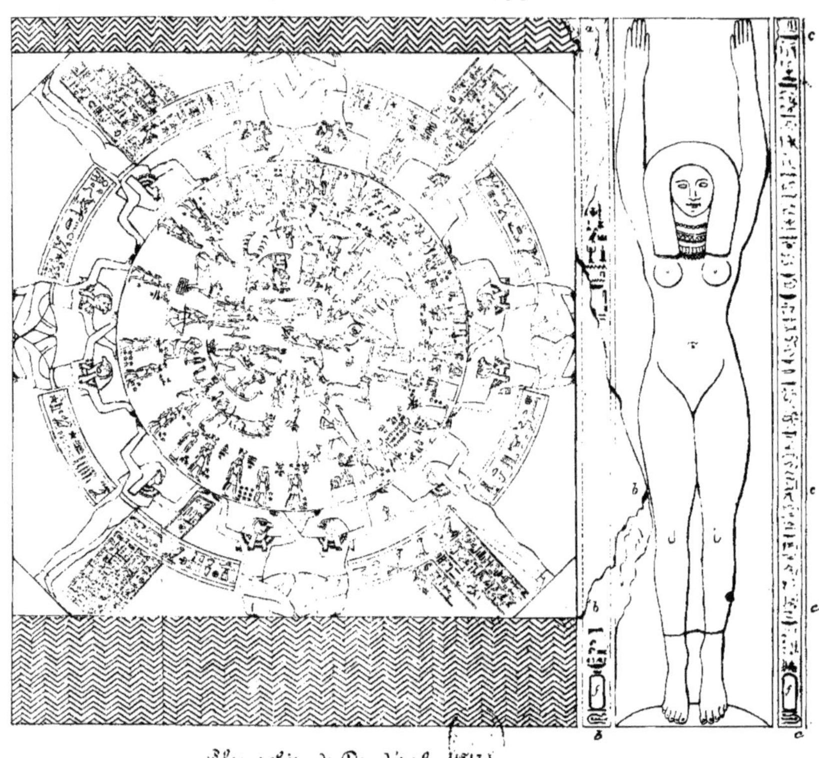

Planisphère de Dendérah. (1843.)

Ce fait important, le cartouche vide, est rendu public aujourd'hui pour la première fois : et on comprendra mieux l'ensemble des données où il doit prendre une si grande place, au moyen du dessin que je joins à cet exposé.

Les lignes ondulées sur deux côtés du planisphère indiquent un espace occupé par les eaux ; c'est le symbole de l'Océan , qui, selon les anciens, environnait le monde matériel. La ligne brisée d'*a* en *b* marque la trace de la scie qui a détaché le zodiaque ; d'*a* en *c*, et de *b* en *c*, c'est la portion qui a été laissée à sa place à Dendérah. La fin de l'inscription hiéroglyphique est transcrite dans notre dessin ; l'encadrement elliptique qui est vers le bas *f*, qu'on appelle un cartouche, est un signe honorifique constamment employé par les Égyptiens pour enfermer les noms de leurs souverains, et c'est dans ce cartouche qu'on a supposé qu'existaient les signes représentant les lettres grecques ΑΟΤΚΡΑΤΡ qui forment le mot grec ΑΥΤΟΚΡΑΤΩΡ, *l'empereur*.

Ces signes n'existaient donc pas dans le zodiaque ; ils ont été ajoutés mal à propos à la gravure publiée dans la Description de l'Égypte ; et remarquons ici un singulier effet du hasard : si, au lieu du titre d'un empereur romain, on avait ajouté au zodiaque le nom d'un des rois de la xviiie ou de la xvie dynastie égyptienne, l'application du principe archéologique par lequel

le zodiaque a été fait contemporain des premières années de l'ère chrétienne, l'aurait au contraire porté à plus de deux mille ans avant cette
ère, et l'époque du zodiaque, selon Fourier, eût
été par là aussi certaine que l'existence de New-
ton, ou le règne de Louis XIV.

Mais sur cette donnée toute nouvelle, l'absence
d'un nom romain et de toute autre indication historique dans l'inscription du zodiaque, recom-
mencera-t-on l'examen astronomique du monument ou des monuments du même ordre, aucun
d'eux, comme il est prouvé aujourd'hui, ne portant de date spéciale et certaine? Toute controverse sur un tel sujet intéressera toujours les annales des sciences; elle ne sera donc pas oiseuse,
et j'en ai l'intime conviction, puisqu'elle s'agite
aujourd'hui même entre deux excellents esprits,
M. Biot et M. Letronne, devant l'académie des
inscriptions et belles-lettres. Le premier défend
avec persévérance son ancienne opinion sur l'expression astronomique du planisphère de Dendérah, expression déduite de la projection qu'il reconnaît avoir présidé à la construction de ce
tableau. M. Letronne, au contraire, nie l'existence de la pensée même de cette projection : il
déclare que les douze signes du zodiaque égyptien
ont été empruntés à celui des Grecs; et dans les
autres figures, toutes de style égyptien, il voit non
des constellations, comme le pense M. Biot, mais

bien des personnages mythologiques, qui donnent à l'ensemble du planisphère le caractère d'une composition astronomique et religieuse tout à la fois, astrologique même en partie.

Une grande érudition, une habileté de discussion plus grande peut-être encore, sont déployées dans cette savante controverse : les faits archéologiques me semblent devoir la dominer, même engendrer des doutes sur l'expression rigoureusement astronomique du planisphère; et comme l'astrologie n'est que l'abus de l'astronomie, il faut reconnaître que les Égyptiens ne purent abuser de cette science que s'ils en connaissaient les éléments et les applications les plus utiles. Dans quelle proportion l'astronomie pure entre-t-elle dans la composition du planisphère et des autres tableaux astronomiques égyptiens? La réponse précise à cette question est peut-être un des secrets des temps à venir, et l'on ne peut dire de quelle part viendra la lumière sur un sujet qui doit être, longtemps encore, celui de bien des incertitudes et d'infructueuses recherches.

Toutefois la haute antiquité de la civilisation égyptienne n'en peut rien craindre, n'en a rien à attendre. Les études astronomiques, et l'application de leurs principes les plus utiles aux usages et aux besoins de la société, lui sont aujourd'hui concédées pour une époque sensiblement antérieure à celle que Fourier avait indiquée. Des monuments du xxi⁰ siècle avant l'ère chrétienne portent des dates précises en jours, en mois et années, selon un calendrier régulièrement institué. D'autres monuments, antérieurs encore, servent à démontrer que l'institution de ce calendrier n'était pas récente à cette époque éloignée, qui est celle des rois de la xvii⁰ dynastie égyptienne. Des manuscrits funéraires de temps antérieurs indiquent aussi des phases lunaires par des dates précises exprimées selon ce même calendrier. Les monuments subsistants ne laissent aucune lacune dans la succession des rois d'Égypte depuis Septime Sévère et Géta jusqu'à cette même xvii⁰ dynastie égyptienne, et cette succession d'hommes, soumis à la condition d'homme, remplit un espace historique de deux mille trois cents ans.

Dans les ruines des édifices de la dix-huitième dynastie, on découvre, employés comme matériaux provenant de la destruction de plus anciens monuments publics, des sculptures où se lisent les noms des rois des familles antérieures ; et d'autres fragments isolés portent des noms de Pharaons de la xii⁰ de ces races royales, qui vécut plusieurs siècles plus tard encore.

Des manuscrits authentiques, en caractères égyptiens, sauvés par hasard de la destruction

des anciennes archives sacerdotales et retrouvés
dans des tombeaux (1), contiennent des listes de
rois, dont les noms et la succession sont con-
formes aux notions que les monuments publics
nous avaient déjà révélées avant la découverte de
ces manuscrits. Ces mêmes manuscrits prouvent
aussi que Manéthon, aujourd'hui reconnu pour
le plus exact des annalistes anciens, avait réellement tiré des archives des temples les listes
royales que ses antagonistes nous ont heureusement conservées en les critiquant ; et les analo-
gies de ces textes égyptiens avec leur traduction
grecque par Manéthon, est un fait auquel les
règles de la bonne et impartiale critique donnent
une valeur tout historique.

Les pyramides de Memphis ont aussi fait leurs
révélations : le secret de la sépulture des rois
qu'elles renfermaient vient enfin d'être pénétré ;
les restes de la momie, du cercueil en bois
peint, et le sarcophage en basalte du souverain
enfermé dans la troisième pyramide, ont été
découverts et recueillis par de savants explora-
teurs : le nom du roi existe sur ces précieux
monuments ; il y est plusieurs fois répété ; ce
nom se lit *Menkaré* par l'alphabet de mon frère :

(1) C'était l'usage parmi les peuples de l'Orient, et la Bible en
fait foi, d'enfermer les écrits dans des vases de grès herméti-
quement bouchés. La plupart des manuscrits égyptiens proviennent de pareils vases déposés dans les tombeaux.

et par Érathostène ce roi est nommé *Meschérès*, et *Manchérès* par Manéthon (1).

Dans la grande pyramide un autre nom s'est trouvé plusieurs fois écrit sur les pierres d'une chambre jusqu'ici inaccessible : par le même alphabet ce nom pharaonique se lit *Schoufou*, et les mêmes écrivains grecs, Manéthon et Érathostène, nomment ce roi *Souphi* et *Saophis* (2).

Ce même nom se lit dans les inscriptions sculptées sur un rocher à Magara, où il est suivi des titres de roi de la Haute et de la Basse-Égypte; on le trouve sur quelques stèles transportées en Europe, dans le tombeau d'un architecte au

(1) On a une orthographe du nom de Menchérès qui est plus conforme à la prononciation de Manéthon, dans le grand Rituel hiéroglyphique de Turin, et dans le papyrus hiératique et chronologique qui existait autrefois au même musée. Ces deux manuscrits donnent la ligne droite ou ondulée N comme troisième signe ; et à côté de ce nom dans le manuscrit hiératique transcrit en hiéroglyphes par mon frère, il en a écrit la lecture, *Menchérès*. Le dernier signe, les bras levés, n'y est figuré qu'une fois. Dans d'autres cartouches du même nom, ce signe unique est suivi des marques du pluriel : c'est comme s'il était figuré trois fois. C'est donc toujours le même nom de *Menchérès* conforme, à la fois, à son orthographe selon Manéthon et à son expression *Heliodotos* selon Érasthotènes. Le troisième signe, la ligne, manque dans ce nom selon les dessins déjà publiés du cercueil en bois peint tiré de la 3e pyramide, et transporté à Londres. Il faudrait peut-être examiner encore l'inscription originale.

(2) Sur ces admirables découvertes dans les pyramides, voyez les notices publiées par MM. Birch et Vyse, en Angleterre, et les *Éclaircissements*, etc., par MM. Ch. Lenormant et Lepsius. Paris, Leleu, 1839, in-4°.

service du roi Souphi, et inhumé près de sa pyramide (1); enfin sur un cachet nouvellement
découvert.

Or ces deux rois, Souphi et Menchérès, appartiennent, selon les listes de Manéthon, à la quatrième dynastie des rois primitifs de l'Égypte, et
la supputation la plus modérée porte l'époque de
leur règne à plus de quatre mille ans avant
l'ère chrétienne.

A cette époque donc l'Égypte élevait ses pyramides, merveilles de l'ancien et du nouveau
monde; ces pyramides sont exactement orientées;
elles renferment les témoignages irrécusables de
l'existence d'une religion nationale, du gouvernement monarchique, des lois, des arts et de
l'écriture, même *alphabétique*. Les opinions de
Fourier demeurent donc fort à l'aise dans cet
intervalle, dont le point initial est si éloigné de
notre temps : et si le destin a privé Fourier de la
satisfaction de connaître les heureux résultats des
recherches les plus récentes, proclamons-les
comme un hommage à sa mémoire, à l'étendue,
à là pénétration, à la supériorité de son esprit; car
si le génie de l'antique Égypte ne lui a pas apparu
dans tout l'éclat de ses créations immortelles, ce
génie du moins l'a bien heureusement inspiré.

Et si la voix de Fourier pouvait se faire entendre de nos jours; si, vivant quelque temps

(1) Note manuscrite de mon frère.

encore, il avait enfin pris son rang parmi les promoteurs de l'enseignement public, n'en doutons point, il aurait hautement recommandé comme des sujets dignes des plus utiles méditations de la philosophie moderne, les débris mêmes de cette école féconde, où se forma la civilisation grecque mère de la nôtre, et qui mérite, dans le seul intérêt de ces mémorables origines, la place que le temps lui donnera, malgré les répugnances ou les incrédulités classiques, dans l'étude rationnelle des arts et des annales de la pensée.

Dans un autre ouvrage, dont je dois aussi dire quelques mots, Fourier a réuni les principaux rudiments et les principaux résultats de ces belles études.

CHAPITRE VI.

Fourier. Préface historique de la Description de l'Égypte. Histoire littéraire de cet ouvrage. Première rédaction communiquée à l'Empereur. Deuxième rédaction officielle, corrigée et mutilée dans sa troisième rédaction.

L'idée et le projet de réunir dans un seul ouvrage tous les matériaux concernant l'état ancien et l'état moderne de l'Égypte, ramassés par l'Institut du Kaire et par les deux commissions des sciences et des arts qui furent chargées, d'après l'ordre du général en chef Bonaparte, donné le

27 thermidor an VII (14 août 1799), d'explorer
la contrée sous ces deux rapports, remonte au
premier frimaire an VIII (22 novembre même année). Les deux commissions étaient de retour au
quartier général du Kaire, et Kléber, qui commandait en chef, écrivait à l'Institut d'Égypte en
ces termes :

« On ne peut qu'applaudir à l'activité surpre-
« nante, à l'union qui a régné et au partage bien
« entendu des travaux entre les membres des
« deux commissions, et surtout à l'idée vrai-
« ment libérale et patriotique de confondre tant
« de belles choses dans un seul et grand ouvrage,
« et de déposer les objets qui en sont suscepti-
« bles, dans les collections nationales.

« Ceux des Français qui, avant la formation
« des commissions, ou pendant leurs recherches,
« ont visité la Haute-Égypte sous le rapport des
« sciences, des arts, ou qui en ont allié l'étude
« à d'autres occupations, doivent aussi se réunir
« aux commissions ; car l'objet est le même, celui
« de recueillir pour répandre l'instruction et
« concourir à élever un monument digne du
« nom français.

« Je désire en conséquence que l'on prenne
« des mesures promptes pour assurer la rédaction
« des différents travaux, pour distribuer les ma-
« tières, et désigner celui qui sera chargé d'or-
« donner l'ensemble de ce beau travail et d'en

« lier toutes les parties. L'Institut sentira la né-
« cessité d'une introduction générale partant
« d'un seul jet. »

Et les deux commissions réunies avec l'Institut, désignèrent Fourier d'un vote presque unanime pour réunir et publier la collection des travaux (1).

Le 18 messidor suivant (23 juin 1800), Kléber fit connaître l'ensemble de ces mesures au Directoire exécutif déjà remplacé par le gouvernement consulaire. C'est dans la même lettre qu'il annonce deux choses également difficiles à réaliser : d'abord, que la plus grande partie des membres des deux commissions allait se rendre en France ; et ensuite que les auteurs de la collection projetée trouvaient, dans l'association qu'ils avaient formée, les moyens de subvenir aux frais de la publication (2).

Le retour de l'armée d'Orient en France fut l'occasion de dispositions nouvelles. Le gouver-

(1) Délibération du 3 frimaire an VIII (24 nov. 1799).

(2) Ceci se rapporte à une convention passée par les membres de la Commission des Arts avec Hamelin qui intervenait dans la publication de la collection générale des observations déjà réalisées. Le général Kléber avait sanctionné cette convention. Mais à la fin du septembre 1800 le général Menou rejeta un arrangement qu'il considérait comme déshonorant pour la république à qui appartenaient tous ces travaux, et qui devait en conséquence se charger de l'exécution du grand ouvrage ainsi que de récompenser magnifiquement les auteurs. (Lettre de Menou au Premier Consul, du Kaire, le 2 vendémiaire an IX.)

nement français, dont le chef, le premier Consul,
mettait au premier rang dans ses affections et les
soldats et les savants naguère les compagnons
de ses glorieux exploits en Égypte, se chargea de
la publication de l'ouvrage projeté, ordonna
qu'elle serait faite aux dépens du trésor public,
conserva aux collaborateurs les traitements dont
ils avaient joui en Égypte, et leur attribua tout
le produit de la vente de l'ouvrage (1). En l'année
1809, l'Empereur distribua entre tous les collaborateurs une inscription de vingt-trois mille
francs de rente cinq pour cent.

Fourier fut chargé « de former la liste des
« personnes qui devaient composer l'assemblée
« des savants et artistes revenus d'Égypte ; et tous
« les membres de l'Institut du Kaire devaient en
« être, excepté ceux qui ne pouvaient en aucune
« manière concourir au travail exigé (tels que
« Tallien), etc. (2). »

La réunion fut formée et Fourier élu de nouveau pour rédiger le discours préliminaire du
grand ouvrage qui devait porter le titre de Description de l'Égypte.

Je ne sais si quelque écrivain, traitant une de
ces questions qui dominent, parfois, dans l'histoire universelle des découvertes humaines, fut

(1) Arrêté des consuls, en date du 17 pluviôse an X (6 février 1802).

(2) Lettre de Monge à Fourier.

jamais occupé et préoccupé de son sujet autant que Fourier le fut de la rédaction de ce discours : mais il est avéré que le mérite éminent de l'ouvrage a justifié l'auteur de ses sollicitudes journalières, et l'a dédommagé des longs jours et des recherches infinies qu'il consuma à sa composition.

J'ai vu jeter sur le papier la première phrase de ce discours et je l'ai vu finir. Je puis donc accorder ici quelques lignes à l'histoire d'un ouvrage qui a pris et qui conservera un rang élevé dans notre littérature. Et d'ailleurs il est si rare qu'un sujet fécond en hautes pensées, en grandes vues, en merveilleux souvenirs, un sujet qui renferme en lui l'histoire primitive de l'homme et de tous les arts de la civilisation, s'offre à la plume d'un écrivain élégant et correct, dont le goût perfectionné par l'étude attentive des meilleurs modèles, les dépasse quelquefois ; dont l'esprit, façonné aux impérieuses acceptions des signes de la langue des calculs, sait lui emprunter la rigoureuse propriété des mots signes de ses idées, et trouvant dans ses propres inspirations les règles de leur meilleur arrangement, révèle du même trait à l'art d'écrire de nouveaux préceptes et des secrets nouveaux !

Si j'indique ici les labeurs extraordinaires auxquels Fourier se condamna à l'occasion de son discours, c'est pour rappeler combien sa mission lui paraissait solennelle : il lui fallait plaire à l'Empereur en lui racontant sa vie de général qui l'avait porté au consulat et élevé du consulat à l'empire; le public attendait beaucoup de Fourier; ses compagnons du désert l'avaient fait leur historien, et lui-même était pour son ouvrage le plus difficile de tous les juges.

Fourier lut tout ce qui avait été écrit sur l'Égypte par les Grecs, les Latins, les Arabes, par les savants et par les voyageurs des temps modernes. Il chargea un secrétaire de confiance, de chercher et signaler, au moyen d'un fichet, tous les passages où le mot *Égypte* était imprimé dans les trente-cinq volumes in-folio de l'Encyclopédie; et ce ne sera pas assez peut-être pour faire connaître jusqu'où se portaient ses scrupules au sujet de l'acception d'un mot ou de sa véritable orthographe, de rappeler que mon frère fut obligé d'écrire une espèce de mémoire, nourri de passages originaux et d'exemples ayant autorité, pour convaincre Fourier qu'il avait raison d'écrire avec *h* le mot *Fathimites* : il avait eu longtemps sur cette lettre des doutes qui le fatiguaient. Ajoutons que, lorsque son discours lui parut à peu près terminé, il en fit relever tous les mots, et il fallut vérifier s'ils étaient tous régulièrement employés avec l'acception consacrée par le dictionnaire de l'Académie. Fourier qui, par quelques heureuses innovations, avait bien rendu au dictionnaire autant qu'il en avait reçu, n'en fut pas moins, comme on le voit, fort respectueux envers l'autorité légitime : exemple bon à citer sans le moindre risque de contagion.

Il s'était fait aussi, après de mûres réflexions, quelques règles dont il ne s'est point écarté. Dès qu'il eut conçu et arrêté le plan général de son discours, il en détermina toutes les parties, et il écrivit chacune d'elles séparément, remettant à un autre temps le soin de les lier par des transitions tirées du sujet même. Il y avait dans cette conception une régularité mathématique, le discours entier se décomposant en six sections principales renfermant trente-six articles qui composent, par leur ensemble, le tableau de l'Égypte ancienne, les motifs de l'expédition française, l'objet et le plan de l'ouvrage publié, et une conclusion générale, où les temps anciens et modernes sont rapprochés dans des vœux généraux pour la régénération de l'Égypte, évoquée enfin de ses nécropoles par la gratitude des nations de l'Occident.

Si de ce plan général du discours, nous portons notre attention sur des détails d'exécution littéraire, nous y remarquerons l'exclusion attentive des termes techniques, résolution aventureuse peut-être au sujet d'un écrit où les bienfaits des arts devaient être souvent rappelés en opposition aux souvenirs de la barbarie. A l'exception des

noms des généraux en chef de l'armée d'Orient.
aucun autre nom n'y est écrit. Les chefs des divers
services publics, militaires et civils, sont honora-
blement désignés, et voilà tout ; mais leur éloge
ne demeure pas anonyme, car l'histoire reconnaissante remplira facilement cette lacune qui
n'a pas été un oubli.

Après la légitimité des mots, venait l'euphonie
avec toutes ses exigences : j'avais été investi du
privilége de lire à haute voix devant l'auteur
les parties rédigées ; une fausse intonation, une
fausse mesure, excitait de douloureuses exclama-
tions. J'ai fait de nombreuses répétitions et j'étais
assez bien préparé, quand arriva le jour de la
lecture générale : ce fut le 28 juin 1809. Fourier
s'était retiré dans une maison de campagne,
située à deux lieues de Grenoble, et inaccessible
aux voitures ; il avait mis réellement, comme il
le disait, entre lui et les distractions mondaines
un torrent, celui du Drac, qu'on ne passait
qu'en bateaux. Ce lieu se nommait Beauregard,
territoire de Pariset : j'en recevais fréquemment
des nouvelles, et j'en revenais chargé de recherches et de vérifications, toujours reçues et employées avec confiance : j'ai sous la main quelques-unes de ces notes écrites à Beauregard.

« Aristarque de Samos a proposé le mouve-
« ment de la terre ; il a été accusé d'impiété par
« le stoïcien Cléanthe. Vérifier les passages

« originaux relatifs à ce fait, et voir Bailly, His-
« toire de l'astronomie moderne. »

« Anaxagore soutenait plusieurs points du
« système du monde, et ses opinions astrono-
« miques l'ont exposé à l'accusation d'impiété.
« Vérifier dans Diogène Laërte, Plutarque, etc. »

« Un savant avança l'opinion des antipodes et
« fut repris à cet égard par le pape Zacharie.
« Vérifier *idem*. »

« Diversité des chronologies des Écritures.
« Consulter une dissertation dans Lenglet Du-
« fresnoy; le père Pezron; l'opinion de saint
« Jérôme, de saint Augustin; les commentaires
« de dom Calmet sur la Bible. »

« Énumération des opinions astronomiques
« attribuées aux Égyptiens. »

« Énumération des écrits qui ont été récem-
« ment publiés contre l'ancienneté de l'Égypte.
« Rassembler ces écrits. »

« Opinion des anciens sur l'ancienneté de
« l'Égypte. Il faudrait rassembler les citations
« relatives à cette antiquité, prises dans les au-
« teurs grecs et latins, Platon, Cicéron, etc. Con-
« sulter Fréret, Défense de la chronologie. »

On peut assurer qu'il n'y a point dans la belle
composition littéraire de Fourier, une seule
phrase qui n'ait pas été étudiée dans chacun de
ses mots, comme ces mots le furent dans leur
exact rapport avec la pensée qu'ils doivent expri-

ier : et l'auteur de la Préface historique était
u petit nombre des écrivains qui pensent que
: temps est un élément nécessaire de toute chose
our être bonne et durable.

On a dit cependant de ce discours qu'il est
resque aphoristique, abondant en assertions, en
entences admirablement exprimées, dépourvues
e toute démonstration. Fourier n'oublia jamais
u'il écrivait un discours, dont le style devait ré-
ondre à ses hautes pensées, la diction au sujet
rave et brillant de l'ouvrage, et que, sans rien
mprunter de l'art oratoire, son langage devait
tre digne de la noble mission qu'il avait reçue
t des glorieux souvenirs qu'il devait retracer.
l se proposait en même temps de donner plus
ard ce qu'on lui demandait : ses manuscrits
xistent en bon ordre; une édition expresse
e sa Préface historique, suivie de notes et de
éveloppements justificatifs, aurait mis en toute
vidence les nouveautés historiques annoncées
lans ce discours.

Lorsqu'il le jugea presque terminé, Fourier
e rendit à Paris dans l'automne de l'année 1809.
l savait que l'empereur voulait voir son travail;
es vues politiques, la relation des événements
militaires devaient obtenir son approbation.
'rès de dix années avaient passé sur les nouvel-
es doctrines historiques transportées d'Égypte
n Europe; le chef suprême du gouvernement

français, qui s'était déclaré vrai croyant en Égypte, s'était fait aussi fidèle croyant en France; les clameurs étaient bruyantes à Rome, à Genève, et à Paris contre l'antiquité égyptienne; de vives polémiques attiraient l'attention publique, et des circonstances si diverses n'avaient pas été sans influence sur le travail de Fourier : en peu d'années, des idées, des mots et des phrases de son discours avaient déjà vieilli : ce fut pour lui un surcroît inattendu de préoccupations.

La copie de ce discours lui est demandée pour l'empereur; il essaye des copistes, et se décide à leur substituer une copie imprimée. L'imprimerie impériale seconde activement ses vœux; je concours à la révision des feuilles, et l'ouvrage entier, qui reçut un titre tout nouveau, celui de *Préface historique*, produisit quarante-deux feuilles, format in-folio large, en gros caractères; il fut tiré de chaque forme *trois* bonnes feuilles simples, qui font de la préface historique, *première rédaction*, une édition *tirée* à *trois* exemplaires; on n'en connaît même plus que deux.

Un de ces exemplaires fut cartonné en vert pour l'empereur, qui le lut, et le garda longtemps sur son bureau. Le comte de Montalivet, ministre de l'intérieur, essaya plusieurs fois de le reprendre; mais tout en lisant autre chose, l'empereur retenait le volume en posant sa main dessus. Fourier

fut averti enfin que le général en chef de l'armée
d'Égypte était satisfait ; il apprit avec plus de
confiance qu'un jour était fixé pour lui rendre
son ouvrage, dans le cabinet même de l'empereur. Ce fut alors qu'il reçut des avis dont il
profita, et qui sous la plume de Fourier ont produit la *seconde rédaction* de ce discours, celle qui
sert d'introduction à la Description de l'Égypte,
dont la première livraison fut publiée en 1810.

Le texte de cette *préface*, sous ces deux formes successives, montrera, si on les rapproche
attentivement, ce que Napoléon fit supprimer de
la première, ce qu'il fit ajouter à la seconde :
toutes les volontés de cet homme touchaient au
repos du monde, sa parole comme son silence.
Je possède l'exemplaire du premier discours, lu
par l'empereur ; sur les marges et dans son texte
se révèlent les décisions napoléoniennes ; une
phrase est supprimée, ici, parce que les Anglais
en abuseraient auprès de la Porte Ottomane ;
là, parce qu'elle alarmerait l'Europe en faisant
redouter des projets qui n'existaient point. Une
addition énonce de meilleurs motifs de l'invasion de l'Égypte ; une autre doit la faire excuser en vue des véritables intérêts du sultan et de
l'Europe continentale : on veut absolument persuader au monde entier que l'expédition française fut entreprise dans l'intérêt même de la

cour Ottomane; et l'effet réel de tant d'efforts, trop renouvelés dans le désir d'atteindre ce but imprévu, c'est de rendre cette tentative trop évidente et de la faire considérer comme un trait de tardive habileté. J'ai conservé religieusement les traditions de cette censure souveraine et légitime, qui imposa à Fourier l'obligation de retoucher son discours, sinon dans son ordonnance générale, du moins dans les parties qui intéressaient directement les vues du gouvernement : on sait bien que par ce remaniement, Fourier ne gâta point son ouvrage.

L'approbation de l'empereur fut pour Fourier comme un bienfait inespéré; peu s'en fallut qu'il ne le prît pour une grâce; il n'en reçut aucune récompense.

Consulté sur les indemnités que méritaient les collaborateurs du grand ouvrage, il ne parla jamais de lui et ne mit son nom dans aucune liste. L'empereur lui dit à ce sujet : « Vous vous êtes oublié, mais j'y ai pensé. » Fourier apprit en effet qu'il était porté sur les listes pour une rente perpétuelle de douze cents francs : il écrivit à l'empereur pour demander d'être rayé, pria M. de Montalivet de solliciter pour lui, renouvela ses instances auprès de Napoléon qui, enfin, écrivit à la marge du placet de Fourier : *Accordé*. Fourier en fut heureux, mais c'est

la seule fois sans doute , dans l'histoire volumi-
neuse des pétitionnaires , que le mot *Accordé* a
cette acception négative et économique.

Je remis de la part de Fourier un exemplaire
de son discours à Millin, qui en fit un très-bon
extrait dans le Magasin encyclopédique ; et un autre exemplaire à M. de Fontanes. L'illustre aca-
démicien , grand maître de l'Université , écrivit
à Fourier une lettre dont on a déjà cité quelques extraits ; voici son contenu tout entier :

« Je ne doute pas , Monsieur, que le travail
« qu'on prépare sur l'Égypte ne soit digne des
« savants qui l'exécutent , et du monarque qui
« l'ordonne ; mais, en attendant, j'ose vous dire
« que votre discours préliminaire est à lui seul un
« beau monument. Vous écrivez avec les grâces
« d'Athènes et la sagesse d'Égypte. Tout est
« élégant et grave dans votre style, et il y a long-
« temps que je n'ai rien lu d'aussi bon et d'aussi
« solide. Je ne vous fais point de compliments ;
« je vous exprime ma pensée tout entière, et je
« vous l'écris après une seconde lecture qui m'a
« fait encore plus de plaisir que la première.

« Recevez, Monsieur, tous mes remercîments,
« et l'assurance de ma plus haute considération.

« FONTANES. »

« Paris, le 28 mai 1810. »

Deux mois après, Fourier fit hommage de
son livre au conseil général du département de

l'Isère, qui le fit déposer à la bibliothèque de Grenoble, et consigna dans une délibération, en date du 7 juillet, de nouveaux témoignages de son estime, de sa confiance pour l'administrateur, et de son admiration pour l'historien.

Fourier surveillait avec quelque anxiété l'opinion des journaux sur son ouvrage; on en parla plus qu'on n'en écrivit. L'Égypte effrayait les personnes pieuses qui ne l'étudiaient guère; les zodiaques passaient pour des monuments d'athéisme et d'impiété, et l'interprétation de l'antiquité égyptienne, selon les collaborateurs du grand ouvrage, était comme une érudition nouvelle avec laquelle toute alliance était refusée par l'ancienne. Toutefois, les feuilles étrangères furent plus empressées; un recueil anglais loua fort bien la préface historique de Fourier; un ami de Paris s'empressa de faire traduire l'article pour un journal français; mais il arriva que les citations textuelles de la préface avaient été mises en anglais, qu'on remit cet anglais en français pour le compte de Fourier: il en fut extrêmement chagrin.

Sa sollicitude fut incessante, et il est vrai que ce célèbre discours troubla longtemps sa vie et ses autres travaux. Après l'obligation d'écrire les exploits récents et les triomphes mémorables de la république, à la satisfaction de l'autorité impériale déjà armée de toutes les formules monarchiques, vint ensuite l'obligation aussi de parler devant la restauration, de la république et de l'empire qui n'étaient plus. Fourier satisfit à la première condition, moyennant des éloges et de la sagesse, et à la seconde avec des suppressions : tout ce qui concerne l'empereur dans ce discours, son nom même et son titre manquent dans la troisième rédaction de la préface historique, réimprimée en 1821, avec la seconde édition du grand ouvrage : les ciseaux voraces d'une censure malhabile ont passé par là ; mais l'histoire nationale comblera facilement ces lacunes, et la préface historique de Fourier conservera son nom parmi ceux des écrivains qui, par les rares mérites de leurs ouvrages, ont fait le plus d'honneur aux lettres françaises.

Il n'avait pas renoncé complétement à ses recherches sur l'astronomie des anciens : il est certain toutefois que son zèle d'abord ardent sur ce difficile sujet fut refroidi par les critiques prématurées d'une opinion qu'il n'avait jamais manifestée; par l'empressement irréfléchi que mirent trop de personnes, bien ou mal préparées, à se jeter sur une telle matière, encore nouvelle dans les annales des sciences et des corps académiques ; enfin par la faveur manifeste du gouvernement envers les opinions qui réprouvaient hautement le libre examen des monuments historiques, et qui rétrécissaient à dessein les temps primitifs des annales des arts. Dans les années qui suivirent celle où la Préface historique fut publiée, les événements politiques laissèrent peu de loisirs aux administrateurs laborieux, et les désastres qui amenèrent les changements introduits dans le gouvernement de la France en 1814, retinrent l'esprit de Fourier bien éloigné des souvenirs et des antiquités de l'Égypte. Toutefois ces temps prochains lui réservaient encore de dures épreuves.

CHAPITRE VII.

TEXTE DE LA PRÉFACE HISTORIQUE,

Première rédaction, jusqu'ici inédite, et communiquée à l'empereur. Changements, suppressions et additions qu'il ordonna. Notes et éclaircissements de l'éditeur.

L'Égypte, placée entre l'Afrique et l'Asie, et communiquant facilement avec l'Europe, occupe le centre de l'ancien continent. Cette contrée ne présente que de grands souvenirs ; elle est la patrie des arts et en conserve des monuments innombrables ; ses principaux temples, et les palais que ses rois ont habités, subsistent encore, quoique les moins anciens de ces édifices aient été construits avant la guerre de Troie (1). Homère, Lycurgue, Solon, Pythagore et Platon, se rendirent en Égypte pour y étudier les sciences, la religion et les lois. Alexandre y fonda une ville opulente, qui posséda longtemps l'empire du commerce, et qui vit Pompée, César, Marc-Antoine et Auguste, décider entre eux du sort de Rome et du monde entier. Le propre de ce pays

(1) Il y a à Thèbes des édifices antérieurs à la guerre de Troie ; il en existe aussi d'époques bien postérieures à cet événement qui appartient aux temps fabuleux des annales de l'Occident.

est d'appeler l'attention des princes illustres qui règlent les destinées des nations.

Il ne s'est formé, dans l'Occident ou dans l'Asie, aucune puissance considérable qui n'ait porté ses vues sur l'Égypte, et ne l'ait regardée, en quelque sorte, comme son apanage naturel. Tous les grands événements qui ont influé sur les mœurs, le commerce et la politique des empires, ont ramené la guerre sur les bords du Nil. On peut remarquer que les Perses, les Macédoniens, les Romains, les Arabes et les Ottomans, s'emparèrent de cette province, aussitôt après qu'ils se furent élevés au-dessus des peuples contemporains.

La religion avait autrefois inspiré à nos rois le désir d'entreprendre cette conquête, dont dépendait celle de la Palestine. Plusieurs princes croisés, et le pape Innocent III, fondateur de la puissance politique de Rome, avaient déjà fait de grands efforts pour exécuter ce projet. Un des ministres qui connurent le mieux les intérêts de l'Europe, le cardinal Ximénès, l'avait renouvelé. Les rois qui ont gouverné le Portugal, l'Angleterre et l'Espagne avec le plus de sagesse et d'éclat, s'étaient alliés dans le même dessein. Le célèbre Leibnitz s'était longtemps occupé de cet objet, et l'on a conservé les mémoires dans lesquels il exposait à Louis XIV les avantages que cette conquête promettait à la France (1).

(1) Le mémoire adressé par Leibnitz à Louis XIV est de l'année 1672. Ce mémoire demeura généralement inconnu même aux historiens du philosophe, jusqu'en 1795. Après la glorieuse campagne des Français en Égypte, l'éclat de cette entreprise politique, importun à nos ennemis, les porta à dire dans un pamphlet anglais que Bonaparte avait pris ses inspirations, non dans son propre génie, mais dans le mémoire de Leibnitz. Il est aujourd'hui certain que Napoléon ne connut l'ouvrage de 1672 que par la copie abrégée que le général Mortier, commandant en chef à Hanovre, pour la république française, en adressa au premier consul le 11 thermidor an XI (30 juillet 1803.)

Ce fut aussi par l'ouvrage de Mangourit, *Voyage en Hanovre,*

Bossuet écrivait dans le même temps sur l'histoire universelle, et, après avoir rappelé les premières institutions et la splendeur de l'Égypte, il ajoutait ces expressions remarquables : « Maintenant que le nom du Roi pénètre aux parties « du monde les plus inconnues, et que ce prince étend « aussi loin les recherches qu'il fait faire des plus beaux ou « vrages de la nature et de l'art, ne serait-ce pas un digne « objet de cette noble curiosité, de découvrir les beautés que « la Thébaïde renferme dans ses déserts, et d'enrichir notre « architecture des inventions de l'Égypte? »

Le vœu de cet homme illustre a été rempli pendant la durée d'une guerre mémorable, dont l'Égypte est devenue tout à coup le théâtre. On se rappelle l'impression que causa dans l'Europe l'étonnante nouvelle de l'expédition des Français en Orient. Tandis que l'Italie retentissait encore du bruit de ses triomphes, celui de qui la France attendait ses destinées, et dont le rang auguste était déjà marqué par la gloire et la reconnaissance, résolut de porter ses armes en Égypte. Ce grand projet, médité dans le silence, fut préparé avec tant d'activité et de secret, que la vigilance inquiète de nos ennemis fut trompée; ils apprirent presque dans le même temps, qu'il avait été conçu, entrepris et exécuté. Il était déterminé par la nécessité de garantir notre commerce des

publié à Paris en 1805, que Fourier apprit l'existence du mémoire de Leibnitz. Je le certifie avec une pleine connaissance des circonstances relatives à ce fait historique, et aucun des savants de l'armée d'Égypte ne fut en ce point plus instruit que Fourier : le projet de Leibnitz fut certainement ignoré du général Bonaparte méditant la conquête de l'Égypte. Dans la deuxième rédaction de son ouvrage, Fourier a refait en ces termes la phrase à laquelle cette note se rapporte : « Le célèbre Leibnitz, « né pour toutes les grandes vues, s'était occupé de cet objet, « et il avait adressé à Louis XIV un ouvrage étendu, *qui est resté* « *inédit*, dans lequel il exposait les avantages attachés à cette « conquête. »

atteintes injurieuses que les beys ne cessaient de lui porter; et l'on avait l'espoir de se concilier avec la cour Ottomane, en lui offrant, dans le résultat même de cette expédition, une augmentation de revenus et d'autorité. Quelque difficulté que présentât cette négociation, on en attendait une heureuse issue, parce que le succès devait être très-favorable à l'intérêt commun des deux nations alliées. En effet, l'établissement et le concours d'une puissance européenne auraient développé rapidement tous les avantages attachés à la possession durable de l'Égypte.

Cette contrée, qui a transmis ses connaissances à tant de nations, est aujourd'hui plongée dans la barbarie : plus elle est favorisée par sa situation géographique et par l'extrême fertilité du territoire, plus les bienfaits des lois et les secours des arts lui sont nécessaires. Défendue autrefois par des milices nombreuses, formées de ses propres guerriers, elle était alors redoutable aux États voisins (1); mais elle a perdu depuis longtemps, avec ses institutions, son indépendance, ses lumières, et même jusqu'au souvenir de sa première grandeur. Elle n'a cessé, depuis cette époque, d'être soumise à une domination étrangère. Toutes les révolutions qui ont agité l'Europe et l'Asie, lui ont donné de nouveaux maîtres, et ont amené ses peuples au dernier degré de l'abjection et du malheur.

Elle obéissait, sous ses premiers rois, à des maximes invariables; une sagesse persévérante veillait au maintien des lois, des coutumes et des mœurs; tout y inspirait le soin de l'avenir, et portait à entreprendre des ouvrages immortels. Elle gémit aujourd'hui sous l'autorité la plus arbitraire et la plus imprévoyante qui ait encore existé sur la terre;

(1) Les monuments encore subsistant sur le sol de l'Égypte, et qui rappellent sans équivoque les victoires des anciens Pharaons sur les populations de l'Asie et de l'Afrique, servent de preuves au fait historique rappelé dans cette phrase.

comme si ce pays était destiné à connaître les états les plus contraires de la société humaine. Il a civilisé l'ancienne Colchide, si l'histoire des temps reculés ne nous induit point en erreur, et ce même climat lui envoie aujourd'hui des princes farouches (1) qui oublient leur famille et leur patrie, repoussent leur postérité, et vivent au milieu d'esclaves ingrats et rebelles, qu'ils ne peuvent contenir. Dépourvus de prudence et de lumières, ils ne savent point affermir leur pouvoir, et se hâtent d'en jouir. Ils oppriment toute industrie, abandonnent ou détruisent les canaux et les monuments publics; les sables envahissent les terres propres à la culture; les habitations sont menacées par les brigands qui habitent les déserts. L'homme est condamné, dans les campagnes, à un travail ingrat, dont les fruits ne doivent point lui appartenir; partout il est en proie à l'injustice, à l'opprobre, à la famine, aux maladies contagieuses.

Le sort de ce peuple serait plus tolérable si l'autorité de ses chefs devenait fixe et héréditaire : mais la politique ottomane prévient ce changement; elle suscite entre ces étrangers des inimitiés et des trahisons qui les affaiblissent, les isolent, et leur ôtent les moyens de persister dans une indépendance absolue. Elle oppose en même temps l'audace de cette milice aux tentatives ambitieuses des pachas. Au milieu de ces révolutions, l'autorité du souverain est toujours méconnue; elle ne s'exerce que pour diviser les maîtres de l'Égypte : mais elle ne peut ni assurer l'envoi des tributs, ni protéger les peuples, ni garantir l'exécution des traités de commerce avec les puissances européennes. Ce sont ces dernières circonstances qui donnèrent lieu à l'expédition mémorable des Français : mais le héros qui la dirigea, ne bornait point ses vues à punir les oppresseurs de notre commerce; il donna au projet de cette conquête une élévation

____

(1) Les Mamlouks.

et une grandeur nouvelles, et lui imprima le caractère de son propre génie. Il apprécia l'influence que cet événement devait avoir sur le commerce de l'Orient, les relations de l'Europe avec l'intérieur de l'Afrique, la navigation de la Méditerranée et le sort de l'Asie. Il s'était proposé d'abolir la tyrannie des Mamlouks, d'étendre les irrigations et la culture, d'ouvrir une communication constante entre la Méditerranée et le golfe Arabique, de former des établissements de commerce, d'offrir à l'Orient l'utile exemple de l'industrie de l'Europe, enfin de rendre la condition des habitants plus douce, et de leur procurer tous les avantages d'une civilisation perfectionnée.

On ne pouvait obtenir ces résultats sans l'application continuelle des sciences et des arts; c'est dans cette vue que l'auguste chef de l'expédition française résolut de fonder en Égypte une institution destinée au progrès de toutes les connaissances utiles(1). Il désigna, dans la capitale de la France, ceux qui devaient concourir à ses vues, et consolida par les témoignages d'une bienveillance protectrice cette alliance inaccoutumée de la littérature et des armes. Il confia le soin de former ce nouvel établissement à deux membres illustres de l'ancienne académie des sciences (2), qui avaient depuis longtemps honoré et servi leur patrie par des découvertes éclatantes, et dont les travaux et le génie ont beaucoup contribué à donner à la nation française une prééminence utile et glorieuse dans les sciences géométriques et physiques.

L'académie du Kaire se proposait, comme celles de l'Europe, de cultiver les sciences et les arts, de les perfectionner et d'en rechercher toutes les applications utiles. On devait s'attacher principalement à développer les avantages propres à l'Égypte, et l'on ne pouvait atteindre ce but sans

(1) L'Institut d'Égypte. — (2) Monge et Berthollet.

observer avec beaucoup de soin le pays qui allait être soumis à une administration nouvelle : c'est à cette époque et dans cette vue que l'on commença les recherches dont on publie aujourd'hui les résultats (1).

L'intérêt des beaux-arts et de la littérature exigeait encore que l'on entreprît une description fidèle et complète des monuments qui ornent depuis tant de siècles les rivages du Nil et font de ce pays le plus riche musée de l'univers. On a mesuré toutes les parties de ces édifices avec une précision rigoureuse, et on a joint aux plans d'architecture les plans topographiques des lieux où les villes anciennes sont situées ; on a représenté, dans des dessins particuliers, les sculptures religieuses, astronomiques ou historiques, qui décorent ces monuments. Indépendamment des mémoires et des dessins propres à faire connaître l'ancien état de l'Égypte, on a rassemblé ceux qui doivent offrir le tableau de son état actuel. On a levé un grand nombre de cartes géographiques, qui représentent, d'une manière exacte et détaillée, la situation des côtes et des ports, celle des villes actuelles, des villes anciennes, des villages ou des hameaux, ou des autres points remarquables, et le cours du Nil, depuis la cataracte de Syène jusqu'à la Méditerranée. Ce travail est fondé sur des observations astronomiques. Enfin on s'est appliqué à l'examen de toutes les productions naturelles, ou du moins à celui des faits les plus importants ou les moins connus de la zoologie, de la botanique et de la minéralogie.

Les résultats de ces différentes recherches sur l'histoire naturelle et la géographie de l'Égypte, sur ses antiquités et son état actuel, ont été réunis dans un seul ouvrage. Cette collection, dont la munificence d'un grand prince va faire jouir l'Europe, a donc pour objet de donner une connaissance exacte et approfondie de l'Égypte ; elle présente les

____

(1) La Description de l'Égypte.

vrais éléments de l'étude physique, littéraire et politique d'une des contrées les plus remarquables du globe.

L'Égypte a joui, pendant une longue suite de siècles, d'un gouvernement éclairé et puissant : les lois, les coutumes publiques, les habitudes domestiques, concouraient à un même but ; elles étaient fondées sur la connaissance des mœurs de l'homme et sur les principes éternels d'ordre et de justice qui sont gravés dans tous les cœurs.

La religion, unie à l'étude des phénomènes naturels, était en même temps intellectuelle et physique ; révélant à quelques esprits sages les principes abstraits de la morale, elle les offrait à tous sous des formes sensibles ; elle réglait les actions et les pensées, contenait sévèrement les peuples, et prêtait aux institutions civiles l'appui d'une autorité immuable.

Le gouvernement était monarchique et fondé sur des lois anciennes et révérées ; on avait converti en usages irrévocables les exemples donnés par les rois les plus sages.

Les Égyptiens honoraient surtout la reconnaissance, comme la source des vertus publiques et privées, et comme le plus juste et le plus utile de tous les penchants naturels ; ils s'efforçaient de perpétuer le souvenir des ancêtres par des monuments magnifiques et impérissables ; l'esprit de famille était porté au plus haut degré, et rendait, pour ainsi dire, toutes les générations contemporaines.

On prévenait l'oisiveté par des cérémonies et des fêtes, et par d'immenses travaux consacrés aux ouvrages publics : l'agriculture était florissante, et des arts perfectionnés favorisaient les efforts de l'industrie.

Une population nombreuse observait religieusement des préceptes d'hygiène publique, qu'une longue expérience avait enseignés.

Le génie des beaux-arts avait pris un grand essor ; mais il était asservi à des règles invariables : l'architecture avait un caractère grave et sublime; la poésie, l'histoire, la musique, la sculpture, l'astronomie, imprimaient la crainte des dieux, inspiraient la piété et l'admiration. On conservait dans les temples les statues des rois et des grands, les annales publiques, les observations du ciel ; on gravait sur ces édifices le spectacle successif des révolutions des astres (1). Ces sculptures subsistent encore aujourd'hui, et servent à fixer dans l'histoire de l'Égypte des époques ignorées jusqu'ici (2).

Dans ce même temps, l'Asie était habitée par des nations puissantes dont l'ancienne gloire est oubliée. La raison humaine s'était élevée jusqu'au dogme de l'unité de Dieu et aux principes d'une morale sublime. Des prêtres formés à l'école des Égyptiens observaient le ciel de la Chaldée ; les vérités fondamentales de la géométrie et de l'astronomie étaient découvertes ; on avait entrevu le véritable système de l'univers ; on traçait des cartes géographiques ; on avait entrepris de mesurer l'étendue du globe. Des villes opulentes étaient embellies par le génie des arts physiques, qui s'exerçait sur les métaux, les couleurs et toutes les substances naturelles. Il existait des relations entre les divers peuples de l'Orient, et surtout entre ceux de l'Inde, de la Perse et de l'Égypte. Ces communications avaient pour objet la religion, les sciences, le gouvernement et le commerce.

L'Europe, aujourd'hui si polie, manquait alors de lois et de mœurs constantes; mais la lumière des arts commença à se répandre dans l'Occident. Les villes étrusques furent fondées ; des colonies d'Égypte et de Phénicie donnèrent à la Grèce des institutions nouvelles ; l'architecture et la sculpture reçurent leurs principes et leurs modèles de Thèbes et de

(1) Ceci se rapporte aux zodiaques expliqués selon l'opinion de Fourier qui accordait aux anciens Égyptiens la connaissance de la précession des équinoxes.

(2) Même remarque.

Memphis (1), et firent ensuite des progrès admirables. La religion se forma des éléments mystérieux et confus de la théologie égyptienne (2); et après que l'imagination des historiens et des poëtes eut embelli ces énigmes sacrées, on ne put y découvrir aucun sens intelligible. La poésie, première institutrice des hommes, célébra dans la Grèce les vertus, les héros et les dieux. Le génie d'Homère illustra l'Ionie et brilla d'un éclat immortel; il instruisit les princes et les peuples.

L'époque était arrivée où l'Égypte ne devait plus résister aux nations rivales, dont la puissance s'était rapidement accrue; elle souffrit l'introduction des coutumes étrangères, et renonça aux maximes fondamentales de la monarchie.

(1) On ne conteste plus l'usage chez les Égyptiens d'un ordre de colonne qui est le type du dorique grec, même cannelé. L'hypogée de Beni-hassan, bien antérieur au siècle de Périclès, en conserve encore de beaux modèles. *Lettres écrites d'Égypte par Champollion le jeune*, page 75.

(2) Ce n'est que postérieurement à l'époque où ces lignes ont été écrites, que les savants ont pu se former une idée précise de l'ensemble du système religieux des anciens Égyptiens, au moyen des lumières tirées du texte des inscriptions hiéroglyphiques. Jusque-là, en effet, il n'y avait que confusion et mystère dans cette étude, pour laquelle on n'avait d'autres guides que les notions, plus ou moins incertaines, dispersées dans les ouvrages des Grecs et des Latins, ou bien des traditions travesties au gré des sectes nombreuses, dans les premiers siècles de l'ère chrétienne, qui enveloppèrent leurs doctrines d'un symbolisme tout occulte et en apparence renouvelé des Égyptiens. La religion égyptienne avait pour fondement l'existence de Dieu et l'immortalité de l'âme. Toutes les qualités du Grand Être furent personnifiées, et tous ces êtres divins furent classés dans un ordre hiérarchique et généalogique; ils gouvernaient l'univers : l'homme, émanation de la divinité suprême, rentrait dans son sein, après avoir triomphé du vice, et subi sans faillir l'épreuve des mauvaises passions.

Depuis longtemps des erreurs supertitieuses et innombrables avaient altéré la religion (1) et les sciences. Les Perses, plus nombreux et plus aguerris, exercés par de grandes révolutions militaires, se rendirent maîtres de ce pays environ six cents ans avant l'ère chrétienne ; les villes capitales furent dépouillées et livrées aux flammes ; les familles des rois furent réduites en captivité. On détruisit ou l'on dispersa les annales, et les monuments de la littérature. Les Égyptiens tentèrent, pendant plus de deux siècles, de s'affranchir d'une domination odieuse ; et ces efforts mirent le comble à leurs malheurs.

A cette époque, Rome jetait les fondements de sa grandeur, et se préparait déjà à la conquête du monde ; elle avait emprunté sa religion et ses mœurs des Étrusques et des Grecs. Ces derniers défendaient glorieusement leur indépendance contre des armées innombrables. Ils avaient alors des communications fréquentes avec l'Égypte, et plusieurs de leurs philosophes visitèrent ce pays ; mais ils n'y puisèrent que des instructions imparfaites, parce que la religion, les lois et les sciences étaient presque entièrement anéanties (2).

(1) Ceci ne peut s'entendre que des derniers moments de la monarchie égyptienne et lorsqu'elle se fut mêlée aux populations d'origine grecque. Car l'un des caractères manifestes de la nation égyptienne se révéla dans la conservation de sa croyance religieuse et de son culte public malgré les invasions étrangères : les rois perses, les rois Ptolemées et les empereurs romains accomplissent en personne les rites consacrés en l'honneur des dieux Ammon, Phtha, Sévek, Isis et Osiris, à Thèbes, Memphis et Philæ ; et au VIᵉ siècle de l'ère chrétienne la population égyptienne, fidèle aux traditions nationales, défend encore, à main armée, le temple d'Isis dans l'île sainte, contre les entreprises du christianisme.

(2) Les recherches historiques les plus dignes de confiance portent à ne pas adopter sans examen cette dernière assertion. Les philosophes grecs ne dirent pas à leurs compatriotes tout ce qu'ils avaient appris en Égypte, ou bien n'apprirent point tout

Depuis cette dernière invasion, l'Égypte a toujours subi un joug étranger. Elle a obéi successivement aux rois de Perse, aux Ptolémées, aux premiers successeurs d'Auguste, aux empereurs chrétiens, aux premiers califes, aux califes du Kaire, aux sultans mamlouks et aux empereurs ottomans (1). L'histoire de l'Égypte, depuis la conquête des Perses jusqu'à l'expédition des Français, se trouve donc divisée en huit intervalles, dont chacun a duré environ trois siècles.

Après que la Grèce libre eut repoussé les efforts des Perses, Alexandre conduisit quelques soldats aguerris à la conquête de l'Asie : non moins illustre par ses vues politiques que par les succès de ses armes, il entreprit de donner des intérêts communs aux nations les plus éloignées, et de fonder des villes jusqu'aux extrémités du monde. Il découvrit, pour ainsi dire, l'océan Indien, reconnut l'importance de la navigation et du commerce, et choisit Alexandrie pour le centre des communications qu'il voulait établir entre les peuples.

Après la mort de ce grand homme, l'Égypte demeura soumise aux Macédoniens. Elle reçut dans ses ports les plus riches productions de l'Arabie et de l'Inde, étendit ses relations avec l'Afrique, et entretint par un commerce immense l'opulence fastueuse de ses rois. Les muses grecques vinrent

ce que les Egyptiens étaient capables de leur enseigner : la persistance des colléges sacerdotaux de l'Égypte dans les doctrines nationales, et les monuments qui nous conservent encore de nombreux témoignages de cette persistance, montrent d'un accord unanime que l'anéantissement de ces doctrines, c'est-à-dire, des institutions publiques de l'Égypte, ne peut être fixé et attribué qu'à l'introduction du christianisme.

(1) Depuis l'invasion de Cambyse qui établit en Égypte la domination des Perses en l'an 525 avant l'ère chrétienne, jusqu'à nos jours, l'Égypte en effet a obéi à des souverains étrangers, vérifiant ainsi une antique tradition conservée dans ces paroles d'Ézéchiel : *Et dux de terra Ægypti non erit amplius* (chap. 30, v. 13).

7.

embellir la nouvelle capitale, et les arts se montrèrent dans leur ancienne patrie : mais ce fut en quelque sorte une science nouvelle ; car il ne restait plus qu'un souvenir obscur et confus de l'ancienne doctrine de l'Égypte (1). On avait conservé les cérémonies, les sacrifices et l'usage imparfait de la langue sacrée (2) ; mais l'ignorance et des superstitions grossières avaient altéré le sens de la philosophie égyptienne ; à peine en découvrait-on quelques vestiges oubliés dans le secret des temples. La série des monuments de l'histoire et des sciences était pour jamais interrompue (3).

L'Égypte ne pouvait échapper aux vues ambitieuses de Rome, et les derniers Lagides subirent le sort commun de tant de rois. Cette province fut administrée avec sagesse, et il y eut des progrès heureux dans l'agriculture, la navigation et l'industrie. La fertilité du territoire, le commerce de l'Inde, les restes d'une ancienne magnificence, les rapports avec l'Arabie et l'Éthiopie, tout contribuait à l'importance de la nouvelle conquête ; et Alexandrie put être regardée comme une seconde capitale de l'empire.

(1) Les rois successeurs d'Alexandre se faisaient sacrer dans le temple de Phtha à Memphis : le culte égyptien était encore alors dans toute sa splendeur.

(2) Les monuments écrits en style égyptien durant le règne des Ptolémées le sont avec la langue et avec l'écriture qui furent employées durant le règne de Sésostris et de ses successeurs. En insinuant le contraire, M. Fourier était influencé par deux préjugés aujourd'hui détruits, savoir : que depuis Cambyse l'Égypte avait abandonné ses anciennes institutions nationales, et que depuis la même époque la connaissance et l'usage de l'écriture sacrée s'étaient perdus. Mais on a depuis acquis des lumières qui détruisent ces préjugés : sous les Ptolémées et les Romains les prêtres égyptiens écrivaient et parlaient comme aux temps des plus anciennes dynasties ; les mêmes règles s'appliquent à l'interprétation des textes hiéroglyphiques de toutes les époques.

(3) Ces opinions doivent être modifiées d'après les considérations énoncées dans les notes qui précèdent celle-ci.

L'architecture était, de tous les arts de la Grèce, celui qui convenait le mieux aux maîtres du monde; les Romains l'avaient cultivé dans des vues d'utilité publique, et aussi pour immortaliser leurs triomphes, et multiplier aux yeux des nations les témoignages durables de la puissance qui les avait soumises. Le spectacle de l'Égypte éleva leurs idées, et les porta à entreprendre des édifices plus vastes. Inspirés par ces antiques modèles, ils réunirent la noblesse et l'étendue des plans à l'élégance qui distinguait les ouvrages grecs.

L'abolition du paganisme eut une influence considérable et presque subite sur l'état politique de l'Égypte (1); on prohiba les sacrifices; les temples furent abandonnés ou détruits (2). Le mélange des fables étrangères avait presque effacé le souvenir de la doctrine sacrée (3): il en restait encore quelques traces, que l'autorité des empereurs s'efforça d'anéantir avec tous les éléments de l'ancienne religion (4).

(1) L'abolition de l'ancien culte et l'introduction du christia-nisme ne s'opérèrent que très-lentement en Égypte; au sixième siècle de l'ère chrétienne, les dévots à Isis défendaient encore, à Philæ, leur croyance les armes à la main. (*Voy.* note 2 de la page 98.)

(2) Plusieurs temples, en Égypte et en Nubie, furent destinés au culte chrétien; les traces de cette substitution sont encore évidentes dans plusieurs lieux.

(3) On sait aujourd'hui, par une plus longue étude des monuments, que les doctrines égyptiennes ne se prêtaient à aucun mélange avec des dogmes étrangers. A l'époque de la rivalité des deux religions, tout fut ou égyptien ou chrétien, et la religion du Christ l'emporta, quand les chefs de l'empire s'y furent convertis. Dès ce moment l'autorité publique proscrivit l'ancien culte, et négligea d'entretenir les édifices publics où il était autrefois en honneur.

(4) Les monuments encore subsistants prouvent que ce fut assez tard que l'autorité impériale se fit l'auxiliaire efficace des nouvelles doctrines religieuses. Les sculptures dont ces mo-

Depuis que ce pays était devenu une province romaine, il avait perdu une quantité prodigieuse de monuments de sculpture ; on avait transporté en Europe des statues, des pierres gravées, une foule d'objets d'art et des monolithes précieux qui avaient appartenu aux villes de Thèbes, de Memphis et d'Alexandrie. Rome et Constantinople virent élever les obélisques que les Pharaons avaient autrefois consacrés aux Dieux (1) ; ouvrages singuliers et inimitables, vraiment dignes d'orner les capitales du monde.

L'Égypte, que les empereurs grecs ne surent ni gouverner ni défendre, passa ensuite sous le joug des musulmans. Déjà la domination romaine avait succombé de toutes parts. Les causes morales qui devaient précipiter la chute de cet empire étaient alors développées, et quelques tribus d'A-

numents sont ornés nous montrent tous les empereurs romains, Auguste et ses successeurs jusques à Caracalla, remplissant en costume égyptien les cérémonies religieuses prescrites aux Pharaons par l'antique rituel. Ainsi au troisième siècle de l'ère chrétienne le culte d'Ammon et d'Isis subsistait encore dans tout son éclat. Les empereurs romains honoraient publiquement ces anciens dieux du pays. L'Égypte fut longtemps fidèle à la répugnance que lui inspiraient, dès les premiers temps de sa civilisation, les idées religieuses des nations étrangères. On fixe au règne de Théodose le Grand, vers la fin du quatrième siècle, la substitution de l'alphabet grec aux anciennes écritures sacrées : le christianisme fut puissant dès cette époque en Égypte ; ses progrès durant deux siècles l'y rendirent enfin dominant.

Les résultats indiqués dans ces trois notes, sont le fruit des recherches les plus récentes sur l'âge des monuments égyptiens, et de l'application aux inscriptions dont ils sont ornés, de la théorie des écritures égyptiennes fondée par les découvertes de Champollion le jeune. A l'époque où ces découvertes furent faites, le discours de Fourier était publié depuis plus de dix ans.

(1) Quelques-uns des obélisques transportés à Rome sont de l'époque romaine.

rabes, à demi civilisées, parvinrent à s'emparer des plus belles provinces de l'Orient.

Ces conquêtes rapides des premiers musulmans ne doivent point être comparées aux entreprises militaires et politiques de Rome. Elles diffèrent aussi des invasions tumultueuses des nations septentrionales. Les Romains joignaient à la puissance des armes, des maximes de gouvernement qu'ils suivaient avec une admirable constance. Non-seulement ils soumettaient les peuples, mais ils leur donnaient une police commune, et leur faisaient en quelque sorte oublier leur origine par le changement progressif de la religion, des coutumes, de la langue et des lois. Les barbares qui ravagèrent l'Europe, abandonnant leur patrie glacée pour des climats plus doux et des villes opulentes, se succédèrent sans ordre et sans autre dessein que de dépouiller les vaincus. Comme ils n'avaient point encore d'institutions régulières, ils ne conservèrent que quelques-uns de leurs usages, et finirent par adopter le culte, les mœurs et les arts qu'ils avaient trouvés établis dans leur nouveau séjour. Les Arabes, au contraire, avaient des habitudes et des opinions plus fixes, restes confus et superstitieux de l'ancienne doctrine de l'Orient. Persuadés qu'ils connaissaient tout ce qui est vrai et utile, ils repoussèrent d'abord les usages et les arts des peuples conquis. Mahomet n'avait eu ni le dessein de fonder un empire, ni les vues politiques que plusieurs écrivains lui ont attribuées; n'ayant point prévu les conquêtes prodigieuses de ses successeurs, il ne leur avait laissé aucune forme ni aucun principe de gouvernement. L'objet de ses efforts était de commander à sa tribu, et de l'élever au-dessus des tribus rivales. Enhardi par ses premiers succès, il entreprit d'enrichir les siens du pillage des villes voisines. Il ne connaissait point les nations policées, et les regardait comme livrées au polythéisme et à l'idolâtrie. Il rallia ses compatriotes en leur rappelant des dogmes anciennement révérés, et passa ensuite de l'enthousiasme à l'imposture. Son livre, qui contient quelques préceptes utiles, et un bien plus grand nombre de pensées inintelligibles, dépourvues de sens et de liaison, servit toutefois de règle à ses partisans, et leur donna un nom, un but et un intérêt communs.

La domination romaine n'étant plus soutenue par la vigueur et la sagesse des conseils, par les vertus des soldats, la constance des usages, de la politique et de la religion, toutes les provinces purent être facilement envahies par des hordes presque sauvages, qui, peu de siècles auparavant, auraient été exterminées vers les limites de l'empire. Les Arabes, que l'on pourrait appeler les Scythes du midi, vinrent aussi concourir à cet immense partage. Ces hommes ignorants, mais aguerris, exercés aux fatigues, pauvres, et avides de pillage, firent alors ce qu'eussent fait à leur place et plus rapidement encore les Goths, les Lombards et les Gépides. Il ne leur fut pas moins facile de pénétrer dans les autres pays d'Asie : car la Perse, ébranlée par ses propres dissensions et les guerres étrangères, ne pouvait se défendre contre les plus faibles ennemis. Ce même livre sacré qui avait été la première cause de leur union et de leur succès, arrêta par la suite l'essor de leur génie. Si les Arabes avaient eu, comme les peuples du Nord, l'inestimable avantage de recevoir une religion favorable aux arts et aux connaissances utiles, ils auraient cultivé et perfectionné toutes les sciences : car ce peuple se montra d'abord ingénieux et poli ; il fit d'heureux progrès dans la poésie, la médecine, la géométrie, la physique et l'astronomie ; il conserva et nous transmit un grand nombre de ces ouvrages immortels qui devaient rappeler les lumières en Europe. Mais la religion musulmane ne souffrait pas ce développement de l'esprit ; il fallait que les Arabes renonçassent à leur culte, ou qu'ils retournassent à l'ignorance de leurs ancètres. Ils méconnurent surtout l'art de gouverner, et tout ce qui sert à fonder et à perpétuer

les empires. Les barbares qui, sous le nom de Turcs (1),
s'unirent à eux en embrassant l'islamisme, et usurpèrent leur
autorité, méprisèrent aussi les arts, les sciences, l'industrie et toutes les inventions de l'Occident. = Cette même
cause prépare depuis longtemps, en Europe, la chute inévitable de l'empire ottoman, qui n'est suspendue que par la
rivalité des autres nations (2).

L'Égypte chrétienne, et longtemps agitée par des dissensions religieuses, s'était offerte d'elle-même au joug des
premiers califes; elle partagea le sort des États musulmans.
Les Cophtes, qui avaient appelé le vainqueur, furent délivrés des Grecs; ils tombèrent ensuite dans l'avilissement et
se réduisirent à un petit nombre. C'est au commencement de
cette révolution que le zèle des mahométans détruisit le
peu de richesses littéraires qui restaient encore à Alexandrie.
Les livres que les Ptolémées avaient réunis dans cette ville
à ceux des rois de Pergame, périrent en grande partie pendant l'expédition de César. Les violences de toute espèce qui
se succédèrent dans le cours de six siècles au milieu des
guerres continuelles ou des troubles amenés par les controverses théologiques, anéantirent ces vastes dépôts des connaissances et des erreurs de l'antiquité.

L'Égypte ressentit l'effet des causes qui divisèrent dès son
origine l'empire des Arabes, et ne tarda point à devenir un
État indépendant. Les califes appelés *Fathimites* établirent
leur résidence dans la ville du Kaire, qu'ils avaient bâtie, et
ornée de quelques édifices publics. Leur autorité fut abolie
par le célèbre Salaheddyn (Saladin) dont les exploits alar-

(1) Ces quatre mots ont été ensuite retranchés du discours.

(2) Rien n'est plus vrai que la pensée exprimée dans cette
phrase : elle arrêta un instant l'attention de Napoléon. « Otez
cela, dit-il aussitôt, les Anglais ne manqueraient pas de l'envoyer à Constantinople. » La phrase fut rayée sous les yeux
de l'empereur, et supprimée à toujours.

mèrent l'Europe, et qui régna longtemps en Égypte et en Syrie. Cette révolution occasionna des séditions et des vengeances, et fut suivie de changements considérables dans les usages religieux et le gouvernement. L'établissement des sultans Mamlouks mit fin à cette dynastie. Les califes et les princes qui leur succédèrent, confiaient depuis longtemps la défense de leurs États et leur garde personnelle à des soldats étrangers, originaires de l'occident de l'Asie. Les chefs de ces milices, imprudemment élevés aux premiers emplois, usurpèrent, sous différents noms, l'autorité de leurs maîtres et se rendirent indépendants. Les événements de ce genre sont un des traits distinctifs de l'histoire des peuples asiatiques. La rébellion qui fit périr le dernier successeur de Saladin fut plus connue en Europe, parce qu'elle eut pour témoins les princes croisés; mais il y avait plus de quatre siècles qu'il se passait en Égypte des révolutions semblables.

Après l'extinction des Ayoubites, cette belle contrée demeura soumise à des esclaves militaires nés entre la mer Noire et la mer Caspienne; et les conquêtes subséquentes ont à peine interrompu leur domination. Le gouvernement des souverains mamlouks ne fut, pour ainsi dire, ni héréditaire, ni électif. La naissance donna quelquefois le premier rang; mais le meurtrier du prince était presque toujours son successeur. Il y eut autant de révolutions que de règnes. Plusieurs se disputaient le pouvoir et se l'attribuaient en même temps dans la Syrie, au Kaire ou dans le Saïd; d'autres n'ont régné qu'un jour, ayant été assassinés dès le lendemain de leur avénement. Quelques chefs de cette anarchie ont gouverné avec éclat. Conquérants de la Syrie, ils humilièrent l'orgueil des Mogols, vainquirent plusieurs fois les chrétiens de l'Occident, et portèrent leurs armes victorieuses dans l'Yémen, l'île de Chypre, l'Arménie; mais on ne remarque, dans tous ces événements, que des traits d'audace, de vengeance, de fourberie, d'ignorance et d'ambition fougueuse. On ne peut disconvenir cependant que la religion musulmane ne tempérât les malheurs de ces temps ; elle fit naître dans ces âmes violentes quelques sentiments humains, et inspira aux princes et aux sujets des actions louables.

Il faut placer dans les deux époques que l'on vient d'indiquer, les entreprises fameuses des Européens contre la Palestine et l'Égypte. Ces expéditions, qui durèrent deux siècles, imprimèrent dans l'Occident un mouvement immense et imprévu. Elles n'eurent aucun des résultats que l'on avait désirés, et occasionnèrent des désordres graves : mais en même temps elles excitèrent le génie du commerce, agrandirent les vues, multiplièrent les procédés de l'insdustrie et de la navigation. Elles amenèrent dans plusieurs États la chute du gouvernement féodal, en favorisant l'autorité du monarque et la liberté civile ; et, d'un autre côté, elles élevèrent le pouvoir politique de Rome jusqu'à un degré où il ne put se soutenir.

Cent mille croisés s'emparèrent inutilement de Damiette : s'étant mis en marche dans une saison peu favorable, ils furent arrêtés par les musulmans entre les canaux dérivés du Nil, et, réduits à capituler, ils abandonnèrent leur conquête. Trente ans après, les mêmes fautes amenèrent les mêmes résultats et de plus grands malheurs. Louis IX, l'honneur de son siècle, qui exerça sur ses sujets et ses ennemis mêmes l'autorité naturelle que donnent de grandes vertus, conduisit soixante mille croisés sur les bords du Nil. Il avait traversé la Méditerranée avec dix-huit cents bâtiments, et commandait à l'élite de la France. Maître de Damiette, il s'avança longtemps après dans l'intérieur du Delta. Les Mamlouks l'assiégèrent dans son camp, où se développèrent des maladies funestes, et ils interceptèrent ses communications avec les côtes. Le roi, ayant perdu tout espoir, ordonna la retraite et ne put l'effectuer. Le reste des Français allait périr les armes à la main, lorsqu'au milieu du carnage un héraut annonça qu'on ne pouvait plus sauver la vie du roi qu'en se rendant prisonnier. Ce prince, qui ne voulut point quitter l'arrière-garde, tomba lui-même au pouvoir de l'ennemi; et l'on sait par quelle grandeur d'âme il honora sa captivité. Il racheta ensuite les siens, donna Damiette pour sa rançon, et s'embarqua pour Ptolémaïs.

Les nations européennes n'avaient point acquis alors sur celles de l'Asie cette supériorité de puissance qui est aujourd'hui si marquée, et qui résulte du progrès de tous les arts. Les usages de la guerre étaient presque les mêmes et également imparfaits de part et d'autre. Des peuples qui ont reçu de la nature un courage indomptable, et qui avaient, à cette époque, l'avantage de la discipline, devaient donc défendre avec succès leur propre territoire. Ils détruisirent des armées innombrables, mais confuses, que l'Occident renouvelait sans cesse en perdant plusieurs millions de ses habitants. La situation respective des nations est entièrement changée depuis le seizième siècle. Les unes ont perfectionné le gouvernement civil, la tactique, l'emploi de l'artillerie, la composition, l'entretien et la conduite des armées : les Orientaux, au contraire, ont négligé toutes les inventions qui concourent au succès de la guerre, ou n'y ont fait que des progrès très-bornés. Tel est l'ascendant des lumières, et l'influence des usages militaires et des arts, que ces mêmes contrées, dont les peuples repoussèrent pendant deux cents ans les efforts de toute l'Europe, ne pourraient plus être aujourd'hui défendues par leurs maîtres actuels contre une seule de nos armées; en sorte que la possession n'en est garantie que par les traités et par des oppositions réciproques entre les grands États de l'Occident.

L'Égypte cessa, au commencement du seizième siècle, d'être gouvernée par des princes indépendants, et fut conquise par les Ottomans, soixante-quatre ans après la prise de Constantinople. Sélim Ier, père du célèbre Soliman II, avait été porté à l'empire par la faveur des janissaires. La rébellion lui avait donné le trône, il s'y maintint par un parricide, et fit ensuite périr ses frères, avant d'exécuter ses vastes projets sur l'Asie. Il ne tarda point à menacer la Perse, l'Égypte et la Syrie, et conquit rapidement ces deux dernières provinces sur les sultans mamlouks, qui ne jouissaient que d'une autorité incertaine, et pouvaient à peine se défendre contre les trahisons de leurs lieutenants. Sélim leur livra deux batailles, l'une à Alep, où le sultan Cansou el-Gauri perdit la vie, et l'autre à son successeur Thouman-Bey, à peu de distance du Kaire. Les troupes ottomanes étaient beaucoup plus nombreuses ; elles se servaient alors de la mousqueterie, usage que les Mamlouks n'avaient point encore adopté. Leur dernier sultan fut livré au vainqueur, qui ordonna qu'on le pendît à l'une des portes de la ville, et fit jeter dans le fleuve plusieurs milliers de Mamlouks. Alexandrie se soumit peu de temps après. Les peuples voisins furent remplis d'épouvante. Le chérif de la Mecque vint offrir des présents à Sélim, qui, voulant joindre l'autorité sacrée à la puisance des armes, se fit reconnaître pour protecteur et chef héréditaire de l'Islamisme. Ismaël, sofi, envoya au Kaire une ambassade solennelle, pour obtenir la paix.

La mort de Sélim interrompit le cours de ses conquêtes. Soliman, son fils, qui, par ses armes et sa politique, a tant contribué à l'accroissement de la puissance ottomane, consacra plusieurs années au gouvernement de ses États. On composa par ses ordres le règlement particulier de l'Égypte, qui sert encore à l'administration territoriale de ce pays. On a quelquefois attribué cet établissement à Sélim, qui n'y eut, pour ainsi dire, aucune part. Ce dernier avait donné peu de temps à la guerre d'Égypte. De retour à Constantinople, il ne s'y occupa que de ses préparatifs contre la Perse et le midi de l'Europe. Il méditait la destruction de Bagdad, et ne s'arréta point à régler les prétendues constitutions et le myry de l'Égypte. On a publié un acte qui contient ses capitulations avec les Mamlouks; mais cette pièce est dépourvue d'authenticité. Ce qu'il y a de remarquable dans sa conduite politique, est sa négociation avec la Mecque, et le soin qu'il prit d'amener à Constantinople le successeur des Abassides.

Sélim, qui reçut le nom mérité de féroce (yavous), qui envoyait ses vizirs à la mort parce qu'ils ne prévoyaient pas vers quelle partie du monde il tournerait ses armes, qui, dans tout le cours de son règne, fit périr indistinctement ses amis et ses ennemis, et fut l'assassin de son père, de ses frères et de huit de ses neveux, joignait la superstition à la cruauté. Aucun empereur ottoman n'a porté aussi loin la haine des religions étrangères. Il avait entrepris d'obliger ses sujets chrétiens à embrasser l'Islamisme : mais l'empire des usages ramena bientôt à la tolérance des autres cultes; maxime fondamentale des États musulmans, sans laquelle ils ne se seraient point formés. Il donna à l'Égypte, comme à ses autres conquêtes, un gouverneur et des garnisons turques. Les milices se montrèrent insubordonnées, exigèrent des augmentations de solde, et massacrèrent leurs chefs. Les pâchâs entreprirent de se rendre indépendants. Les Mamlouks, quoique restés en petit nombre, tiraient un grand avantage du souvenir de leur autorité, de leurs intelligences avec les Arabes, et de l'emploi des ressources locales. Voilà l'origine de l'État anarchique qui se forma après la conquête. Il a duré jusqu'à ce que l'audace guerrière des beys eût triomphé des janissaires, énervés par la mollesse du climat et la garde oisive des forteresses.

Dans le temps que l'Égypte et la Syrie recevaient de nouveaux maîtres, l'état politique et le commerce des nations subissaient des changements immenses et inattendus. Aucune époque de l'histoire n'est plus féconde en grands événements. La puissance ottomane répandait la terreur dans l'Europe et dans l'Asie. Plusieurs États chrétiens cessaient de reconnaître l'autorité du pontife de Rome. L'Islamisme éprouvait une révolution semblable ; et une secte récente, favorisée par les sofis, divisait les pays mahométans. La France appelait les beaux-arts qui illustraient l'Italie. Les noms de François Ier, de Soliman, de Charles-Quint, remplissaient le monde entier. L'Europe, exerçant enfin son propre génie, perfectionnait ses institutions civiles, et rendait ses monarchies puissantes par l'établissement fixe des armées. Les usages militaires, l'art de l'imprimerie, les connaissances nautiques, faisaient des progrès extraordinaires. Les entreprises exécutées par Colomb et Vasco de Gama tenaient tous les esprits en suspens. Les Portugais et les Espagnols, sortis de leurs ports en suivant des routes contraires, étaient surpris de se rencontrer à la même extrémité de l'Asie. Le désir de s'emparer du commerce de l'Orient avait excité ces découvertes ; et en effet les riches productions des Indes parvinrent à l'Europe, en suivant une voie jusqu'alors inconnue. L'Égypte, où elles se rassemblaient depuis tant de siècles, et qui les transmettait à divers pays d'Europe et d'Afrique, perdit les avantages qu'elle tenait du fondateur d'Alexandrie. Les conquêtes des Portugais nuisirent surtout aux Vénitiens, qu'une ligue formidable n'avait point anéantis, et qui se trouvaient à toutes les issues du commerce des Indes ; ils virent leur grandeur s'évanouir sans retour. Enfin les relations qui unissaient une multitude de villes et d'États furent subitement interrompues.

En même temps le génie inquiet et ambitieux des Européens établissait des rapports nouveaux entre les parties du monde les plus éloignées. Impatients d'employer les nouveaux instruments de leur puissance, ils se servaient de la boussole pour se diriger sur des terres inconnues, et des armes à feu pour en subjuguer les peuples. Ils trouvaient dans les mines de l'Amérique les métaux précieux qui étaient nécessaires pour multiplier les échanges de l'Orient, et disposaient des habitants de l'Afrique pour la culture des possessions nouvelles.

Les Vénitiens unis aux Mamlouks, et ensuite les princes ottomans, firent d'inutiles efforts pour détruire, dans les mers orientales, les établissements des Portugais. Les premiers proposèrent de transporter du bois de la Dalmatie sur les bords du Nil, et de là à Suez, pour la construction d'une flotte. On obtint d'abord quelques avantages de l'emploi de ces forces; mais les expéditions du sultan El-Gauri, celles de Sélim et de Soliman, ne purent arrêter les progrès des conquérants de l'Inde. Si l'on ajoute foi aux relations de quelques voyageurs, l'Égypte fut menacée, à cette époque, d'une révolution encore plus funeste, et qui n'eût été suivie d'aucune autre. Ils assurent que les princes d'Abyssinie, alliés de la cour de Lisbonne, entreprirent de détourner le cours du Nil vers la mer Rouge, afin de rendre pour jamais stériles les contrées que ce fleuve couvre de ses inondations annuelles. Il était inutile que le vainqueur de Goa, de Malaca, d'Ormus, recourût à ce chimérique projet : il servit mieux les intérêts de son pays en détruisant toutes les flottes ennemies. Sous Albuquerque et ses successeurs, les vaisseaux du roi Emmanuel pénétrèrent dans la mer Rouge et jusqu'à l'extrémité du golfe, afin qu'il n'y eût aucun point des immenses rivages de la mer d'Orient qui ne connût la domination portugaise.

Cette puissance excessive devait être de peu de durée; mais elle eut une influence capitale sur les destins de l'Europe. En effet, les Ottomans, devenus maîtres de l'Égypte, auraient disposé des richesses de l'Inde; ce commerce leur eût donné une marine formidable et toutes les ressources qu'exige l'entretien des armées nombreuses. Ils étaient alors gouvernés par des princes ambitieux, guerriers et politiques, à qui l'Europe divisée n'opposait qu'une résistance incertaine. Si la découverte de Gama ne les eût privés de cet accroissement de force, il est vraisemblable qu'ils auraient envahi une grande partie de l'Occident, et que ces contrées, aujourd'hui si florissantes et si polies, gémiraient encore sous une autorité étrangère, ennemie des connaisces utiles et des beaux-arts.

Le commencement du seizième siècle marque donc une époque fatale dans l'histoire de l'Égypte. Conquis et dépouillé, séparé de la Syrie, ce pays ne forma plus un État indépendant; il fut livré à l'avarice ambitieuse des pâchâs, et tomba ensuite dans la plus déplorable anarchie. Un conseil supérieur, formé des principaux chefs des milices, et dirigé par le vice-roi, participait aux soins du gouvernement. L'administration et la police des provinces étaient confiées à plusieurs beys Mamlouks subordonnés au conseil, et qui ne devaient exercer qu'une autorité limitée. La rébellion de plusieurs pâchâs porta la cour de Constantinople à favoriser l'influence des commandants turcs et même celle des beys. Ces chefs achetaient de jeunes esclaves, qui, étant formés aux exercices des armes, composaient leur maison, et parvenaient quelquefois aux places les plus importantes. Vers le milieu du dernier siècle, Ibrahim et Rodouan, chefs des janissaires et des azabs, portèrent un grand nombre de leurs Mamlouks aux premiers emplois; et ayant uni leurs intérêts, ils se rendirent maîtres du gouvernement. Ils conservèrent au pâchâ la dignité apparente de sa place, et lui ravirent en effet l'exercice du pouvoir.

Aly-bey, sorti de la maison d'Ibrahim, parut prétendre à l'autorité souveraine sous le titre de gouverneur de la capitale. Après avoir fait mettre à mort ses ennemis et ses rivaux, et affermi sa puissance dans le Saïd, il fit occuper la ville de la Mecque, et y rétablit l'ancien chérif Abd-allah, de qui il voulait par la suite recevoir le titre de sultan d'Égypte.

Il se proposait aussi de former dans le port de cette ville un établissement fixe pour le commerce des Indes. La guerre que la Porte avait à soutenir contre la Russie, et la rébellion du cheykh Daher, qui avait un parti nombreux en Syrie, favorisèrent les projets d'Aly-bey. Il y envoya des troupes, et ses lieutenants, réunis au cheykh, mirent en fuite les pâchâs des provinces voisines. Les conseils d'Ismaël-bey et les insinuations de la Porte détachèrent bientôt du parti d'Aly son affranchi, Mohammed-bey, qui commandait l'armée de Syrie. Ce Mamlouk abandonna sa conquête, et retourna au Kaire. Exilé quelque temps après par son maître, il se forma un parti puissant et revint du Saïd dans la capitale, qu'Ali-bey fut obligé d'abandonner. Ce dernier se retira en Syrie auprès de Daher son allié : il avait sollicité des secours de la Russie ; mais il perdit sa puissance avant que la négociation fût terminée. Trompé par des rapports infidèles, il s'empressa de revenir en Égypte, et fut blessé dans un combat qu'il soutint à Sàlehyeh contre ses anciens esclaves ; il mourut au Kaire des suites de sa blessure.

Mohammed-bey se montra plus soumis aux ordres de la Porte ; il acquitta les tributs ; et ayant reçu le titre de pâchâ du Kaire, il marcha en Syrie contre l'Arabe Daher, parvint à s'emparer de Jaffa, et conduisit à Acre ses troupes victorieuses : il y mourut presque subitement d'une maladie contagieuse. Deux de ses Mamlouks, Ibrahim et Mourad, succédèrent à son autorité, et parurent imiter la conduite d'Aly-bey. On suscita contre eux Ismaël, qui avait trahi ce dernier. Il forma une faction assez puissante pour obliger ses rivaux de quitter la capitale. Réfugiés dans le Saïd, ils parvinrent à se concilier plusieurs beys du parti vainqueur, et ne tardèrent point à déposséder Ismaël. Ils commirent alors des vexations multipliées qui les rendaient de plus en plus odieux, et ils éludaient par tous les moyens possibles l'autorité du Grand Seigneur.

Haçan, capitan pâchâ, fut chargé par sa cour de punir leur rébellion; il arriva au Kaire, avec des forces peu considérables, éloigna Ibrahim et Mourad, envoya à Constantinople une partie des dépouilles de leurs partisans et des produits de ses concussions. Rappelé par la guerre avec la Russie, il termina son expédition en concédant aux deux beys une grande partie du Saïd, et laissa le gouvernement de l'Égypte à Ismaël-Bey. Ce dernier mourut de la peste en 1791. La contagion enleva, dans le printemps de cette année, le tiers de la population du Kaire : la moitié des Mamlouks attachés à Ismaël succomba; et il mourut dans cette ville plus de soixante mille habitants depuis le 9 avril jusqu'au 26.

Ibrahim et Mourad, divisés par des rivalités anciennes, mais retenus par le sentiment de l'intérêt commun, rétablirent leur pouvoir dans la capitale. Ils se livrèrent ensuite à des violences effrénées, méprisant les ordres de leur souverain, imposant de nouveaux droits, sans discernement et sans mesure, sur le commerce, l'agriculture et l'industrie, et enlevant les grains nécessaires à la subsistance des habitants, dont un grand nombre expirait sans secours.

Les négociants étrangers ne furent point garantis de cette oppression; les Français, surtout, essuyèrent, depuis cette époque, des vexations et des outrages qui demeurèrent longtemps impunis. Les beys parurent croire que l'état politique où la France se trouvait alors, justifiait ces procédés injurieux, et se persuadèrent que son nouveau gouvernement n'en pourrait obtenir aucune satisfaction. En effet, les représentations adressées à ce sujet à la cour de Constantinople furent inutiles; cette puissance ne fit aucun effort pour punir les usurpateurs de l'Égypte, ou réprimer les offenses dont se plaignaient ses alliés. Les extorsions et les insultes se renouvelèrent et entraînèrent la ruine de nos maisons de commerce. On ne pouvait point les abandonner, sans livrer à des nations rivales des avantages que l'on devait aux plus anciens traités, et sans donner un exemple de faiblesse qui serait devenu fatal à tous les établissements français. Il fallait donc consentir à cette exclusion du commerce du Levant et tolérer des outrages publics, ou trouver la sécurité dans l'exercice de ses propres forces.

Ces circonstances ont appelé les Français en Égypte, et l'ont rendue le théâtre d'un des plus grands événements de l'histoire moderne. Aux motifs que l'on vient de rappeler, se joignait la considération des avantages que leur promettait un établissement fixe dans ce pays (1) et l'espoir de s'accorder avec la Porte Ottomane, en l'éclairant sur ses vrais intérêts, et en lui offrant toutes les garanties qu'elle pourrait demander.

En effet, le concours des arts de l'Europe et l'influence d'un gouvernement régulier changeraient tout à coup la situation de l'Égypte. L'agriculture, secondée par une administration prévoyante, y ferait en peu de temps des progrès considérables. On sait que la fécondité naturelle du sol est entretenue par la seule présence des eaux du Nil. Les travaux agricoles consistent principalement dans les irrigations; mais aujourd'hui la répartition des eaux est irrégulière et imparfaite. Les canaux qui les apportent sont tracés sans réflexion et sans art; elles arrivent dans certains lieux avec une abondance superflue, tandis que d'autres terrains demeurent exposés à une longue stérilité. Ailleurs, on diminue par des dérivations imprudentes la résistance qui contient les eaux de la mer vers les embouchures du fleuve; et l'effet de ces travaux est de changer tout à coup en une plage inutile un territoire qui avait offert jusque-là les plus riches productions. On ne parvient à élever les eaux qu'à l'aide de quel-

(1) Ces mots étaient bien précis; ils indiquaient *l'établissement fixe* des Français en Égypte : on les changea, et on leur substitua ceux-ci : *dans le Levant*, recommandables sans doute par le vague de leur expression.

ques machines grossières, dont l'effet est très-médiocre, et qu'en assujettissant les animaux, ou plutôt l'homme lui-même, à des fatigues excessives. Au milieu des troubles politiques, les différents cantons n'étant pas soumis à une police commune, il arrive souvent que l'on dispose des eaux sans discernement et sans droit ; on en détourne le cours, on obstrue les canaux, on ouvre les digues. Ainsi les habitants ne savent point user des libéralités de la nature, et emploient toute leur industrie pour se les ravir mutuellement. On obvierait à ces désordres par une distribution plus régulière des eaux ; ce qui augmenterait à la fois l'étendue du territoire agricole et la fertilité des terres qui sont déjà productives. Il serait facile d'arroser les terrains élevés, en faisant du travail des animaux une meilleure application, ou même sans employer ce travail ; on y parviendrait en dérivant les eaux supérieures, ou en se servant des forces mécaniques qui résultent des vents, ou du courant même du fleuve.

Indépendamment du blé, du riz, des autres plantes céréales, et des fruits de toute espèce que l'Égypte produit en abondance, on retirerait des avantages encore plus grands de la culture de la canne à sucre, de celle du lin et de l'indigo. Ce pays fournirait à l'Europe le natron, qui s'y forme à la surface des lacs, des matières propres aux plus belles teintures, des substances médicinales et aromatiques d'un grand prix, les cafés et les parfums de l'Arabie, la poudre d'or, l'ivoire, et tous les autres objets du commerce de l'Afrique. Les plantes vraiment indigènes sont en petit nombre ; mais cette terre féconde, dont la douce température varie par degrés depuis la mer jusqu'aux limites de la Nubie, peut être considérée comme un vaste jardin, propre à recevoir et à conserver les plus riches productions de l'univers.

Telles sont les prérogatives naturelles de l'Égypte, qu'elles ont en quelque sorte résisté au concours de tant de circonstances nuisibles et à la longue influence d'une administration vicieuse. On y jouit encore aujourd'hui des richesses de l'agriculture, de l'industrie et du commerce. Le Kaire est, à plusieurs égards, une ville opulente ; elle compte plus de deux cent cinquante mille habitants et entretient des relations multipliées avec l'Arabie et tout l'intérieur de l'Afrique, avec la Turquie, la Perse, l'Inde et les principaux pays d'Europe. Les découvertes des Portugais ont diminué le commerce d'Alexandrie, mais elles ne l'ont point anéanti. Les communications avec les Indes ont continué de subsister, soit par la navigation des mers orientales, soit par la voie de terre. Ainsi l'Égypte a conservé tous les éléments de son ancienne grandeur ; et ces germes précieux d'une prospérité nouvelle se développeraient subitement, s'ils étaient fécondés par le génie de l'Europe et les bienfaits d'un gouvernement sage et puissant.

Quant aux propriétés du climat, on ne pourrait les faire bien connaître que par une exposition détaillée, qui ne convient point à l'objet de ce discours : on se bornera à dire que la salubrité de ce pays ne peut être révoquée en doute. Ce résultat est confirmé par toute l'histoire de l'Égypte, par l'expérience décisive de l'armée française, et par l'état actuel de la population, qui comprend environ deux millions trois cent mille individus, répandus sur une superficie de dix-huit cents lieues carrées.

De toutes les entreprises auxquelles l'occupation de l'Égypte peut donner lieu, l'une des plus importantes consiste dans le projet de joindre par un canal de navigation le golfe Arabique à la Méditerranée ; question depuis longtemps célèbre, qui, aujourd'hui, peut être pleinement résolue. Quel que soit, en effet, le niveau respectif des deux mers, et quelque jugement que l'on doive porter des ouvrages qui ont été exécutés autrefois dans ce même dessein, les ingénieurs européens pourraient facilement établir et conserver cette communication qui rapprocherait, pour ainsi dire, les contrées orientales de celles que baigne la Méditerranée. Cette jonction des deux mers, sans changer entièrement les voies actuelles du commerce, influerait sur les relations de l'Europe avec l'Inde, l'Arabie et l'Afrique; et l'on en peut comparer les résultats aux changements politiques qui eurent lieu dans un sens opposé, après les expéditions maritimes des Portugais.

L'Égypte, où se réunissent comme d'elles-mêmes les richesses de l'agriculture et celles du commerce, a d'autres avantages que n'offrirait point une colonie lointaine. Elle n'est séparée de la France que par une mer peu étendue, dont la navigation semble être l'apanage de cette puissance et celui de ses alliés naturels. Elle entre dans le système de la défense commune des îles voisines de l'Italie et de celles de la mer Adriatique et de l'Archipel. Elle ne peut être attaquée que très-difficilement à des époques prévues et par des forces considérables; en sorte qu'une puissance européenne (1) qui occuperait depuis longtemps l'Égypte et aurait fortifié cet établissement, serait assurée de le conserver. Ce pays offre de plus aux Français l'avantage très-remarquable d'une situation intermédiaire qui les place aux portes de l'Asie : ils peuvent de là menacer continuellement les riches possessions d'un État ennemi, et porter le trouble ou la guerre jusqu'aux sources mêmes de son opulence.

Les relations qui s'établiraient bientôt entre l'Égypte et les lieux de commerce situés dans l'Arabie, la Perse, l'Indoustan et l'Afrique, procureraient les échanges les plus profitables à la France et aux États qui naviguent dans la Méditerranée. On imiterait en cela l'heureuse industrie a

(1) Il faut ici faire remarquer une addition manuscrite qui a passé dans l'édition officielle : « Une puissance européenne qui, *étroitement unie avec la Porte*, occuperait, » etc. Il y a tant de haute politique dans ce peu de mots, que l'origine de cette addition inopinée se révèle d'elle-même : l'empereur l'ordonna, et Fourier l'écrivit sous ses yeux.

laquelle les Vénitiens durent leurs richesses, qui leur donna longtemps des forces maritimes supérieures à celles de presque toutes les puissances méridionales, et cessa bientôt lorsque les destinées de l'Égypte furent changées.

En effet, le commerce de l'Inde avec les autres États a presque toujours eu lieu par l'échange des métaux précieux. Ces rapports subsistent depuis un temps immémorial; et toutes les nations opulentes ont payé ce tribut, en donnant, pour prix des productions de l'Orient, une quantité considérable d'or et surtout d'argent, qui s'y accumule sans retour. Mais les Vénitiens paraissent avoir entretenu avec ces contrées des relations d'une autre nature. L'Égypte, devenue pour eux le principal dépôt des richesses du monde entier, recevait, outre les bois et les métaux utiles, tous les objets de leurs propres manufactures; elle leur rendait les marchandises précieuses de l'Inde, de l'Arabie, de la Syrie et de la Perse : de là elles étaient transportées et distribuées dans l'Europe.

Ainsi l'Égypte n'est pas seulement utile par ce qu'elle possède, elle l'est encore par ce qui lui manque. On serait assuré de placer dans cet établissement des étoffes précieuses, des draps légers, des vins, et des produits d'une industrie variée. On y porterait le fer, le plomb et surtout les bois destinés à la construction des édifices et à celle des navires. C'est en partie au moyen de ces échanges que l'on acquerrait les marchandises les plus estimées de l'Inde; et on se les procurerait aussi par des communications immédiates. Indépendamment des ports qui seraient ouverts ou rétablis sur les deux côtes de la mer Rouge, on verrait se former dans les autres points de cette voie du commerce des Indes, des établissements qui rendraient la navigation plus agréable et plus sûre, et se prêteraient un appui mutuel.

Nous pourrions aussi nous élever à des considérations plus générales, et prévoir l'influence qu'une colonie française, aussi favorablement située, exercerait sur l'état des contrées voisines. L'Arabie et la Syrie participeraient aux premiers avantages; le commerce y jouirait d'abord d'une sécurité jusqu'ici inconnue ; l'industrie et l'agriculture y prendraient un nouvel essor. On pourrait contracter des alliances utiles et durables avec la Perse et les autres monarchies de l'Asie. Quant au vaste continent de l'Afrique, il ne serait plus une terre ignorée; on y découvrirait les fleuves intérieurs, les montagnes et les mines de fer et d'or qu'elles renferment en abondance. Enfin on pourrait espérer que le gouvernement de l'Égypte (1) ferait régner un jour l'ordre et la paix sur les côtes septentrionales de l'Afrique, en soumettant les habitants à une police plus humaine et plus sage. Alors la Méditerranée, devenue une mer française (2), serait pour jamais mise à l'abri des incursions des pirates.

On voit par là combien la fondation de cette nouvelle colonie, à l'extrémité d'une mer étroite et voisine, et dans une des plus belles contrées de la terre, diffère de ces entreprises lointaines où l'on serait forcé de créer à grands frais des établissements incertains, et que, même pendant la paix, on ne peut conserver sans multiplier les victimes de l'insalubrité du climat. On n'aurait point à y transporter comme esclaves des cultivateurs étrangers; et, loin d'exercer aucune violence contre les indigènes, on leur rendrait tout ce qu'un gouvernement imprudent et tyrannique leur a enlevé.

(1) Nous indiquons encore ici une addition de même origine et de la même portée que l'addition précédente, p. 119, note 1 : « Le gouvernement de l'Égypte, *fondé sur l'alliance de la cour ottomane.* » L'addition est aussi de la main de Fourier, et a passé dans l'édition officielle de son ouvrage.

(2) Il y eut quelque hésitation sur ces quatre derniers mots; on les effaça d'abord, on les remit ensuite : c'était dans un jour de politesses diplomatiques.

Le projet que nous exposons, méritait donc, en effet, les méditations d'un grand homme : il n'a rien qui ne soit utile et glorieux (1) ; il assure aux peuples voisins une condition meilleure ; il ouvre l'Asie aux plus·vastes desseins ; et, ce qui est d'un prix inestimable, il unit les avantages politiques de notre patrie aux vrais intérêts des autres nations (2).

Si l'on s'attache maintenant à distinguer les moyens qui pouvaient le plus concourir au succès de ces vues, on reconnaîtra combien il était important de favoriser les progrès

(1) Autre addition née des mêmes inspirations : *Il est favorable à nos alliés.* C'est encore une politesse bien gratuite sans doute.

(2) C'est ici la place d'une autre addition qui est aussi d'origine impériale, dans laquelle se résument celles que nous venons de signaler, et qui se distingue de toutes les autres par des insinuations sans politesse, et par la manifestation d'un singulier intérêt pour l'autorité légitime du despote musulman. Cette addition est aussi de la main de Fourier :

« L'état de l'Europe n'a point permis que l'Égypte reçût les « dons qui lui étaient offerts : mais le souvenir de l'expédition « française ne sera point sans fruit. Le gouvernement de Constan- « tinople connaîtra tous les avantages qu'il pourrait retirer en « donnant à cette province une meilleure administration. Il « jugera facilement quelles étaient les vues de celle des puissan- « ces européennes qui s'est attachée à rétablir le pouvoir des « Mamlouks. Il ne pouvait y avoir de moyen plus assuré de « priver l'Égypte des avantages qui lui sont propres que de la « livrer à ses premiers oppresseurs, également ennemis du bien « public et de l'autorité légitime. Enfin la cour ottomane puisera « des conseils utiles dans la collection que l'on publie aujour- « d'hui, elle pourra recourir aux arts de l'Occident, se procurer « elle-même une grande partie des résultats *que lui assurait le* « *concours* de nos armes, et réaliser ainsi les vœux que la France « avait formés. »

Cette addition est fidèlement conservée dans le texte officiel du discours.

des arts et des sciences. Il ne peut y avoir, en effet, aucune circonstance où l'application des arts soit aussi nécessaire. Il fallait étendre et enrichir le domaine de l'agriculture, étudier le cours du fleuve et assujettir les irrigations à un plan général, faire communiquer les deux mers, assurer la navigation du golfe Arabique, établir des arsenaux et des ports. On avait à observer un climat presque inconnu, à porter dans les contrées voisines les recherches de l'histoire naturelle et de la géographie, à diriger le commerce, à perfectionner les tissus et les teintures, l'exploitation du natron, la fabrication du sucre, celle du sel ammoniac et de l'indigo ; en un mot, à créer une industrie nouvelle, et à la seconder de toutes les découvertes de l'Europe.

Aussi le projet de ramener sur les rivages du Nil les sciences si longtemps exilées, excita une reconnaissance universelle pour le héros qui l'avait conçu. Cette pensée portait toute l'empreinte de son génie. Elle rappelait l'ancienne gloire de Thèbes et de Memphis, et le séjour des muses grecques dans la capitale des successeurs d'Alexandre ; et elle faisait mieux connaître l'utilité et l'étendue de l'entreprise que l'on allait former. Loin d'admettre dans les sciences une distinction qui ne s'accordait point avec l'élévation de ses vues, celui qui les associait à son triomphe, les considéra toutes comme ne formant qu'une même famille. Il voulut que l'on cultivât en même temps les diverses branches de la littérature et de la philosophie. On appela les sciences de calcul, qui fournissent des principes exacts aux usages les plus importants ; les sciences physiques et celles qui ont pour objet l'étude et la description de la nature ; les arts dont l'utilité est immédiate et sensible, et les arts non moins précieux qui concourent à l'éclat du gouvernement, et procurent les plus nobles jouissances de l'esprit. Par l'effet de cette sage disposition, l'Égypte pouvait devenir en peu de temps, non-seulement une colonie, mais en quelque sorte une province française, et offrir à ses nouveaux habitants l'image de leur propre patrie. Ce furent ces considérations qui inspirèrent le dessein d'établir un corps littéraire (1) dans la capitale du pays que nos armes allaient soumettre. On vient de rappeler les diverses époques de l'histoire de l'Égypte, les faits qui ont précédé l'expédition française, les motifs et les vues d'après lesquels on l'a entreprise et dirigée; il faut maintenant offrir à l'attention du lecteur les principales circonstances de ce grand événement.

Les Français qui devaient concourir à cette expédition avaient été rassemblés sur divers points des côtes de la Méditerranée : ils ignoraient le but vers lequel ils allaient être dirigés, et formaient à ce sujet les conjectures les plus opposées. L'ardeur guerrière, le feu de la jeunesse, l'incertitude agitaient les cœurs; mais la présence d'un héros inspirait une confiance unanime. Son nom seul fixait toutes les espérances; et l'on eut un exemple de cet ascendant suprême qu'exercent sur toutes les âmes la gloire et le génie.

La flotte française, sortie de la rade de Toulon, et réunie aux divisions formées dans les ports de l'Italie, s'arrêta bientôt à la vue de Malte, dont le gouvernement avait depuis longtemps déclaré ses vues hostiles. Cette île, vivement attaquée, n'opposa qu'une résistance inutile; elle fut promptement soumise et reçut une garnison française. Huit jours s'étaient à peine écoulés depuis que nos vaisseaux avaient paru devant Malte, et déjà cette flotte immense s'avançait rapidement vers l'Égypte. Lorsqu'on atteignit la côte d'Alexandrie, la mer violemment agitée rendait l'accès difficile et dangereux ; mais le moindre retard pouvait devenir funeste : le débarquement fut effectué aussitôt. Un corps de troupes françaises marchait sur Alexandrie avant la fin de

(1) L'Institut du Caire; voyez *suprà*, page 4, à la note.

la nuit, et le général en chef était à la tête des colonnes. Les
habitants entreprirent une défense vive et opiniâtre; on ne put
alors les convaincre que cette guerre était seulement dirigée
contre les Mamlouks, et non contre les sujets(1) de la Porte :
mais aucun obstacle ne pouvait arrêter l'ardeur de nos troupes. Elles pénètrent dans la ville, elles s'en emparent, et
déjà le vainqueur exerce une autorité tutélaire. Il offre aux
habitants de cette ville la paix et la sécurité, et reçoit avec
bienveillance les envoyés des tribus d'Arabes scénites qui
habitent les déserts voisins.

Cependant une flotte ennemie parcourait les divers parages
de la Méditerranée. Elle se montre devant le port de Toulon,
après que nous l'avions quitté ; à Malte, après notre départ ;
à Alexandrie avant notre arrivée. Elle s'éloigne, parcourt le
fond du golfe ; et dans le même temps l'armée française s'a-
vance dans le désert vers la capitale.

Les faits militaires dont ce pays devint alors le théâtre, at-
tirèrent l'attention du monde entier ; la nouvelle s'en répan-
dit aussitôt dans l'Orient et dans l'Afrique : tous les esprits
en Europe furent tenus en suspens, et on attendait l'issue
de cette grande entreprise. Les traits multipliés de courage
et de patience qui signalèrent ces campagnes, les dangers
auxquels l'armée était sans cesse exposée, les fatigues inexprimables qu'elle endura, les talents supérieurs et le dévouement des généraux, excitèrent en France l'admiration et la
reconnaissance publique. Il n'y eut personne qui ne fût
frappé de la nouveauté des circonstances, toutes étrangères
à nos climats, de ce concours inaccoutumé d'exploits de
guerre et de découvertes savantes, et surtout de tant de dispositions militaires, civiles et politiques, qu'exigeaient du
général en chef le soin de conquérir et celui de gouverner.

L'objet de ce discours permet seulement d'indiquer l'ordre

____

(1) Addition manuscrite : *fidèles*.

de ces événements, c'est à l'histoire qu'il appartient de les rapporter ; et déjà ils ont été dignement exposés dans les relations authentiques des campagnes d'Égypte et de Syrie. L'illustre auteur de ces mémoires (1), dépositaire immédiat des pensées et des vues du général en chef, dirigeait tous les mouvements, prévoyait tous les obstacles, et participait glorieusement à tous les succès. Ainsi les monuments de la valeur française qu'il transmet lui-même à la postérité, acquièrent à la fois plus d'authenticité et d'éclat.

Alexandrie était à peine soumise que notre armée pénétrait déjà dans l'intérieur de l'Égypte. Rosette était en notre pouvoir et nos bâtiments armés remontaient le fleuve. L'histoire de cette campagne offre une suite de marches rapides, de combats et de succès. Ni l'ardeur du désert, ni le manque absolu d'eau et d'approvisionnements dans une contrée aride et inconnue, ne peuvent ralentir l'impétuosité des troupes. Les Arabes sont dispersés ; les Mamlouks perdent deux batailles rangées ; la terreur et le désespoir succèdent à la plus aveugle confiance ; ils abandonnent le Kaire, et dix jours ont décidé du sort de l'Égypte. Mourad et Ibrahim se séparent : ils ont perdu leur autorité, mais leurs inimitiés subsistent encore. L'un, plus belliqueux, cherche un asile dans le Saïd ; le second s'éloigne à la hâte vers le désert de Syrie, et le dernier acte de sa puissance est le pillage d'une caravane. Les Français sont à sa poursuite. Le général en chef lui-même, avec quelques hommes de son avant-garde, parvient à atteindre l'escorte nombreuse du bey fugitif ; il attaque les Mamlouks, les disperse, et les oblige de précipiter leur retraite loin des limites de sa conquête. On apprit alors que notre escadre, qui avait reçu l'ordre de pénétrer dans le port d'Alexandrie ou de se retirer à Corfou, et qui en

(1) Le général Berthier, auteur de la Relation des campagnes du général Bonaparte en Égypte et en Syrie. Paris, P. Didot l'aîné, an VIII. In-8°.

avait trop différé l'exécution, venait d'être attaquée et presque entièrement détruite dans la baie d'Aboukir. Ce revers inattendu, loin d'abattre le courage des Français, leur inspira une résolution plus unanime et plus constante.

Pendant que le vainqueur porte ses vues sur le gouvernement civil de l'Égypte, l'esprit de rébellion éclate dans la capitale; il arme une population nombreuse, et plusieurs Français, surpris dans leurs habitations ou dans les places publiques, expirent sous le fer des séditieux. Mais la puissance des armes rétablit l'ordre : quelques chefs sont sévèrement punis, et l'on pardonne à la multitude suppliante. L'Égypte ignorait encore quels étaient ses nouveaux maîtres; elle éprouve, dans cette occasion, la supériorité de leurs forces et l'effet inespéré de leur clémence. Ce trouble momentané fit place à une sécurité durable.

La côte septentrionale, les provinces intérieures, Suez et le Delta, étaient occupés par nos troupes. Un art ingénieux créa presque subitement des ouvrages destinés à la défense militaire du pays. Ces constructions, appropriées à l'espèce de guerre que l'on avait à soutenir, avaient pour objet de résister aux premières entreprises de l'ennemi, et de conserver tous les approvisionnements qu'exigent les mouvements d'une armée.

L'Égypte délivrée de ses oppresseurs commence enfin à jouir des bienfaits des lois; elles y exercent un empire inaccoutumé, sous la protection des armes françaises; et les premiers des habitants sont appelés aux dignités civiles. Les sciences, après un long exil, revoient leur patrie, et se préparent à l'embellir. La géographie étend ses recherches sur les ports, les lacs et les côtes; elle fixe la position de tous les lieux remarquables, et fonde ses mesures sur l'observation du ciel. La physique étudie les propriétés du climat, le cours du fleuve, le système des irrigations, la nature du sol, celle des animaux, des minéraux et des plantes. Les beaux-arts re-

trouvent leurs antiques modèles, et vont transmettre fidèlement à l'Europe ces vestiges immortels du génie de l'Égypte.
Un grand homme répand sur tous ces objets l'éclat de sa
gloire personnelle; il encourage par sa présence toutes les
découvertes, ou plutôt il les suggère; et son esprit vaste
s'applique en même temps, avec une incroyable facilité, à la
guerre, à la politique, aux lois et aux sciences.

C'est à cette époque que l'on entreprit les recherches dont
on publie aujourd'hui les résultats. Elles furent toutes secondées et souvent même dirigées par les généraux, les ingénieurs et les officiers français. Plusieurs d'entre eux consacraient aux progrès des sciences tout le loisir que pouvaient
leur laisser les opérations militaires, et ont déjà publié des
mémoires très-importants sur la géographie physique du
Delta, la condition politique des divers habitants, le cours
du Nil, la nature du sol, la description des antiquités (1). On
profita de toutes les facilités qui pouvaient s'offrir, pour parcourir et observer le pays que nos armées occupaient. Il ne
se faisait aucune reconnaissance militaire, qu'un ou plusieurs membres des commissions savantes ne s'empres-
sassent d'y concourir, afin de tenter quelques découvertes
utiles. L'inspection des côtes ou des déserts voisins, les expéditions éloignées, les marches des détachements, les négociations ou les combats avec les tribus d'Arabes errants,
les opérations administratives, tout devint pour eux l'occasion ou le but d'une nouvelle recherche.

On avait apporté d'Europe tous les instruments nécessaires
à l'imprimerie; ils étaient réunis au Kaire, dans un établissement considérable, que dirigeait le zèle le plus actif et le
plus éclairé (2). Cet art, presque entièrement inconnu aux

(1) Dans la *Décade égyptienne*, imprimée au Caire.

(2) La direction de l'imprimerie nationale établie d'abord à
Alexandrie, et successivement au Caire, dans la citadelle de
cette ville, et de nouveau à Alexandrie, fut confiée à M. Marcel.

Orientaux, excitait toute l'attention des Égyptiens; il servait à multiplier les communications soit entre les Français eux-mêmes, soit entre les habitants, et favorisait à la fois le succès de l'expédition et le progrès des sciences.

On établit l'ordre le plus exact dans toutes les parties du gouvernement intérieur. Non-seulement les habitants ne furent point exposés aux outrages qui signalaient dans l'Orient les succès militaires, mais on respecta leurs usages religieux et civils; les moindres offenses furent punies avec une sévérité éclatante. Des contributions modérées et équitablement réparties entre les habitants remplacèrent les exactions et les violences de leurs anciens maîtres. La religion et les lois furent honorées par le vainqueur, et leurs ministres furent prévenus par ses bienfaits. Le droit de propriété, si longtemps méconnu ou violé, ne reçut plus d'atteinte. La justice et l'ordre régnèrent dans les villes et garantirent les transactions commerciales. Le gouvernement ouvrit toutes les sources de la prospérité agricole; les canaux destinés à recevoir les eaux du fleuve, les digues qui en suspendent le cours, furent entretenus avec soin. On ouvrit des communications nouvelles; on confia à des talents supérieurs la direction de ces grands ouvrages dont les dépenses étaient fidèlement acquittées (1). Les armes françaises, redoutables aux

Les ouvrages les plus considérables sortis de cette imprimerie, indépendamment des travaux continus concernant l'administration publique, sont *la Décade égyptienne*, 3 vol. in-4°, et la 1re feuille du 4e; le *Courrier de l'Égypte*, qui eut 116 numéros in-4°; la *Constitution de la république française de l'an VIII*; le *Procès de l'assassin du général Kléber*, en français, en turc, et en arabe; l'*Annuaire* de l'an VII, in-12; *idem* de l'an VIII, in-4°; *les Fables de Lokman* en arabe et en français; *la Grammaire de l'arabe vulgaire*, non terminée : ces deux derniers ouvrages sont de M. Marcel.

(1) Les ingénieurs civils étaient chargés des travaux publics des ponts et chaussées, de navigation et des ports maritimes. M. Le-

seuls ennemis de l'Égypte, répandirent l'épouvante parmi les brigands des déserts; la justice et la force contractèrent une alliance durable.

Chacune des révolutions précédentes avait été, pour ce pays, le signal d'un nouveau genre d'oppression. Les peuples, accoutumés à ne voir dans l'autorité du prince que le droit de dépouiller et de nuire, ne pouvaient concevoir que la victoire fût suivie du bonheur public, et qu'elle eût un objet aussi noble.

Les cœurs s'ouvrirent enfin à la reconnaissance. Des sentiments qu'aucun de leurs princes n'avait inspirés, les attachèrent pour jamais au chef du nouveau gouvernement. Le nom de Bonaparte (1) règne encore dans ces contrées; elles l'invoquent dans leurs malheurs : aucun événement n'en effacera le souvenir.

Le général en chef portait depuis longtemps ses vues sur la communication des deux mers. Il se rendit au port de Suez, vers le fond du golfe Arabique, et s'avançant au nord, il découvrit et fit remarquer à ceux qui l'accompagnaient, les vestiges du canal entrepris par les anciens rois, dans le dessein de joindre le Nil à la mer Rouge (2). Il en suivit longtemps les traces; et peu de jours après, s'étant rapproché des terres que les eaux rendent fertiles, il reconnut aussi l'extrémité opposée du canal, à l'est de l'ancienne Bubaste. Il ordonna aussitôt toutes les mesures nécessaires pour préparer

père, ingénieur en chef, avait le titre de directeur, et M. Girard, du même grade, celui de sous-directeur.

(1) Cette phrase dans l'édition officielle est ainsi composée : « le nom immortel de Bonaparte; » et dans l'édition royale de 1821 : « Le nom français. »

(2) La découverte des traces de l'ancien canal des deux mers fut faite par le général Bonaparte. C'est un fait incontestable affirmé par tous ceux qui l'accompagnaient dans cette reconnaissance.

l'exécution du grand ouvrage qu'il méditait; il en donna le soin à des personnes dont il appréciait le mérite supérieur et le zèle, et qui joignaient aux connaissances théoriques toutes les lumières de l'expérience (1).

Ce même voyage, quoique de peu de durée, avait encore un autre objet. On ordonna la reconnaissance du port, des côtes et de la navigation du golfe; on pourvut à la défense de Suez; on modéra les droits excessifs imposés sur le commerce; on rendit l'exportation plus facile et plus sûre; on établit des relations utiles avec les Arabes des tribus voisines. — Les annales des peuples n'offrent point de scène plus héroïque que celle qui se passait alors aux portes de l'Asie. Le libérateur de l'Égypte, après avoir rempli de sa gloire les contrées les plus célèbres du monde, venait décider lui-même une question fameuse, qui appartient en même temps à l'histoire, à la politique, aux sciences exactes et aux arts civils. Il marquait au commerce de l'Orient une route nouvelle, et méditait, au centre du continent, les intérêts communs de cette Europe dont il devait un jour devenir l'arbitre (2). —

La partie méridionale de l'Égypte ne tarda point à être affranchie de la domination des Mamlouks. Mourad s'y était réfugié; il rallie les Beys que sa vengeance avait poursuivis, et qu'un malheur commun réunit maintenant à sa fortune; il appelle à son secours du rivage opposé de la mer Rouge, des légions d'habitants de la Mecque et d'Yambo. Le souvenir de son autorité lui soumet encore les peuples des campagnes et les Arabes des déserts voisins. Il les rassemble,

(1) La direction des travaux du canal de jonction de la Méditerranée à la mer Rouge, à travers l'isthme de Suez, fut donnée à M. Lepère, ingénieur en chef des ponts et chaussées, qui a exposé le fruit de ses recherches sur ce sujet important dans un mémoire remarquable, inséré dans la description de l'Égypte.

(2) Le passage entier compris entre — répétés a été supprimé dans l'édition de ce discours publiée en 1821.

forme des approvisionnements, et lève partout des contributions de guerre : mais, soit qu'il attaque lui-même, ou que les Français le préviennent, il est vaincu et mis en fuite. Il s'éloigne rapidement, conservant toujours une partie de ses forces; et comme les déserts montueux n'ont point de routes qui lui soient inconnues, il reparaît aussitôt à la tête de nouvelles troupes. Les officiers généraux chargés de cette difficile conquête surmontent tous les obstacles avec un talent extraordinaire; ils prennent, en quelque sorte, les habitudes et la manière de vivre de leurs ennemis; ils les surpassent bientôt par l'audace, l'activité, et même par la connaissance topographique du théâtre de la guerre. Enfin les Mamlouks sont exilés du Saïd. Les uns sont repoussés trois fois au delà des cataractes de Syène; d'autres se retirent dans les oasis que des espaces arides séparent de la vallée du Nil. Les Arabes sont détruits ou dispersés; la justice et l'indulgence dissipent les alarmes des peuples, et achèvent l'ouvrage de la victoire.

Le général à qui l'on avait confié, dès le commencement de l'expédition, le soin d'occuper le Saïd et d'y anéantir l'autorité des Mamlouks, tempéra les malheurs de la guerre par des traits multipliés de sagesse et de grandeur d'âme (1). Il vivait pour l'espérance et l'honneur de la patrie; il devait bientôt accourir dans les plaines de l'Italie, et participer, par ses talents, son courage, et le sacrifice même de sa vie, à un événement immortel qui eut tant d'influence sur la situation de l'Europe. En terminant avec gloire, sur le champ de bataille, une carrière déjà illustre, il trouva du moins, dans le suffrage d'un héros et dans le triomphe de nos armes, la récompense de ses généreux efforts; il mêla ses derniers soupirs aux accents de la victoire. Il avait inspiré à l'armée

(1) Le général Desaix, mort sur le champ de bataille de Marengo.

d'Orient et aux habitants de l'Égypte un sentiment unanime
d'attachement et d'admiration ; et sa mémoire ne fut pas
moins honorée par les regrets touchants des peuples qu'il
avait gouvernés, que par la douleur et les hommages des
Français.

Ce sont les événements de cette campagne qui nous ouvrirent le sanctuaire de l'Égypte. On découvrit alors le temple
magnifique de l'ancienne Tentyris, les vestiges de Thèbes
dignes d'être chantés par Homère, et les demeures vraiment
royales des Pharaons. On pénétra au delà d'Éléphantine,
dans cette île sacrée qui semble être elle-même un seul monument élevé par les Égyptiens à la gloire des dieux et des
beaux-arts. Les soldats français que la guerre avait appelés
sur les rivages du Nil, furent frappés d'admiration à la vue
de ces ouvrages immortels, et s'arrêtèrent comme saisis d'é-
tonnement et de respect. Ces circonstances, que l'histoire des
arts ne laissera pas dans l'oubli, ont eu pour témoin un
homme de goût (1) digne de les apprécier. Ses ouvrages, qui
ont donné pour la première fois à l'Europe une juste idée des
monuments de l'Égypte, exciteront dans tous les temps un
vif intérêt : ils ont un charme qui leur est propre, et surpassent tout ce qu'on pouvait attendre des efforts et du talent
d'un seul homme.

L'application des théories mécaniques et chimiques avait
fait au Kaire des progrès remarquables. On avait rassemblé
dans l'enceinte même des grands édifices destinés aux sciences, toùs les éléments qui pouvaient favoriser le développement de l'industrie. Cet établissement était dirigé par un
chef respectable, que les sciences et la patrie ont perdu il y
a quelques années (2) ; il joignait au zèle le plus désintéressé
un talent ingénieux et fécond qui lui suggérait des ressour-

(1) Denon.
(2) Conté, membre de l'académie des sciences

ces inattendues. Il avait déjà enrichi la France de plusieurs inventions, et donna bientôt à l'Égypte quelques-uns des arts les plus importants de l'Europe. On construisit des machines hydrauliques; on fabriqua des aciers, des armes, des draps, des instruments de mathématiques et d'optique : enfin ces grands ateliers fournirent, pendant le cours de l'expédition, une multitude d'objets propres à contribuer aux succès de la guerre et aux jouissances de la paix. Les indigènes ne tardèrent point à participer aux avantages qui résultaient de ces travaux ; on observa leurs manufactures ; on perfectionna les procédés dont ils faisaient usage. Ils considéraient attentivement les productions de l'industrie française, et s'exerçaient à les imiter. Reconnaissant dans le vainqueur tous les genres de supériorité, ils se soumettaient avec plus de confiance à l'influence protectrice du nouveau gouvernement. La fabrication de la poudre fut l'objet d'une administration particulière : celui, à qui elle fut confiée (1), justifia par des services très-importants toutes les espérances que ses lumières et sa longue expérience avaient fait concevoir. L'Institut du Kaire intervenait dans toutes les recherches utiles (2) : ceux qui le composaient, dirigeaient toutes leurs vues vers les avantages de l'armée, et les intérêts des arts et des sciences; ils étaient encouragés dans leurs travaux par la bienveillance attentive d'un officier général du caractère le plus noble et le plus élevé, qu'une mort glorieuse et qui a excité de si justes regrets attendait dans les champs de la Syrie (3). Modèle presque inimitable de désintéressement, de constance et de vertu, et né pour toutes les affections généreuses, il oubliait sans effort ses peines personnelles et ressentait vivement celles des autres. Digne appréciateur des grands hommes, et digne de se-

(1) M. Champi père.
(2) Ce dernier mot a été ensuite effacé.
(3) Le général Caffarelli.

conder les desseins du héros qui commandait à l'armée française, personne n'a fait des vœux plus sincères pour le bonheur de son pays et les progrès de la raison et des arts : il a
concouru au succès de toutes les recherches littéraires que
l'on entreprit alors ; et la fidélité de l'histoire veut que son
souvenir soit attaché aux découvertes qui en ont été le fruit.

Parmi les objets dignes de l'attention de l'Europe savante,
un des principaux consistait à déterminer exactement les
situations géographiques ; on a donné à ce grand travail des
soins assidus, et on y a employé des moyens qui en garantissent la précision. Il est fondé en partie (1) sur des observations astronomiques qui fixent les positions des villes et
des lieux les plus remarquables. Ces opérations, dont on
est redevable à des talents éprouvés et au zèle le plus recommandable (2), ont été entreprises au milieu du tumulte de
la guerre et dans des provinces éloignées, dont la soumission était récente et incertaine. On a été plusieurs fois obligé
de substituer des armes aux instruments géométriques, et,
en quelque sorte, de disputer ou de conquérir le terrain que
l'on avait à mesurer (3).

L'Égypte avait été affranchie du pouvoir qui l'opprimait ;
les outrages faits à la nation française étaient vengés, et l'on
était fondé à espérer que ces événements n'allumeraient point
la guerre avec l'Empire Ottoman. En effet, cette belle
province était depuis longtemps la proie de quelques esclaves
qui affectaient l'indépendance, et offensaient par des continuels mépris la majesté du souverain, celle des lois et de la
religion. Le pacha à qui ils devaient obéir, était leur captif,
et l'inutile témoin de leurs violences toujours impunies ; le

(1) Les mots *en partie* sont ici ajoutés à la main.
(2) Feu Nouet.
(3) On consultera sur ce sujet le *Mémoire* de feu le colonel
Jacotin *sur la construction de la carte d'Égypte*, dans la description de l'Égypte, tome XVII de l'édition in-8°.

pouvoir qu'ils se disputaient, devenait la récompense ordinaire de l'ingratitude et du crime. Si l'un d'eux fût parvenu à détruire par le poison ou par le fer tous ses bienfaiteurs et ses rivaux, ce succès eût été le signal d'une rébellion manifeste contre la Porte. Les plus soumis différaient d'acquitter le faible tribut qu'elle exigeait; les autres le refusaient ouvertement. Ils épuisaient par leurs exactions le commerce intérieur, celui de l'Europe, de l'Asie, de l'Afrique, l'agriculture et tous les arts utiles, et ils exerçaient sur les peuples une autorité odieuse et effrénée.

Les armes françaises avaient délivré l'Égypte, plutôt qu'elles ne l'avaient conquise. Cette terre malheureuse, et jusque-là inutilement féconde, allait passer rapidement à un état prospère. L'issue de cette révolution, qu'une seule puissance de l'Europe pouvait redouter, n'était point opposée aux intérêts de l'Empire Ottoman; elle devait, au contraire, augmenter ses revenus, et affermir son autorité dans deux provinces importantes. La cour de Constantinople devait préférer le plus ancien de ses alliés à des sujets rebelles. Loin de perdre l'Égypte et la Syrie, elle les recouvrait en quelque sorte. Elle voyait se former, sous la protection d'une armée puissante et secondée de tous les arts de l'Occident, un établissement qui promettait aux deux nations des avantages immenses, et pouvait soutenir, dans l'Asie et dans l'Afrique, l'éclat du nom ottoman. Mais ces motifs ne furent point appréciés : les officiers de l'Empire capables de les discerner furent déposés et exilés. La victoire navale d'Aboukir, dont une politique habile exagéra les avantages, fixa l'opinion encore incertaine de ce gouvernement; il se livra aux suggestions des ennemis de la France, qui lui inspiraient leurs propres alarmes; et il fut bientôt entraîné dans une guerre et dans une alliance contraires à ses vrais intérêts.

Le chef de l'expédition française avait fait les plus grands efforts pour prévenir cette rupture. Il dirigeait ses armes

contre les seuls ennemis de la France (1), faisait respecter
le nom du grand-seigneur comme celui du souverain légitime, et maintenait soigneusement les usages religieux et politiques. Son armée agissait en Égypte comme auxiliaire de la
Porte : jamais cette province n'avait été mieux gouvernée,
ni plus favorisée dans l'exercice de son culte ; elle n'avait
jamais obéi à des chefs plus disposés à reconnaître l'autorité
de Constantinople. Mais sa prévoyance luttait seule contre
tous les obstacles, et ne fut secondée en France que par le
projet d'une négociation insuffisante et tardive. Il jugea, dans
cette conjoncture, qu'on aurait bientôt à défendre l'Égypte
contre des forces considérables, et conçut un projet d'une
hardiesse extraordinaire, celui de prévenir cette attaque,
et de porter la guerre dans le cœur même de la Syrie.

Ce pays était en partie sous la domination d'un homme
que ses cruautés et ses perfidies avaient rendu célèbre dans
tout l'Orient. Cet Ahmet Gezzar avait été longtemps es-
clave au Kaire, où on l'avait puni pour des vols domestiques ;
il s'était signalé, même parmi les Mamlouks, par une fourberie et une fourberie extraordinaire, et avait trahi successivement Aly-Bey, les Druses, les Arabes, et la cour de
Constantinople : il était alors gouverneur de Seïde, et rési-
dait à Acre, l'ancienne Ptolémaïs. Il parut embrasser la
cause des beys d'Égypte, et dissimulant des projets plus
ambitieux, s'offrit pour diriger l'expédition qui se formait
contre l'armée française. Tandis que ses préparatifs trou-
blaient toute l'Asie Mineure et la Syrie, ce pacha fit occuper d'avance les places frontières par son avant-garde : il
était bien éloigné de prévoir qu'il aurait à soutenir lui-même
une guerre défensive.

Tout annonçait que l'Égypte serait attaquée par mer, aus-

(1) Dans l'édition officielle, on a substitué à ce nom celui de
la Porte ; substitution toute politique, mais un peu vague dans
son expression.

sitôt que la saison aurait rendu les débarquements possibles ; on devait faire marcher en même temps les troupes réunies dans la Syrie, et celles que les beys auraient pu conserver dans le Saïd. Le général en chef, qui avait pénétré les desseins des alliés, jugeant qu'il devait s'écouler encore quelques mois avant qu'on pût entreprendre aucun débarquement, résolut de se porter rapidement, avec douze mille hommes, dans la Syrie, de dissiper les forces qu'on y rassemblait, et de revenir aussitôt pour s'opposer à l'expédition dont on était menacé sur les côtes. Un tel projet ne pouvait être exécuté que par une armée intrépide, exercée à toutes les vertus militaires ; et en effet, l'histoire détaillée de cette campagne offrirait des traits inouïs de la valeur française. Il fallait pénétrer, sous un ciel ardent, au delà d'un désert immense et inconnu et envahir subitement une contrée étrangère, défendue par des forces supérieures. Une flotte anglaise occupait la mer ; les habitants des villes et les Arabes errants étaient armés contre nous ; enfin cette terre ennemie n'avait rien qui ne nous fût contraire, et nos soldats ne pouvaient y faire un pas sans rencontrer un nouvel obstacle. Mais une confiance inaltérable les élevait au-dessus de tous les périls ; ils s'avancèrent rapidement dans le vaste désert qui les séparait de la Syrie. Le fort d'El-Arych avait capitulé ; la ville de Gaza se soumit ; on s'empara de vive force de l'ancienne Joppé ; on s'établit dans le port de Caïffa : on trouva dans ces places et sur divers autres points des munitions et des équipages de guerre, des magasins considérables et des approvisionnements de toute espèce.

Les premières divisions de l'armée ennemie, secondées des Mamlouks et des Arabes, s'étaient déjà avancées dans cette partie de la Syrie : surprises dans leur camp et continuellement repoussées, elles abandonnèrent, avec les places, toute l'artillerie et les effets de guerre que nécessitait l'expédition projetée contre l'Égypte. Enfin les commandants des troupes turques, qui avaient une cavalerie très-nombreuse, entreprirent de réunir toutes leurs forces à celles de leurs auxiliaires, et de les porter contre les Français, pendant qu'ils assiégeaient la ville d'Acre, où Ahmet Gezzar s'était retiré. Mais le général en chef les prévint encore, et jugea bientôt nécessaire de leur livrer une bataille décisive, afin de les repousser vers Damas. Attaqués dans le même instant sur les points les plus éloignés, ils ne purent résister à ces mouvements impétueux et inattendus ; ils se virent tout à coup séparés de leur camp, privés de leurs magasins, et comme investis de toutes parts. Plusieurs milliers d'entre eux succombèrent à Esdrelon, ou dans les actions précédentes ; les autres trouvèrent à peine leur salut dans une retraite tumultueuse et précipitée. Les Français s'étaient emparés d'avance des lieux qui auraient pu servir de refuge à l'ennemi ; ils suppléaient au petit nombre par la célérité incroyable des marches, et il semblait qu'il n'y eût aucun point du théâtre de la guerre où ils ne fussent tous rassemblés. L'issue victorieuse de ces combats anéantit les dernières espérances des Ottomans, et remplit de terreur les peuples qu'ils s'étaient alliés. Les débris de cette armée repassèrent confusément le Jourdain, et portèrent l'épouvante jusque dans les provinces les plus reculées.

Dans le même temps qu'une partie de nos troupes combattait glorieusement dans la Palestine, celles qui étaient restées en Égypte, occupaient toute l'étendue de ce pays depuis Syène jusqu'à la mer. Les Anglais firent une tentative inutile sur Suez ; on repoussa les Arabes de la Mecque ; on acheva la conquête du Saïd ; on réprima les mouvements séditieux qui avaient éclaté dans les provinces septentrionales ; une prévoyance ingénieuse et active veillait à la défense d'Alexandrie et de ses côtes (1).

Cependant le pacha d'Acre s'était retranché dans son der-

(1) Le général Belliard.

nier asile : secondé du côté de la mer contre les Français (1) qui manquaient de munitions et d'artillerie de siége, il parvint à prolonger sa défense au delà du terme où notre armée pouvait rester dans la Syrie. Le véritable objet de cette guerre était rempli : on avait déconcerté les projets de l'ennemi, saisi ses magasins et ses équipages de campagne, détruit les fortifications des places, anéanti une armée nombreuse qui se préparait à l'invasion de l'Égypte; les troupes de débarquement, destinées à l'attaque d'Alexandrie, avaient été détournées de leur but, et employées à soutenir un siége meurtrier. La prise d'Acre aurait assuré la punition d'un Mamlouk sanguinaire, qui, par sa vie entière, méritait le dernier supplice, et dont l'alliance n'a dû inspirer que de l'horreur : mais ce siége exigeait plus de temps, et le succès n'aurait offert que des avantages médiocres, qui ne compensaient point les dangers d'un plus long séjour. Des maladies contagieuses répandaient alors un effroi universel, et faisaient dans toute la Syrie des progrès rapides et de plus en plus funestes. Enfin l'époque était arrivée où l'Égypte elle-même devait être attaquée du côté de la mer. A la vérité, cette expédition ne pouvait plus être soutenue par le concours de l'armée ottomane de Syrie, qui venait d'être dissipée; mais il restait à l'ennemi des forces considérables.

Ces circonstances nécessitaient le retour de nos troupes : le général en chef les prévint que la défense des côtes de l'Égypte allait bientôt exiger d'elles de nouveaux efforts. Elles traversèrent une seconde fois le désert qui sépare l'Égypte de la Syrie : mais, avant de s'éloigner de cette dernière province, on punit rigoureusement la défection des tribus d'Arabes et des habitants qui avaient trahi leurs engagements envers les Français; on récompensa la fidélité de ceux qui avaient tenu une conduite différente; on détruisit les muni-

(1) Sir Sidney Smith commandait les forces navales anglaises alliées avec le pacha d'Acre.

tions de guerre et toutes les ressources qui auraient pu favoriser par la suite une expédition ennemie.

La capitale de l'Égypte reçut bientôt cette armée qui avait affronté tant de périls et donné l'exemple de toutes les vertus. Les grands de cette ville se rendirent à sa rencontre : ils étaient suivis d'une multitude immense, qui célébrait le retour de nos troupes par des acclamations et des jeux. Les Français jouissaient enfin du bonheur de revoir leurs compagnons d'armes; et le spectacle touchant qu'offrait cette réunion, ne s'effacera jamais de leur souvenir : ils s'entretenaient des dangers qu'ils avaient courus, de la confiance que leur inspirait leur auguste chef, de leurs vœux, de leurs espérances; il semblait que l'Égypte fût pour eux une nouvelle patrie, et qu'ils ne composassent tous qu'une seule famille.

Peu de temps après, le général en chef reconnut, à divers mouvements qui avaient lieu dans l'intérieur, que le projet d'invasion allait éclater. Les Mamlouks descendirent sur les deux rives du Nil, et les Arabes de l'Occident se rassemblèrent pour se joindre à Mourad, vers la vallée des lacs de Natron, en même temps qu'une flotte se montrait dans la baie d'Aboukir. Les dispositions combinées avaient été prévues, et l'ennemi fut attaqué dans le même temps partout où il se présenta. Une colonne mobile dispersa les Arabes. Les Mamlouks du parti d'Ibrahim, surpris dans leur camp, s'enfuirent précipitamment dans le désert, abandonnant leurs bagages. Mourad, plus circonspect, s'empressa de regagner la haute Égypte : le général en chef lui-même était à sa poursuite, lorsqu'il fut informé de l'apparition de la flotte ennemie. Il se dirigea aussitôt vers Alexandrie; et pendant cette marche, il expédia les ordres les plus prompts aux divers corps de l'armée, qui se mirent tous en mouvement à la fois : il fit observer et contenir les Mamlouks et les Arabes, et se tint à portée de secourir Alexandrie ou Rosette.

Des troupes ottomanes étaient descendues sur la presqu'île d'Aboukir, et s'y étaient établies après avoir enlevé la redoute et obtenu la reddition du fort ; le général en chef se décida aussitôt à les attaquer dans leurs retranchements. Il n'y eut aucune de ses dispositions qui ne fût couronnée d'un prompt succès ; les lignes ennemies ne purent résister aux efforts impétueux et renouvelés des Français. Les Ottomans, animés par le désespoir, se défendaient à l'arme blanche, et presque tous refusaient de se rendre prisonniers : mais, enveloppés de toutes parts, ils succombent ; ou, se précipitant dans la mer, ils s'efforcent en vain de rejoindre les vaisseaux qui les ont amenés. Un grand nombre d'entre eux périt sur le champ de bataille ; mais la plupart trouvent la mort dans les flots, sous le feu de notre artillerie. On s'empare des canons, des tentes et des munitions de guerre ; le pacha qui commandait cette expédition, tombe lui-même en notre pouvoir. Le fils de cet infortuné général s'enferme dans le fort avec le reste de ses troupes, et entreprend la défense la plus opiniâtre. Enfin les derniers soldats de cette armée, voyant leur asile détruit par les batteries françaises, et expirant de faim, de soif et de fatigue, jetèrent leurs armes et implorèrent le vainqueur. Le fort n'était plus qu'un amas de ruines, couvert de mourants et de blessés, et des corps de ceux qui avaient péri pendant le siége.

Pendant que ces actions mémorables se passaient en Syrie et en Égypte, et que l'armée d'Orient défendait avec constance la terre célèbre qu'elle avait conquise, la France était livrée aux dissensions civiles, et nos frontières étaient menacées. Ces temps funestes sont déjà loin de nous : le sentiment de la concorde publique défend aujourd'hui de les rappeler ; et celui qui a réparé tant de fautes, met une partie de sa gloire à abolir jusqu'au souvenir de nos malheurs. Le général en chef était informé de la vraie situation de l'Europe et des désastres de la France (1). La connaissance de ces

(1) On a publié récemment divers documents diplomatiques relatifs au retour en France du général en chef Bonaparte : ces

événements lui avait inspiré le désir de reparaître au milieu
de nos armées. Il résolut, après les combats d'Aboukir,
d'accomplir ce dessein, dont les suites ont été si fatales à
nos ennemis. L'Égypte était pacifiée, et ne pouvait de longtemps être exposée à de nouvelles attaques. Les Mamlouks
fuyaient jusque dans la Palestine ou dans la Nubie; les Arabes recherchaient notre alliance; le grand vizir faisait d'inutiles efforts pour rassembler ses troupes au delà de Damas,
et l'expédition des Français dans la Syrie avait anéanti toutes
les ressources qu'exigent l'entretien et la marche d'une armée. Les côtes, depuis Alexandrie jusqu'à Damiette, étaient
mises en état de défense; les forts étaient pourvus de vivres
et de munitions de guerre; la ville du Kaire jouissait depuis
longtemps des bienfaits d'une administration protectrice,
et se montrait reconnaissante. Le général en chef consacra
tous les instants qui précédèrent son départ à perfectionner
les établissements militaires et le gouvernement civil, s'efforçant de rendre sa présence moins nécessaire. Cependant
il apprit que les vaisseaux ennemis avaient été obligés d'a-
bandonner la croisière. Il partit alors pour Alexandrie, et
bientôt après il quitta le rivage de l'Égypte, emportant avec
lui les nouvelles destinées de l'Europe. Le salut de la France,
le devoir, le rappellent; il s'éloigne, il ose se confier à cet
élément qui a déjà servi ses glorieux desseins. La fortune,
constante pour lui seul, le dérobe aux flottes ennemies; et la
mer, une seconde fois fidèle, rend à la patrie celui qui pouvait la défendre et la gouverner. Les nouveaux titres qu'elle
doit lui décerner un jour, sont écrits d'avance dans tous les

pièces historiques permettent de conjecturer qu'il connaissait
les vœux qui l'y rappelaient. Les passages de ce discours, auxquels
notre note se rapporte, sont assez formels à cet égard. Le général
ne fit aucune remarque sur les assertions si positives de son
historien.

cœurs, et la reconnaissance va devenir le gage durable de la sécurité publique.

Pendant toute la guerre d'Égypte et de Syrie, le général en chef n'avait point cessé de veiller aux intérêts des sciences. Ce grand objet était toujours présent à sa pensée, avant ou après la victoire, soit qu'il fût au milieu des camps, soit qu'il méditât de nouvelles dispositions administratives ou politiques. Les derniers jours qui précédèrent son départ, il s'occupa plus spécialement encore de favoriser le succès des recherches savantes, en donnant à l'académie qu'il avait formée, les moyens de parcourir les provinces méridionales de l'Égypte, et d'en observer les merveilles avec sécurité. Ce voyage, qui devait bientôt procurer aux arts et à la littérature tant de résultats nouveaux, devint l'objet immédiat de ses soins et de sa bienveillance. Il en ordonna lui-même le plan, et en régla toutes les circonstances avec la prévoyance la plus attentive.

On était dans la saison où les vents étésiens favorisent la navigation du fleuve; il est facile alors de remonter en peu de temps jusqu'à l'île d'Éléphantine : on résolut de se porter successivement dans tous les lieux où les monuments sont situés, afin de reconnaître d'abord les objets que l'on aurait à décrire, et d'établir, au moyen de cette première énumération, un ordre plus exact dans les recherches. Après avoir atteint la limite qui sépare l'Égypte de la Nubie, au-dessus de la première cataracte, on suivit une seconde fois le cours du Nil depuis Syène jusqu'au Kaire, et chaque monument fut encore soumis à l'examen le plus attentif. Les bâtiments avaient à peine touché le rivage, que l'on parcourait de toutes parts les enceintes où l'on pouvait découvrir quelques vestiges des anciens monuments. On levait les plans topographiques, on dessinait les divers aspects du paysage et plusieurs vues pittoresques du même édifice; on mesurait les dimensions de l'architecture et les détails innombrables des ornements ; on imitait fidèlement les tableaux peints ou sculptés, et les caractères hiéroglyphiques dont ils sont couverts. En même temps, on remarquait l'état actuel des ruines, les procédés de la construction, et la nature des substances dont les monuments sont formés. On transcrivait les inscriptions familières, historiques ou votives, qui rappellent tant de noms illustres. D'autres mesuraient la vitesse du fleuve, la quantité de l'exhaussement du sol, ou déterminaient les situations géographiques par l'observation du ciel. On s'appliquait aussi à l'examen physique de la contrée, et l'on formait des collections précieuses destinées à l'étude des animaux, des minéraux et des plantes. Enfin, on réunissait tous les éléments propres à faire connaître les richesses agricoles, l'industrie, les mœurs et la condition politique des habitants.

Il était nécessaire de joindre à l'étude des propriétés physiques du climat celle de l'influence qu'il exerce sur la vie et la santé de l'homme ; on fut par la suite redevable de ces recherches aux personnes qui s'adonnaient par profession aux diverses branches de l'art de guérir. Le médecin en chef de l'armée d'Orient (1) en avait tracé le plan, et les a recueillies et publiées. On doit aussi au chirurgien en chef de cette armée (2) un ouvrage du même genre, qui contient un grand nombre d'observations. Indépendamment des titres littéraires que leur donne la publication de ces mémoires, ils ont acquis, ainsi que tous leurs collègues, d'autres droits à la reconnaissance publique ; l'histoire de ces campagnes rappellera tous les services qu'ils ont rendus, et les ressources ingénieuses et hardies que leur talent leur suggérait, soit qu'ils apportassent la consolation et l'espoir sur le champ de bataille au milieu des plus terribles effets de la guerre, ou qu'ils opposassent le calme de l'esprit aux ravages de la contagion et à la terreur fatale dont elle frappe la multitude.

(1) Desgenettes.
(2) Larrey.

Avant l'époque où l'on fit le voyage que l'on vient de rappeler, plusieurs personnes zélées pour les progrès des sciences s'étaient déjà rendues dans le Saïd ou le Fayoum ; et durant le long séjour qu'elles y avaient fait, elles s'étaient appliquées à la description exacte des monuments et à des recherches importantes sur le cours du fleuve, la nature physique du sol, l'agriculture, le commerce, et sur la géographie ancienne. Elles s'empressèrent de réunir à la collection commune tous les résultats qu'elles avaient déjà obtenus.

Les différentes parties de ce grand travail étaient exécutées à la fois ; chacun se livrait plus spécialement à l'objet habituel de ses études, et communiquait à tous les autres ses réflexions et ses vues. Cet heureux concours, dont il n'y a aucun autre exemple dans l'histoire des voyages littéraires, facilitait toutes les découvertes, et les rendait pour ainsi dire authentiques. L'intérêt des beaux-arts conciliait aisément les esprits, en laissant subsister la diversité des opinions ; l'estime mutuelle était encore un gage plus sûr de la concorde et de l'unité des vues. Plusieurs des voyageurs étaient d'ailleurs unis par une ancienne amitié, sentiment plein de charmes, qui embellit encore l'étude des arts, rend les peines plus légères et les plaisirs plus doux, et prend une force nouvelle dans les dangers communs et l'éloignement de la patrie.

Aucune contrée n'a été soumise à des recherches aussi étendues et aussi variées, et aucune ne méritait davantage d'en être l'objet. La connaissance de l'Égypte intéresse, en effet, toutes les nations policées, soit parce que ce pays fut le berceau des arts et des institutions civiles, soit parce qu'il peut devenir encore le centre des relations politiques et du commerce des empires. Le peuple qui l'habitait y a laissé des vestiges admirables de sa grandeur et de sa puissance, et jamais l'art n'a fait un aussi grand effort pour s'élever jusqu'au caractère immuable des ouvrages de la nature.

Cependant (1) les Français chargés de la défense de l'Egypte ignoraient les événements politiques qui avaient rendu la sécurité à leur patrie, et détruit pour jamais l'espoir ambitieux des puissances ennemies; ils ne connaissaient que ses malheurs; elle était l'objet de leur inquiétude et de leurs regrets. Les chefs des troupes alliées entretenaient cette disposition des esprits par une politique habile et constante; ils n'attendaient point la reddition de l'Égypte des efforts des Ottomans, mais des sentiments de ceux qui l'avaient conquise. Les Anglais avaient tenté infructueusement de s'emparer du port de Qoceyr; peu de temps après, la faible garnison de Damiette, suppléant au petit nombre par l'audace et par la rapidité des mouvements, détruisit un corps de quatre mille janissaires, qui venait de débarquer et commençait à s'établir sur la côte. Les premières négociations avaient eu, de notre côté, pour objet de retarder les armements du grand vizir(2); elles prirent ensuite une direction différente et inopinée : c'est alors que fut préparée et rapidement conclue la convention militaire d'El-Arych. Il fut stipulé que les troupes françaises consentant à remettre l'Égypte au pouvoir de la Porte, se rendraient dans leurs ports sur les vaisseaux des puissances alliées.

On commença bientôt à mettre à exécution les engagements réciproques : les troupes nombreuses et indisciplinées du vizir et des beys pénétrèrent librement en Égypte, et s'avancèrent jusqu'aux portes de la capitale. Tout annonçait

(1) Cet alinéa tout entier a été refait et son contenu mis dans un autre ordre.

(2) On a substitué a cet aveu une autre idée plus conforme à l'esprit des autres assertions relatives à la Porte Ottomane. On a dit dans une correction manuscrite adoptée dans le texte officiel : « On renouvela d'abord les négociations qui avaient eu pour but de se concilier avec la cour ottomane. »

que ce beau pays allait passer de nouveau sous le joug de ses anciens maîtres, lorsque deux causes différentes concoururent à changer subitement la disposition des esprits. La première fut l'annonce de l'heureuse révolution qui s'était opérée dans le gouvernement civil de la France : l'armée d'Orient conçut une joie inexprimable en apprenant que les destinées et les forces de l'État étaient entre les mains du héros à qui elle devait ses triomphes.

Les Français se livraient avec enthousiasme aux nouveaux sentiments que cet événement leur inspirait, lorsqu'on refusa de remplir les conditions qu'ils avaient acceptées : celle des puissances alliées qui avait le plus participé à cette convention et au nom de qui on l'avait proposée, obtenue et stipulée, mit à l'exécution un obstacle imprévu (1) et chercha dans la violation de ses promesses un avantage qu'elle n'aurait pu attendre de ses armes. Les troupes ottomanes avaient été mises en possession du Saïd et de toutes les places depuis les ports de la mer Rouge jusqu'à Damiette. On avait retiré l'artillerie de la citadelle du Kaire ; la capitale devait être livrée deux jours après; déjà les approvisionnements et les munitions étaient transportés à Alexandrie. Cette armée, qui peu de jours auparavant disposait de plusieurs provinces riches et fertiles, était alors privée des moyens de soutenir la guerre ; elle ne possédait plus en Égypte que le terrain où elle était rangée en bataille. Mais une circonstance aussi extraordinaire avait élevé son courage, elle n'avait qu'un but et qu'un intérêt; et celui qui la commandait (2), avait fait passer dans tous les cœurs l'indignation généreuse dont il était animé. Toute l'Europe a connu les suites mémorables des combats qui furent livrés à cette époque; la victoire, plus fidèle que

(1) Addition manuscrite : « En adressant aux troupes françaises la proposition injurieuse de demeurer prisonnières en Égypte. »

(2) Kléber.

les traités, vint couvrir de son égide ceux à qui on ne laissait plus que le désert pour refuge. L'armée ottomane, attaquée par les Français près des ruines d'Héliopolis, fut dispersée et anéantie. Le principal ministre de la Porte traversa presque seul, dans sa fuite précipitée, les mêmes pays où il avait pénétré si lentement avec des forces considérables ; il perdit trois camps, son artillerie, ses approvisionnements de guerre. On reprit les forts qui lui avaient été remis : on réprima les révoltes qu'il avait excitées en même temps dans toutes les villes : ses troupes furent expulsées du Saïd et de Damiette (1).

(1) Ce paragraphe renferme une série de faits importants qui se sont passés à la fois en France, en Égypte, et dans un court intervalle : la date précise de chacun d'eux intéresse la certitude de l'histoire de ces temps mémorables ; je ne dois pas la priver d'un document des plus précieux : c'est une NOTE DE LA MAIN MÊME DE NAPOLÉON, et que je possède. Elle contient des renseignements inédits on ne peut plus précis :

« Kléber écrivit le 15 septembre ; le 20 novembre on reçut ses « lettres ; la réponse partit le 4 décembre ; arrive le 15 février. « Dès lors Kléber connut l'état des affaires, et changeait tout. »

De cette note, du texte du *Courrier de l'Égypte* et des annales contemporaines, on tire ce tableau chronologique des événements rappelés par Fourier :

An VII.	5 fruct. 1799	22 août.	Départ de Bonaparte d'Alexandrie.
	29 fruct.	15 sept.	Dépêche de Kléber au Directoire.
An VIII.	18 brum.	9 nov.	Bonaparte est élevé au consulat.
	29 brum.	20 nov.	Le premier consul reçoit à Paris la dépêche de Kléber adressée au Directoire.
	13 frim.	4 déc.	Réponse du premier consul à Kléber.
	8 pluv. 1800	28 janv.	Traité d'El-Arisch ratifié

La capitale elle-même avait été surprise par les Mamlouks
et les janissaires ; elle devint tout à coup un camp immense,
livré aux horreurs de la guerre et de la sédition. Après avoir

AN VIII.	1800		par Kléber. Avis de ce traité donné à l'armée d'Égypte par Kléber.
26 pluv.	15 fév.		Kléber reçoit les nouvelles de l'établissement du gouvernement consulaire en France, et les garde secrètes.
9 vent.	28 fév.		Le bruit des événements arrivés en France était déjà parvenu au Kaire par les journaux étrangers.
14 vent.	4 mars.		Le colonel Latour Maubourg arrive en Égypte apportant la confirmation de ces bruits.
20 vent.	10 mars.		Proclamation de Kléber à l'armée d'Égypte, annonçant la rupture du traité d'El-Arisch.
27 vent.	17 mars.		Autre proclamation de Kléber à l'armée ; ordre de se préparer au combat.
29 vent.	19 mars.		Victoire d'Héliopolis.

Ce tableau, et surtout la note de Napoléon, confirment l'assertion de Fourier au sujet de l'influence des nouvelles de
France reçues par Kléber sur l'esprit de l'armée : elles lui firent
supporter plus patiemment la rupture du traité d'El-Arisch ;
et le général Kléber saisit l'occasion de reconquérir l'Égypte,
qui lui était offerte, du reste, par les alliés ennemis. Ces nouvelles de France arrivèrent en Égypte dix-huit jours après la
signature du traité d'El-Arisch ; vingt jours après, la rupture était
déclarée par les alliés ; et neuf jours plus tard l'Égypte était conquise une seconde fois par la victoire des Français à Héliopolis.

vu une partie de ses édifices incendiés ou détruits, obéissant à des chefs divisés d'intérêts, intimidée par l'exemple d'une ville voisine qui avait été sévèrement punie, elle se soumit et implora le vainqueur. Les troupes qui s'y étaient rassemblées et qui peu de temps auparavant s'avançaient contre nous pendant que la mer nous était fermée, violant ainsi le traité le plus authentique, sollicitèrent une capitulation; et l'ayant obtenue, elles traversèrent nos camps avec sécurité.

Les Français goûtaient les premiers fruits de la victoire, ils s'affermissaient dans les résolutions constantes qu'exigeaient d'eux les vrais intérêts de leur patrie, lorsqu'un événement déplorable les plongea tout à coup dans la consternation. Les aghas des janissaires qui étaient réfugiés dans la Syrie, conspirèrent contre la vie du général français, et persuadèrent à un habitant d'Alep que la religion lui commandait de se dévouer à ce grand crime. Cet insensé que sa jeunesse rendait plus facile à séduire arriva secrètement au Kaire; et, après avoir passé trente jours en prière dans les mosquées, il parvint à accomplir son funeste dessein. Kléber était sans armes et éloigné de ses gardes; il fut frappé tout à coup de plusieurs coups de poignard et il expira quelques instants après. Aussitôt que cette nouvelle fatale fut portée dans les provinces de l'Égypte, l'armée d'Orient fit éclater des regrets unanimes; elle arrosa de ses pleurs le tombeau d'un chef illustre (1) qui venait d'opposer la victoire aux injures des négociations, qui succombait au milieu de ses trophées, et que la patrie comptait depuis longtemps parmi ses plus généreux défenseurs.

Les généraux français s'étaient réunis dès les premiers ins-

(1) Ce mot fut le sujet d'une belle inspiration qui mérite d'être conservée dans l'histoire de Napoléon. Lisant cette Préface et appuyant fortement le doigt sur l'épithète de chef *illustre* donnée à Kléber, il dit à Fourier : « On m'a fait remarquer ce « mot ».... et après un court instant de réflexion; « Mais c'est juste, vous le laisserez. »

tants qui suivirent sa mort. Celui d'entre eux que les lois militaires appelaient au commandement de l'armée (1), donna sur-le-champ des ordres que la gravité des circonstances exigeait; les troupes se montrèrent fréquemment au peuple, l'artillerie se fit entendre, et les pavillons français furent placés aux minarets des mosquées. Ces précautions étaient d'autant plus nécessaires que dans les révolutions fréquentes qui troublent l'Orient, la mort violente du chef est presque toujours suivie de l'anéantissement de son parti et de la dispersion de ses soldats. L'assassin Soliman avait été arrêté; aucun des Égyptiens n'avait participé à son crime; on découvrit trois complices à qui il avait confié son dessein, et qui étaient, comme lui, Syriens d'origine; ils furent tous condamnés aux peines qui devaient leur être infligées suivant les lois musulmanes. Pendant la longue durée de son supplice, Soliman récitait quelques versets du koran, et reprochait aux Musulmans de l'avoir abandonné.

Les habitants de la capitale concoururent à la solennité des obsèques du chef de l'armée française; ils virent bientôt son successeur mettre à exécution les plans utiles qui avaient été conçus immédiatement après la conquête. Profitant des avantages qu'avaient procurés nos derniers succès, le général en chef s'attacha à consolider l'empire des lois, à perfectionner l'administration des impôts, à favoriser les progrès de l'agriculture, de l'industrie et du commerce; il se consacrait en même temps aux intérêts immédiats de son armée, qui recevait de lui les plus nobles exemples de dévouement et de persévérance. Les cultivateurs, que l'avarice imprudente de leurs anciens maîtres condamnait à l'abjection et à la servitude, jouirent avec une entière sécurité du fruit de leurs travaux. On forma de nouvelles alliances avec les Arabes, et l'on concéda à quelques tribus des terrains inhabités, que les dissensions civiles avaient enlevés à la culture; on fonda

(1) Le général Menou.

sur des mesures précises le système général des irrigations,
et l'on s'efforça de prévenir tous les inconvénients attachés à
la disposition confuse ou à l'usurpation des eaux. On accorda
des récompenses publiques aux habitants des campagnes qui
multipliaient les arbres utiles ; on réunit dans un vaste établissement les plantes et les arbustes étrangers dont il convenait de propager la culture : les arts de l'Europe commen-
çaient à faire des progrès en Égypte, et l'industrie s'animait
de toutes parts.

En établissant un ordre nouveau dans la perception et
l'emploi des revenus publics, on en avait confié la direction à
un administrateur sage et intègre (1), qui s'était concilié depuis
longtemps l'estime de l'armée et l'affection des habitants ; il
avait étudié avec soin les diverses branches du gouvernement
des beys. Les mémoires qu'il a rédigés sur cet objet, sont
insérés dans cette collection ; ils contiennent des recherches
étendues, qu'on n'aurait pu se procurer dans aucune autre circonstance, et dont les résultats sont des éléments importants
de l'histoire moderne de l'Égypte (2).

(1) M. Estève.

(2) Ce paragraphe a été sensiblement modifié dans sa rédaction officielle ; après ces mots : « l'affection des habitants » on lit
ce qui suit : « Il avait examiné avec soin toutes les sources des
revenus publics et connaissait tous les avantages qu'un gouvernement juste et éclairé doit attendre de la possession de l'Égypte.
Il en a formé le tableau pour servir d'introduction au compte général qu'il a rendu de l'administration des finances pendant la
durée de l'expédition. On a extrait de cet ouvrage, dont la publication a dû être différée (a), les mémoires qui sont insérés dans cette
collection : ils contiennent un grand nombre de résultats qu'on
n'aurait pu se procurer dans aucune autre circonstance, et que
l'on doit regarder comme des monuments précieux de l'histoire
moderne de l'Égypte. »

(a) Il existe, mais en épreuves seulement et de format in-4°, un ouvrage de
M. Estève, intitulé : *Compte général de l'administration des finances en
Égypte pendant l'occupation de l'armée française ;* il n'a jamais été publié.

Des règlements équitables ranimèrent le commerce extérieur, que le gouvernement des Mamlouks avait presque
anéanti. Telle fut l'influence de ces dispositions, que, malgré
les obstacles nombreux qui résultaient de l'état de guerre,
on put conserver ou rétablir des relations utiles avec l'archipel, les côtes d'Arabie et les pays intérieurs de l'Afrique.
De nouveaux ouvrages publics concouraient à l'embellisse-
ment ou la salubrité de la capitale et d'Alexandrie. Enfin les
indigènes cessaient de se croire étrangers à la nation française
sous une administration aussi bienveillante.

Le temps seul pouvait éprouver et affermir ces nouvelles
institutions; la guerre les renversa tout à coup et n'en laissa
subsister aucune trace. Le succès de l'expédition d'Égypte,
qui promettait aux nations européennes des communications
importantes, avait répandu en Angleterre l'inquiétude et
l'effroi. Cette puissance se détermina à des efforts extraordinaires; et la cour ottomane, cédant à des motifs superstitieux, et livrée à des conseils aveugles ou infidèles (1), partagea
les vues de ses nouveaux alliés. On résolut de faire attaquer
les côtes de la Méditerranée par une armée anglaise, et de
soutenir cette opération par un corps de janissaires et d'Al-
banais que le capitan pâchâ devait commander. On appela
aussi une partie des troupes anglaises de l'Inde et du cap de
Bonne-Espérance, qui reçurent l'ordre de pénétrer dans la
mer Rouge et de descendre en Égypte par les ports de Suez et
de Qoceyr. Enfin le vizir devait marcher contre le Kaire, à la
tête de l'armée ottomane de Syrie. Toutes les parties de ce
plan d'invasion furent concertées avec beaucoup de soin, et
exécutées dans le même temps; on apporta dans les mouvements des troupes autant de précision que purent le permet-
tre l'extrême distance des lieux et l'invincible opiniâtreté
des musulmans. Ibrahim et ses Mamlouks marchaient avec le

(1) Passage supprimé. On y avait d'abord substitué les mots de
ministres imprudents.

vizir ; les tribus arabes, soulevées en Égypte par les exhortations du nouvéau prophète Muley Mohammed, n'attendaient que le signal pour se rassembler ; enfin le parti de Mourad, maître du Saïd, était secrètement uni avec les Anglais.

Les combats précédents avaient affaibli l'armée française, dont un tiers ne pouvait plus être employé dans une guerre de campagne. Ces généreux soldats, qu'une valeur plus impétueuse avait exposés aux premiers périls, étaient couverts de blessures graves et multipliées, qui les excluaient de tout service actif. Nos troupes occupaient un vaste pays, dont chaque point semblait exiger leur présence : elles gardaient la frontière de Syrie menacée par le vizir, les villes du Kaire, de Gyzeh, de Boulâq, le port de Suez et une partie de la haute Égypte ; elles étaient employées dans l'intérieur des provinces, pour protéger la rentrée des contributions, assurer la navigation du fleuve, repousser les Mamlouks, et contenir les tribus arabes. La convention que plusieurs motifs avaient porté à conclure avec Mourad, n'inspirait aucune confiance à ceux qui connaissaient ce chef de parti et les aventuriers attachés à sa fortune. Son alliance avec les Français avait augmenté son influence et ses ressources, mais il n'en pouvait user avec beaucoup d'avantage qu'en se déclarant contre eux. On devait redouter extrêmement sa trahison, et n'espérer qu'un faible secours de sa fidélité. Telle était la situation des Français en Égypte, lorsque les vaisseaux ennemis se montrèrent devant Alexandrie.

L'armée anglaise parvint à effectuer sa descente sur la plage d'Aboukir ; elle s'avança ensuite dans la presqu'île, et prit une position très-favorable, entre la mer et l'extrémité du lac Madyeh. Attaquée par une partie des troupes françaises, elle se défendit avec succès sur un terrain étroit, fortifié par une ligne de redoutes, et garanti par des chaloupes canonnières du côté de la mer et sur le lac. Le général qui comman-

dait l'expédition anglaise, fut blessé dans cette action; il
mourut, peu de jours après, des suites de sa blessure, et
laissa une mémoire justement honorée. Les alliés, ayant reçu
un renfort considérable, se déterminèrent à occuper Rosette,
et commencèrent ensuite à s'avancer sur l'une et l'autre rive
du Nil, pendant que leur flottille remontait ce fleuve. Le fort
de Rahmânyeh capitula : les Ottomans prirent possession
de Damiette, et la capitale ne tarda point à être investie.

Le vizir avait alors réuni son armée à celle des Anglais et
du capitan pâchâ; il recevait chaque jour de nouvelles forces
de l'intérieur de l'Égypte et de la Syrie; ses intelligences avec
les Arabes, les Mamlouks, les anciennes milices, et les habitants des campagnes, étaient favorisées par les premiers
succès de l'armée d'expédition, et éclataient de toutes parts.
Les troupes de l'Inde étaient arrivées; les villes du Kaire et
d'Alexandrie étaient en proie à des épidémies funestes; les
Mamlouks d'Ibrahim, ceux de Mourad, et la cavalerie très-
nombreuse des tribus arabes, étaient réunis aux Ottomans.
Telles étaient la position et les forces des alliés, lorsqu'on
renouvela, pour la reddition du Kaire et ensuite pour celle
d'Alexandrie, des capitulations peu différentes du traité d'El-
Arych. Il n'y eut aucune action dans laquelle nos troupes ne
se trouvassent en nombre très-inférieur; car l'incertitude où
l'on était sur les desseins de l'ennemi avait déterminé le général en chef à répartir sur divers points les forces qu'il pouvait lui opposer. Il faut ajouter que l'on ne cessa point, dans
le cours de cette guerre, d'offrir aux Français leur retour
dans leur patrie, à ces mêmes conditions qu'ils avaient acceptées longtemps auparavant, et qu'on avait refusé de
remplir.

Le général Menou, informé de l'ouverture des négociations en Europe, et des tentatives réitérées que faisait notre
flotte pour lui apporter des secours, s'était efforcé de prolonger la défense d'Alexandrie, et s'était soutenu dans cette

place jusqu'à la plus extrême nécessité. Sur la fin du siége, la moitié des Français languissait dans les hôpitaux; ceux même que les maux épidémiques n'avaient pas encore atteints, étaient exténués par des travaux excessifs, par l'usage des eaux saumâtres, l'effet prolongé des aliments nuisibles ou le défaut de nourriture. Animés par les exemples des chefs, ils supportaient avec persévérance la rigueur de leur situation : mais il ne leur restait que le courage; on les voyait abattus et épuisés, pouvant à peine soutenir le poids de leurs armes, et ils ne reprenaient leurs forces qu'aussitôt que le devoir les appelait au combat. Ils étaient destinés à honorer par leurs derniers efforts le terme de cette expédition mémorable.

Dans le même temps que notre armée se préparait à quitter les ports de l'Égypte, et que l'on ignorait en Europe les dernières opérations des alliés, on signait à Paris et à Londres les articles des traités qui rendaient ce pays à la Porte. Il devait encore devenir la proie de la barbarie dont les armes françaises l'avaient délivré, et la lumière des arts n'y devait briller que quelques instants; il est livré aujourd'hui aux concussions des vice-rois, aux brigandages des Arabes, et aux violences de quelques beys qui ont survécu. Ces étrangers, quoique réduits à un petit nombre, sont parvenus à rétablir leur pouvoir; les esclaves de Mourad et d'Ibrahim ont succédé à leurs maîtres. Ce gouvernement bizarre a du moins été interrompu pendant trois années par le séjour des Français. Ils ont vaincu et exilé les Mamlouks, réprimé les Arabes, anéanti trois armées ottomanes, en Palestine, à Aboukir et aux portes de la capitale; et, ce qui n'est pas moins digne de mémoire, ils n'ont exercé qu'une autorité protectrice dans la contrée qu'ils avaient soumise, et chacun d'eux semblait s'élever jusqu'aux grandes vues qui avaient fait entreprendre cette conquête. Ils ont affronté pendant plusieurs années des dangers sans cesse renaissants, et enduré avec constance, sous un ciel ardent et étranger, des fatigues inexprimables ; ils étaient soutenus dans cette pénible carrière par le désir de se consacrer à la gloire et aux intérêts de leur patrie ; sentiment noble et utile, qui élève l'homme au-dessus de lui-même, qui inspire les résolutions généreuses, et en est à la fois le motif et la récompense. Leur retour eut lieu dans les circonstances les plus favorables ; ils trouvèrent l'Europe pacifiée ; le bonheur public était l'ouvrage du héros qui les avait choisis pour la conquête de l'Égypte : la France vengée et triomphante se reposait, sous des lois plus douces, des longues agitions causées par la guerre extérieure ; elle allait jeter les fondements de sa grandeur en acquittant le tribut de sa reconnaissance, heureuse de trouver dans cet hommage même la garantie perpétuelle de son indépendance et de sa gloire.

Le corps littéraire qui s'était formé dans la capitale de l'Égypte sous la protection des armes françaises, avait reçu les mêmes règlements que les académies de l'Europe ; il avait pour but de cultiver et de perfectionner toutes les connaissances théoriques et d'en multiplier les applications. Le concours des sciences et des arts aurait consolidé et embelli les établissements des Français, en même temps qu'il aurait influé sur la condition civile des indigènes ; mais on ne pouvait atteindre à ce but si désirable sans avoir acquis une connaissance approfondie de l'Égypte. La description physique et historique de cette contrée n'était, à la vérité, qu'une partie du plan général que l'on avait formé pour l'étude et les progrès des sciences ; mais elle en était un élément nécessaire, et un de ceux qu'il importait le plus de transmettre à l'Europe. Tel est l'objet de la collection que l'on publie aujourd'hui ; elle renferme les résultats des principales recherches qui furent entreprises pendant la durée de l'expédition française, et qui peuvent servir à la connaissance de l'Égypte. Cet ouvrage est composé de deux parties ; le texte, et le recueil des planches. La première contient les mémoires et les descriptions ; la seconde contient, 1° l'atlas géographique, 2° les dessins des antiquités, 3° les dessins relatifs à l'Égypte moderne, 4° les planches de zoologie, de botanique et de minéralogie. La suite des planches représente donc des objets existants, susceptibles d'être observés et décrits avec exactitude, et qui, pour cette raison, doivent être considérés comme autant d'éléments positifs de l'étude de l'Égypte. Dans les mémoires et les descriptions qui forment le texte, on a eu pour but de rendre plus complète l'exposition de ces objets, d'indiquer avec précision tout ce que l'art du dessin n'aurait pu faire connaître, de comparer ces mêmes faits, de rapprocher les résultats, et d'examiner les conséquences qu'ils peuvent offrir.

La carte géographique est composée de cinquante cartes particulières qui offrent tous les détails que l'on peut désirer ; il n'y a aucune des grandes régions de l'Europe que l'on ait décrite d'une manière plus complète. Ce grand travail, fondé sur des observations astronomiques, comprend tout le pays qui est situé entre la cataracte de Syène et la mer, et depuis les dernières constructions à l'occident d'Alexandrie jusqu'aux ruines de l'ancienne Tyr (1). On y a joint les plans particuliers des villes et des ports ; des cartes et des mémoires relatifs à la géographie ancienne, et l'énumération des noms arabes de tous les lieux habités ; des remarques sur la population, la culture, l'étendue des terres fertiles, la navigation, l'industrie, sur les édifices publics, et les vestiges des anciennes villes.

On a observé avec beaucoup de soin l'état géologique de la vallée du Nil et les rochers qui lui servent de limites. Les

(1) « Un écrivain justement célèbre, en publiant les résultats de ses voyages en Égypte et en Syrie, avait déjà enrichi la littérature française d'une description éloquente et exacte des mœurs et du gouvernement de ces contrées. On sait que la vérité de ses observations est confirmée par les recherches qui ont été entreprises pendant le cours de l'expédition. » (*Addition manuscrite.*)

recherches minéralogiques ont été étendues à des contrées désertes et montueuses, éloignées du fleuve ; elles comprennent aussi l'examen des carrières que les anciens Égyptiens ont exploitées, et l'indication exacte des substances qui ont servi à la construction des monuments. On a entrepris des voyages multipliés pour recueillir, dans les déserts voisins de l'Égypte, dans le Saïd, dans l'intérieur du Delta, sur les bords du Nil et des canaux, les plantes propres à l'Égypte et celles que l'industrie a naturalisées ; ce même travail avait aussi pour but d'augmenter par la suite les richesses agricoles du territoire et de procurer des objets nouveaux au commerce et à l'industrie. On a donné à l'étude des animaux les soins les plus assidus, en s'appliquant à vérifier les résultats déjà connus, à rectifier les descriptions imparfaites, et à suppléer aux observations que les naturalistes n'avaient point faites dans les voyages précédents. L'examen des substances naturelles de l'Égypte offrait d'autant plus d'intérêt, qu'il a longtemps occupé les premiers législateurs de ce pays ; et les connaissances qui en résultent, répandent quelquefois une lumière inattendue sur des points obscurs de leur ancienne doctrine. Les planches qui représentent ces objets sont très-remarquables par la fidélité de l'imitation ; elles ont un caractère de vérité et de précision qui témoigne à la fois les soins de l'artiste et les nouveaux progrès de cette branche de l'art du dessin : on n'avait point encore fait de plus heureux efforts pour suppléer à la présence de la nature.

A l'égard des monuments qui ont immortalisé l'Égypte, on n'en avait eu qu'une connaissance défectueuse avant l'expédition française, ou plutôt ils étaient entièrement ignorés : cet ouvrage en offrira la description exacte. On a reconnu la position géographique de chaque monument, et elle est indiquée dans les cartes ; on a levé ensuite des plans topographiques particuliers, qui font connaître la disposition respective des édifices d'une même ville, ou leur situation par

rapport au Nil ou aux montagnes voisines. On a multiplié les
vues pittoresques de ces ruines magnifiques. Les artistes à qui
on les doit, étaient trop frappés de la beauté du sujet et de la
grandeur qui lui est propre, pour ne pas exclure toute composition arbitraire ; ils ne se sont donc attachés qu'à la vérité
de l'imitation, afin de transmettre fidèlement l'impression
que leur a causée le spectacle de l'Égypte ; jamais les ouvrages des hommes n'avaient offert au génie du dessin des objets
plus sublimes.

On a mesuré plusieurs fois et avec le soin le plus attentif
les dimensions des édifices et celles des parties principales ou
accessoires dont ils sont composés ; tous ces monuments sont
représentés par des plans, des élévations, des coupes prises
dans divers sens, et des vues perspectives. Les dessins et les
mémoires qui contiennent les résultats de ces mesures, ne
laissent rien à désirer pour l'étude de l'architecture égyptienne, et l'on pourrait les employer pour construire des édifices
entièrement semblables à ceux que l'on y a décrits. Remarquons ici que ce travail ne se borne point à quelques ruines
isolées qui ont échappé à l'action du temps, mais qu'il comprend les grands ouvrages d'une nation éclairée à laquelle
la plupart des autres doivent leurs institutions. En effet, on
n'observe point dans l'Égypte méridionale ces causes multipliées qui, dans les autres climats, tendent continuellement à
détruire les édifices et en effacent le plus souvent jusqu'aux
derniers vestiges ; et ces mêmes ouvrages se défendent aussi
par leur propre masse contre les efforts des hommes : on a
donc pu former aujourd'hui le tableau de l'architecture des
Égyptiens avec la certitude d'y avoir compris leurs plus
beaux monuments. Il est manifeste que ceux qui existent
encore à Thèbes, à Apollinopolis, à Abydus, à Latopolis,
sont les palais que les rois ont habités, ou les temples les
plus remarquables, et que ce sont ces mêmes édifices qui
avaient été décrits par Hécatée, Diodore et Strabon ; il ne

peut y avoir rien de plus important pour l'histoire des arts
que la connaissance des grands modèles qui ont excité l'admiration des Grecs et développé leur génie.

On s'est appliqué à l'imitation exacte des sculptures innombrables qui décorent ces édifices ; les dessins des bas-reliefs
représentent les objets les plus variés, et éclairent d'un nouveau jour la science de l'antiquité (1). Ils se rapportent aux usages de la guerre, aux cérémonies religieuses, aux faits astronomiques, au gouvernement, aux coutumes publiques,
aux mœurs domestiques, à l'agriculture, à la navigation, et
à tous les arts civils. On s'est attaché dans un grand nombre
de ces dessins à transcrire exactement les caractères hiéroglyphiques ; et l'on a conservé non-seulement les formes individuelles, mais encore l'ordre et la disposition respective
de ces signes. On a imité avec soin les couleurs qui ornent
encore plusieurs de ces monuments, et qui semblent n'avoir
rien perdu de leur premier éclat.

Aux plans topographiques, aux vues pittoresques, aux
planches d'architecture, aux dessins des bas-reliefs, on a
joint une description étendue, et l'on y a rassemblé toutes
les observations utiles que le dessin ne pouvait transmettre.
Ces descriptions contiennent les résultats d'un examen prolongé et en quelque sorte authentique, auquel plusieurs témoins ont toujours coopéré ; elles ont pour but de faire bien
connaître l'état actuel des monuments et les dégradations
qu'ils ont éprouvées, l'espèce des matières que l'on a employées, et plusieurs circonstances dignes d'attention : on y
trouve des remarques variées sur l'architecture, sur les procédés de la construction, les couleurs, les formes et l'usage
des objets représentés ; sur la nature du sol, les changements
qui résultent des inondations périodiques, et sur diverses

(1) Addition manuscrite : « On a recueilli les inscriptions anciennes qui intéressent la littérature et l'histoire. »

questions qui n'étaient point assez étendues pour être traitées dans des mémoires séparés.

On a décrit avec le même soin les sépultures magnifiques des anciens rois de Thèbes, les grottes funéraires où la piété domestique s'efforçait de perpétuer le souvenir et les dépouilles mortelles des ancêtres, et les autres hypogées qui semblent avoir été destinés à des cérémonies ou à des études mysté·rieuses (1). Les fameuses pyramides de Memphis offrent moins d'intérêt sous le rapport des beaux-arts ; mais d'autres motifs devaient porter à soumettre aux recherches les plus attentives ces vastes monuments qui avaient donné lieu à tant d'observa·tions incertaines (2). On a déterminé avec précision leur situation géographique, la direction des côtés par rapport à la ligne méridienne, les dimensions extérieures, celles de toutes les pièces où l'on a pu pénétrer ; enfin on a décrit tous les ouvrages accessoires.

Les obélisques, les sphinx, les statues colossales, les sarcophages, et divers autres monolithes, sont représentés dans les dessins particuliers : ces ornements précieux des édifices et des lieux sacrés n'auraient pu être transportés en Europe sans des efforts considérables, que les circonstances n'ont point permis ; mais il y en a une multitude d'autres d'une moindre dimension, que des particuliers ont réunis et conservés, ou qui sont aujourd'hui déposés dans les musées publics. On a rapporté de l'Égypte des pierres gravées, des statues entières ou tronquées, des bronzes, des fragments

(1) Tous ces hypogées ont été destinés à des sépultures publiques ou privées.

(2) Toute incertitude a cessé aujourd'hui. Les sarcophages en pierre, les cercueils en bois peints et les momies dorées qu'on a récemment découverts dans les deux grandes pyramides de Gizèh, près Memphis, prouvent que ces monuments singuliers étaient des tombeaux. Voyez le texte et les notes des pages 69, 70 et 71 de ce volume.

d'émaux ou de porcelaine, des pierres taillées et polies qui portent des inscriptions, et d'autres objets d'art relatifs à l'ancienne religion, aux sciences et aux usages de ce pays. On a examiné avec attention une quantité prodigieuse de momies d'hommes, de quadrupèdes, de reptiles et d'oiseaux ; on en a conservé plusieurs. On a trouvé dans les caisses ou dans les vases qui renferment ces corps desséchés, des étoffes d'un tissu précieux, des dorures, des colliers, des amulettes, des anneaux, et une multitude de fragments remarquables. On a retiré de ces caisses plusieurs volumes de papyrus, couverts de signes hiéroglyphiques ou de caractères alphabétiques (1). Ces monuments ont été découverts au milieu des ruines des anciennes villes, dans les fouilles multipliées que nécessitait l'examen des édifices, ou dans les sépultures publiques ou royales, et quelquefois aussi dans les habitations actuelles ; ils ont été recueillis pendant la durée de l'expédition française, et l'on a jugé nécessaire d'en insérer les dessins dans la collection générale.

Les planches relatives à l'Égypte moderne représentent : 1° les mosquées, les palais, les portes des villes, les places, les tribunaux, les aqueducs, les sépultures, les enceintes et hôtels destinés au commerce, les inscriptions et médailles ; 2° les jardins, les bains, les écoles, les instruments des arts, les armes, les tombeaux de famille, les maisons des particuliers, les édifices destinés aux fabriques, les machines, les ateliers, les instruments des diverses professions ; 3° les cérémonies annuelles, les caravanes, les réunions publiques, les assemblées et fêtes domestiques, les exercices militaires, les usages relatifs aux obsèques, au mariage, à l'achat des esclaves, à l'affranchissement, à la naissance ; 4° enfin les

(1) Ce mot est remarquable dans un écrit rédigé en 1809. L'opinion de mon frère sur ce sujet difficile, et fondée alors sur des considérations philologiques plutôt que sur des faits constatés, contribua certainement à fixer les justes incertitudes de Fourier.

individus remarquables dans les diverses classes d'habitants ou dans les races étrangères, les vêtements et les armes qui les distinguent.

Dans les mémoires qui font partie de la collection, on s'est proposé de compléter la description de l'Égypte, et d'en approfondir l'étude par la comparaison et la discussion des faits. Sous ce second point de vue, on ne devait point entreprendre un travail assujetti à des limites déterminées. On ne peut point, en effet, borner les recherches sur l'Égypte ; aucun sujet de littérature n'est plus fécond et plus vaste, et ce serait en méconnaître l'étendue, que de vouloir l'épuiser : on a seulement établi un ordre tel que les questions principales fussent traitées. Ainsi les auteurs des mémoires ont porté leurs recherches, 1° sur les institutions, les mœurs, la littérature, les sciences, les arts, le système des mesures et l'industrie des anciens Égyptiens ; 2° sur la géographie ancienne et moderne, l'histoire de l'Égypte, le gouvernement actuel de ce pays, la religion, les mœurs, les usages publics ou particuliers, l'état des arts, de la littérature et des sciences, l'agriculture, l'industrie, les revenus publics, la navigation et le commerce ; 3° sur la nature et l'état physique du sol, de l'air et des eaux, sur la zoologie, la botanique, la minéralogie et la géologie de l'Égypte. Chacun de ces écrits est un ouvrage séparé ; et dans la partie de cette collection qui renferme les mémoires, on a observé les mêmes règles que dans les collections académiques.

L'énumération précédente fait connaître le plan que l'on a suivi dans la description de l'Égypte. Les auteurs se sont attachés à remarquer tous les ouvrages de la nature ou de l'homme dont l'examen peut servir à l'étude de ce pays. On a représenté les objets, toutes les fois qu'il a été possible, dans les dessins, les vues pittoresques, les cartes et les plans ; mais il y a un grand nombre de faits que le discours seul pouvait retracer ; on les a consignés dans les mémoires et les descriptions qui forment le texte. On n'a rien négligé pour que la partie descriptive de cette collection fût complète. La présence des armes françaises, les dispositions bienveillantes des généraux, le concours de tant d'observateurs et de témoins, la précision des instruments, ont facilité ces recherches (1). — Cependant les circonstances n'ont pas toujours été aussi favorables; et, au milieu de tant d'événements de guerre, on a été quelquefois arrêté par des obstacles vraiment insurmontables (2); — mais on peut assurer qu'il y a peu d'omissions, et qu'elles ne sont point importantes. Peut-être n'y a-t-il, dans toute l'étendue des États policés, aucune contrée dont on possède aujourd'hui une description plus

(1) Ici se trouve une addition manuscrite qui concerne le célèbre philosophe Volney; on y lit : « Un écrivain justement célèbre, en publiant les résultats de ses voyages en Égypte et en Syrie, avait déjà enrichi la littérature française d'une description éloquente et exacte des mœurs et du gouvernement de ces contrées. On sait que la vérité de ses observations est confirmée par les recherches qui ont été entreprises pendant le cours de l'expédition. »

(2) A ce passage entre — on a substitué celui-ci : « Cependant elles ont été souvent interrompues par des circonstances funestes. Parmi ceux que le goût des beaux-arts avait conduits en Égypte, et que leurs travaux précédents avaient rendus recommandables, plusieurs ont succombé à des fatigues sans cesse renouvelées, ou dans les périls presque certains auxquels un zèle imprudent les avait exposés. D'autres, l'espoir des sciences, l'honneur de leur famille, qui déjà consacraient au service de l'État les fruits de leurs études, ont péri dès leur première jeunesse sur cette terre étrangère victimes des séditions, des combats ou des maladies contagieuses. Au milieu de tant d'événements de guerre, les recherches littéraires ont été quelquefois arrêtées par des obstacles vraiment insurmontables. Mais on peut assurer, etc. »

Immédiatement après on lit, dans ces additions manuscrites, le passage relatif aux monuments astronomiques, déjà cité à la page 54 de ce volume.

exacte et plus détaillée ; car l'ouvrage dont on publie la première partie, donnera une connaissance précise de tous les monuments qui existent en Égypte, de l'état naturel de ce pays , de l'industrie de ses premiers habitants , et de l'état politique où il se trouve aujourd'hui.

Indépendamment de cette description naturelle et historique de l'Égypte, le séjour des Français dans ce pays aurait procuré les avantages les plus désirables. Aujourd'hui même les rives du Nil seraient embellies par les arts ; ses peuples , délivrés d'une police absurde et inhumaine , s'adonneraient avec sécurité à l'agriculture et jouiraient du produit de leur industrie ; les inventions mécaniques suppléeraient à la force de l'homme, et rendraient ses travaux plus faciles et plus fructueux. Quelques tribus d'Arabes seraient fixées dans des terrains devenus fertiles , les autres seraient exilées dans les déserts. Ce sol fécond serait enrichi de plantes étrangères que l'on y aurait introduites ou multipliées , et les Français auraient déjà établi plusieurs manufactures précieuses. On entretiendrait des relations importantes avec la Perse, l'Inde et l'Arabie, et l'on aurait parcouru et décrit cette dernière région. Plusieurs voyageurs auraient observé le cours supérieur du Nil , et examiné les antiques édifices qui existent au-dessus de Syène et dans l'Éthiopie (1) ; d'autres auraient pénétré avec les caravanes dans les oasis et dans les pays intérieurs de l'Afrique ; on aurait acquis des notions plus certaines sur les fleuves, les montagnes, les mines de fer et d'or, les productions naturelles, les villes et sur tous les éléments du commerce de ce vaste continent. Le canal destiné à faire communiquer les deux mers serait achevé (2), et une partie du commerce de l'Orient suivrait une route si facile et si long-

(1) M. Cailliaud a heureusement réalisé ces vœux par ses deux voyages au Sennaar ; il a aussi visité les oasis.

(2) L'exécution de ce canal est un des rêves commerciaux de l'Europe de nos jours.

temps désirée. Tel serait aujourd'hui l'état de l'Égypte, si une fortune contraire ne l'eût point rendue à ses anciens oppresseurs. On peut être assuré qu'il n'y a aucune exagération dans ce tableau, et, puisque les huit années qui se sont écoulées auraient suffi pour procurer tant de découvertes et d'établissements utiles, que ne devait-on pas attendre de l'influence prolongée qu'auraient eue les communications avec la France, et des progrès continuels des lumières et de l'industrie !

Quoique les sciences aient vu s'évanouir une partie de l'espoir qu'elles avaient alors conçu, elles auront néanmoins retiré des avantages considérables de l'expédition française. Le recueil dont on commence aujourd'hui la publication, offre un vaste champ aux recherches littéraires, et l'on y puisera de nouvelles lumières sur l'origine de tous les arts. Les personnes qui ont concouru à le former, n'ont pu rien ajouter à la grandeur du sujet. Leur travail exigeait principalement un examen assidu ; et les droits qu'il peut avoir à l'attention publique, résultent ¹de la nature même de son objet, ou des circonstances qui ont permis d'en recueillir les éléments. Envisagé sous ce point de vue, cet ouvrage devient un monument de l'histoire ; on le doit à un prince illustre (1) qui lui accorde une protection constante et immédiate, ou plutôt qui en est lui-même le véritable auteur, et qui lui prêtera l'éclat (2) de son nom. Cette collection intéresse la gloire de notre patrie ; elle tire son origine de l'union des sciences et des armes (3) ; elle est le témoignage et le fruit de leur alliance. Elle rappellera le séjour des Français dans une des contrées les plus célèbres de l'univers, et tout ce qu'ils ont

(1) On a substitué à ces mots ceux-ci : « Élevé sous les auspices d'un héros. » Cette phrase est entièrement refaite, même dans l'édition officielle.

(2) Au lieu de l'*éclat* on a corrigé par *l'immortalité*.

(3) Addition manuscrite : « On la doit aux efforts de ses guerriers. »

fait pour honorer leurs victoires par la justice et la clémence,
réduisant le droit de conquête à l'exercice d'une autorité tutélaire (1); elle ramènera souvent sur ce pays les pensées et les
vœux des amis des beaux-arts, et de tous ceux qui portent
un intérêt sincère au progrès des connaissances utiles ; elle
unira les noms de la France et de l'Égypte, et prépare peut-
être à cette terre infortunée un meilleur destin (2).

On trouvera dans la même capitale avec les chefs-d'œuvre
qui ont illustré la Grèce et l'Italie, le tableau fidèle des
monuments égyptiens, et l'on aura sous les yeux tout ce que
le génie des arts a produit de plus grand et de plus parfait.
En comparant ces modèles on se souviendra qu'ils sont tous
le prix de la victoire ; que la France a reçu ces ornements
immortels de la main d'un héros qui compose ses trophées
des plus sublimes ouvrages de l'antiquité, et qui attache
ainsi la mémoire de ses triomphes à toutes les époques de la
gloire des beaux-arts.

L'étude des monuments de l'Égypte ne peut qu'inspirer
des pensées justes et élevées, détourner de la recherche des
ornements fugitifs et ramener à l'unité et à la simplicité des
vues. Elle fera bien connaître que les objets solides et durables ont une majesté qui leur est propre, et que, si l'élégance
ingénieuse des formes contribue à la perfection, l'idée du
vrai beau renferme nécessairement celles de la stabilité et
de la grandeur. Elle montrera ce principe dans tout son jour,
et doit par-là exercer une influence utile sur le goût et les
travaux du siècle.

(1) Addition manuscrite: « Il peut aussi inspirer à la cour ottomane le dessein de rétablir son autorité en Égypte et d'y fonder
un gouvernement plus régulier. Enfin il ramènera souvent... »

(2) Autre suppression et l'une des plus remarquables. L'Empereur dit à Fourier : «Otez cela; les Anglais en feraient leur profit
à Constantinople. »

Cette contrée, qui semble être le sanctuaire immuable des beaux-arts, opposera longtemps la gravité sévère et même excessive des modèles qu'elle a conservés, à la mobilité et à l'inconstance naturelles de l'esprit humain. En effet, ces monuments ont été construits plusieurs siècles avant que les villes de la Grèce fussent fondées (1); ils portaient déjà le nom d'antiquités de l'Égypte au temps de Platon; et nos successeurs les admireront encore à l'époque où, dans tous les autres lieux du globe, il ne restera plus de vestiges des édifices qui subsistent aujourd'hui; le peuple le plus jaloux de produire des ouvrages durables habitait le pays de la terre le plus propre à les conserver.

Mais cette longue durée de leurs monuments n'est pas due seulement aux propriétés du climat, elle résulte surtout des efforts de ceux qui les ont élevés; car on peut à peine découvrir sur les rives du Nil les ruines des édifices romains. Les Égyptiens considéraient en quelque sorte comme éternel ce qui appartenait à leur religion et à leur gouvernement; ils étaient entretenus dans cette pensée par l'aspect continuel des grands monuments publics, qui demeuraient toujours les mêmes, et qui paraissaient n'être plus soumis à l'action du temps. Leurs législateurs avaient jugé que cette impression morale contribuerait à la stabilité de leur empire.

C'est dans les mêmes vues que ce peuple a gravé sur ses palais, ses temples et ses tombeaux, les images de ses dieux et de ses rois, les observations du ciel, les préceptes sacrés, le spectacle de son culte et celui de la société civile. Toutes ces sculptures, et même les plus imparfaites, exciteront un vif intérêt: elles sont les traces les plus anciennes que l'homme ait laissées sur la terre; elles appartiennent à cette antique

(1) On fit des changements notables dans la rédaction de ce paragraphe; on y ajouta les noms de Tyr, Carthage et Athènes.

civilisation de l'Asie, qui a précédé tous les temps historiques
de la Grèce ; elles nous font entrevoir ce qu'étaient alors l'esprit et les mœurs des nations.

On ne pourra point admirer les ouvrages de l'Égypte, ni
se rappeler les époques de sa gloire sans considérer les malheurs que lui a causés la perte de ses lois, de ses lumières,
de ses établissements militaires et de son indépendance. On
appréciera toute l'influence de ses institutions ; on les regar-
dera comme une source morale de prospérités, qui n'était pas
moins nécessaire à ce pays que le fleuve qui l'arrose ; on
comparera surtout l'état déplorable dans lequel il est tombé
avec l'opulence qu'il acquerrait en peu d'années sous les
auspices d'une puissance européenne (1).

Ainsi (2) l'étude de l'Égypte, si féconde en grandes pensées
et en souvenirs utiles, nous avertit encore que le développement de l'intelligence et de l'industrie est attaché au maintien
de l'ordre public ; elle nous fait mieux connaître le prix des
lois et d'un gouvernement stable et éclairé ; elle nous suggère
de nouveaux hommages pour un monarque illustre, qui a
mis un terme à nos dissensions civiles, qui affermit de plus
en plus l'autorité des lois, qui confond les desseins ambitieux
de nos ennemis ; prépare à la France une paix solide et glorieuse, et la fait jouir, au milieu même de la guerre, non-
seulement de la sécurité intérieure, mais aussi des bienfaits
et de la splendeur des arts ; qui, s'élevant au-dessus des erreurs et des passions des contemporains, pénètre l'avenir et
jette les vrais fondements de la puissance et de la prospérité
des États ; qui veut tout ce qui est grand et utile, et accom-

(1) Autre suppression toute politique. Elle fut remplacée par
ces mots : « Que lui procurerait en peu d'années une administration plus sage. »

(2) Tout ce qui suit a été presque entièrement supprimé ou
mutilé dans l'édition de 1821. Tout souvenir de Napoléon a été
attentivement aboli.

plit sans effort tout ce qu'il a résolu, soumettant la fortune elle-même à l'autorité de son génie.

Que les lettres reconnaissantes perpétuent sa mémoire ! Que les beaux-arts se réunissent pour conserver ses traits immortels, et transmettre à la postérité l'éclat de ses triomphes ! Que les sciences s'applaudissent d'être l'objet de ses vues et de ses bienfaits ! Que l'histoire fidèle représente, dans tous les âges, les nobles exemples qu'il laisse à ceux qui exerceront un grand pouvoir sur les hommes ! Qu'elle rappelle aussi que l'Égypte fut le théâtre de sa gloire, et préserve de l'oubli toutes les circonstances de cet événement extraordinaire ! Qu'elle entretienne sans cesse les monarques ses successeurs des pensées généreuses qui l'ont toujours animé pour la félicité des peuples, le progrès des arts, et l'honneur du nom français !

FIN DE LA PRÉFACE HISTORIQUE

(Première rédaction inédite).

CHAPITRE VIII.

Fourier en 1815. Position du gouvernement royal à la fin du mois de janvier; instructions confidentielles à ses agents. Annonce publique d'une révolution pour le 1er mars. Retour de Napoléon. Son arrivée à Grenoble. Relation authentique de ce qui se passa dans cette ville. Cabinet de l'Empereur. Conversations sur divers sujets. Décret contre Fourier. Témoignages du mécontentement de l'Empereur. Défense de Fourier absent. Paroles plus bienveillantes de Napoléon. Documents inédits.

Rétabli depuis dix mois à peine, après vingt-deux années d'exil, le gouvernement royal se croyait assez fort déjà pour ne plus songer à sa sûreté; il ne fut qu'imprévoyant, mais il le fut à l'excès. On en trouve la preuve dans les instructions confidentielles données aux préfets des départements, à la fin du mois de janvier 1815, instructions où se montrent, dans chaque paragraphe, la plus honnête quiétude, l'esprit de modération le plus résolu, mais aussi l'oubli du passé qui n'était pas fini, l'ignorance du présent et l'inattention à l'avenir. On disait à MM. les préfets :

Paris, le 26 janvier 1815.

(Instructions et demande d'un rapport mensuel sur l'esprit public.)

Le ministre secrétaire d'État de l'intérieur
à M. le préfet de..........

« Monsieur,

« La France ayant enfin trouvé le repos au sein d'une monarchie légitime et sous un sceptre qui fit pendant tant de siècles sa gloire et son bonheur, on a pu croire qu'il était inutile d'assurer par de laborieuses précautions la tranquillité intérieure ; la puissance royale, la soumission et l'unanimité des Français doivent en effet la rendre désormais inaltérable.

« On a pu croire qu'il suffirait d'associer le temps au régime de justice et de modération qui nous est rendu, pour dissiper ce qui reste d'inutiles regrets et de tristes souvenirs ; que les habitudes de désordre et d'irréligion contractées au milieu de tant d'agitations et d'erreurs, ne résisteraient pas aux bons exemples et à l'influence des dépositaires de l'autorité.

« Et certes vous pouvez, Monsieur, concourir puissamment à étouffer les germes de dissensions qui subsisteraient autour de vous. Vous pouvez hâter le retour des bonnes mœurs, rappeler l'observation des bienséances et la pratique des devoirs religieux, si vous ne perdez jamais de vue que vous êtes l'organe de la clémence du prince, l'instrument de son pouvoir, l'exécuteur de ses volontés ; si votre conduite, vos discours, vos actes publics portent l'empreinte de la sagesse et réfléchissent, autant qu'il est possible, l'éclat des vertus qui brillent sur le trône.

« Mais ces moyens sont-ils d'une efficacité générale et suffisante? aucun événement ne peut-il, momentanément, troubler le concours heureux de circonstances sur lequel on se repose, et ne doit-on pas prévoir les résultats possibles de cette indolente sécurité?

« Les ressorts du gouvernement se détendent, les liens de la société se relâchent, toutes les parties de l'administration s'isolent, si l'on cesse d'y donner une attention suivie. L'amour et le respect des sujets pour le souverain deviennent des vertus stériles, quand on ne prend pas soin de les cultiver. Les passions se réveillent et s'agitent dès qu'elles ne sentent plus le frein de l'autorité, et bientôt s'éteint dans toutes les âmes le sentiment du devoir qui fait la force des lois.

« C'est ainsi que la modération dégénère en faiblesse, que l'inaction conduit à l'impuissance d'agir, que le pouvoir s'échappe des mains qui négligent d'en faire usage, et qu'alors chacun croit avoir le droit d'en disposer ou la force de le braver.

« Cependant, on tomberait dans des inconvénients plus funestes encore, si on reprenait les errements d'une administration turbulente, qui, poussant ses projets et ses entreprises au delà des limites que les convenances, la raison et l'économie prescrivent, ne dut quelques succès qu'à la violence et n'obtint jamais de résultats proportionnés à la grandeur des moyens dont elle put disposer. A plus forte raison devons-nous renoncer aux détails tyranniques de cette surveillance inquiète et soupçonneuse, qui, depuis tant d'années, tourmente la France et qui ne convient ni à la franchise du caractère national, ni à la liberté dont nous jouissons, ni à la loyauté généreuse du monarque qui nous gouverne.

« Votre administration aura toute l'énergie et toute la fermeté désirables, si elle est expéditive, impartiale, ennemie de l'arbitraire, fondée sur des lois dont elle doit poursuivre l'exécution et commander le respect.

« Vous aurez rempli la plus importante et la plus délicate de vos fonctions, si vous étendez sur tout ce qui vous entoure une vigilance assidue, que la politique de tous les temps exige et que les circonstances actuelles, l'habitude des révolutions, la nature même de nos institutions, rendent plus que jamais indispensable; car il faut mettre partout la tranquillité publique à l'abri de l'inconstance du peuple, à l'abri de la dissidence des prétentions, à l'abri de l'intrigue et de l'ambition.

« Vous avez pu remarquer, Monsieur, que si les tumultes populaires, les troubles qui naissent des factions et du choc des partis, sont les plus dangereux, ce sont aussi les plus faciles à prévoir comme à prévenir.

« Chaque événement de cette nature a ses présages et se lie à des antécédents qui l'annoncent.

« Les clameurs de la multitude, les plaintes, les murmures, fondés sur des motifs, réels ou feints, d'alarmes ou de mécontentement, sont les avant-coureurs des émeutes.

« Les séditions se préparent dans des manœuvres secrètes, des réunions clandestines, des provocations manifestes. On en trouve les symptômes dans tous les éléments dont se compose l'esprit public. Les révoltes même dont l'explosion est soudaine, proviennent ordinairement de l'impunité de quelque désobéissance antérieure ou de l'inconvenance de quelque mesure peu réfléchie. Ainsi, partout où de pareils désordres éclatent, on peut justement accuser le défaut de sagesse ou la négligence de l'administrateur; on peut avec raison l'en rendre responsable.

« Vous devez donc, pour vous mettre à l'abri de tout reproche, observer avec soin et me faire connaître avec exactitude l'état des choses et la disposition des esprits dans votre département. La prévoyance du gouvernement ne peut avoir d'autres bases que vos observations.

« Les choses qui influent pour l'ordinaire sur la tranquillité publique sont principalement celles qui intéressent la multitude : les subsistances et les moyens de travail; sur ces deux points, l'administration la moins attentive est toujours à portée de constater les faits et d'y porter remède.

« Il est plus difficile d'indiquer l'esprit public ; il prend la teinte des mœurs particulières de chaque rang ; il se déguise souvent sous de fausses apparences ou se cache sous des dehors trompeurs ; néanmoins on peut le calculer sur des données assez certaines et le reconnaître à des signes assez positifs.

« Les habitudes de paresse et de débauche, la fréquence des délits d'une même espèce, indiquent tout à la fois l'esprit des plus basses classes de la société et les mesures de précaution ou de répression qu'il convient d'adopter.

« L'esprit des classes élevées se détermine par le genre de motifs qui les empêche de se confondre ; il s'observe dans le caractère des écrits le plus universellement recherchés ; dans la nature des intentions qu'on suppose au gouvernement, dans le jugement qu'on porte de ses opérations, dans les discours, dans le silence même quand il paraît évidemment affecté et qu'il peut être l'effet d'une dissimulation artificieuse plutôt que d'une innocente indifférence. L'opinion des classes ou des professions dominantes ne présente probablement nulle part de l'incertitude ou de l'opposition ; mais, si elle s'égarait sur quelques points, si elle se dépravait, je sens qu'il est difficile d'y remédier ; cette opinion résiste à l'autorité ; elle repousse les moyens directs et se fortifie des efforts qu'on emploie contre elle.

« Il n'appartient qu'à vous de la fixer et de la rectifier. C'est à vous de juger quelle règle de politique vous devez suivre dans le choix de vos liaisons; par quelle voie vous pouvez gagner la confiance des hommes influents; jusqu'à quel point doivent être poussés les égards, les concessions, les ménagements qui peuvent se concilier avec vos devoirs et s'allier à la dignité de vos fonctions.

« Toutefois, il est possible que les préjugés et les usages contraires au régime actuel dépendent d'institutions révolutionnaires, qu'on peut abolir sans inconvénients. Il est possible que certaines résistances soient moins l'effet d'une opposition malveillante que le résultat d'un attachement à l'ancienne coutume, qu'on peut ménager, en modifiant seulement l'exécution des lois. Les délits politiques peuvent se multiplier par la faiblesse ou la condescendance des magistrats chargés de les poursuivre. Des rigueurs déplacées, l'abus que feraient du pouvoir les agents auxquels il est confié, peuvent aliéner les esprits et faire naître le mécontentement. Tous ces détails intéressent le Gouvernement, et tels sont les objets de la correspondance particulière que je me propose de suivre avec vous.

« Vous voudrez bien, en conséquence, m'adresser chaque mois, le compte de la situation morale de votre département : ce compte ne doit pas présenter des aperçus vagues ou des rapprochements purement spéculatifs; il doit avoir pour base :

« 1° Le prix commun des subsistances; l'état des approvisionnements des marchés; la direction et l'étendue du commerce des grains, les espérances ou les craintes que ces différents objets vous feraient concevoir, ou qu'en concevrait la multitude.

« 2° Les variations qu'éprouverait le salaire des journaliers et les ressources que peut avoir la classe ouvrière, suivant les saisons et surtout suivant l'état stationnaire, progressif ou rétrograde du commerce et de l'industrie.

« 3° Le tableau des délits connus ou poursuivis, tel que MM. les procureurs du roi le rédigent, en y joignant les observations dont vous le croirez susceptible.

« 4° Les obstacles ou les facilités qu'on rencontre dans le recrutement de l'armée, dans la rentrée des contributions directes, dans la perception des octrois et des impositions indirectes.

« 5° L'indication des abus qui peuvent se perpétuer ou naître autour de vous, dans quelque partie que ce soit du service.

« 6° Les faits qui tendent à faire connaître l'esprit public, l'opinion politique des classes ou des professions dominantes, des corps ou des individus dépositaires de l'autorité.

« Ce n'est point pour borner vos vues que j'entre dans ces détails, mais pour déterminer le sens de ces rapports périodiques, qui ne vous dispensent pas, au reste, de m'informer sur-le-champ de tous les événements qui intéresseraient l'ordre public ou la prévoyance administrative.

« Je n'ai pas besoin de vous faire remarquer que cette correspondance immédiate est sans limite, qu'elle embrasse tout ce que nos relations doivent avoir d'intime et de confidentiel pour le bien du service de Sa Majesté ; qu'elle a pour but d'éclairer le Gouvernement sur ses propres actes et sur ceux de ses agents, sur les causes et la nature des résistances qu'on opposerait à l'exécution de ses ordres et à l'accomplissement de ses vues, sur les vœux ou les erreurs de l'opinion publique, et en même temps de donner à l'administration des formes plus régulières, une force plus concentrée, une marche plus ferme, une action plus énergique, en puisant sans cesse dans vos avis directs, les moyens de réparer les lenteurs, les négligences, les erreurs qu'il n'est pas toujours possible d'éviter.

« Vous avez ainsi, Monsieur, la preuve et la mesure de la confiance qui vous est accordée ; vous tâcherez sans doute de la justifier par la sagesse de vos avis, la justesse de vos observations et l'impartialité de vos jugements.

« J'aurai moi-même, je l'espère, l'occasion de

mettre fréquemment sous les yeux du Roi le témoignage non équivoque de votre zèle et de votre
dévouement.

« Recevez, Monsieur, l'assurance de la haute
considération avec laquelle j'ai l'honneur d'être

« Votre très-humble et très-obéissant serviteur.

« *Signé* : L'abbé de Montesquiou. »

Telles étaient alors les pensées du gouvernement royal; mais quelques actes antérieurs, qui
démentaient ces pensées, avaient produit sur l'o-
pinion publique des impressions d'une tout autre nature. A l'ouverture de l'année 1815, les
pressentiments de l'approche d'une nouvelle révolution étaient réellement une préoccupation
populaire en France; ces pressentiments se trouvaient plus fermement accrédités dans les départements dont les fautes de la restauration avaient
plus alarmé les sentiments politiques. Pour ces
motifs le Dauphiné accordait beaucoup de foi à
ces humaines prévisions : une circonstance inattendue vint tout à coup la fortifier.

A la fin du mois de février, la poste aux lettres,
dans son service ordinaire, remit à plusieurs habitants notables de la ville de Grenoble une
lettre timbrée de Paris et taxée; c'était une pièce
manuscrite dont voici le contenu :

« Vous êtes connu pour un homme d'honneur,
« un bon citoyen; en conséquence, nous vous

« adressons un exemplaire de la pièce ci-jointe
« que vous saurez apprécier. Faites imprimer
« promptement et circuler en France, en Espa-
« gne, en Italie, sur les bords du Rhin, en Bel-
« gique, etc. Vos frères comptent sur vous. »

Proclamation.

« Les défenseurs de la nation française à leurs
concitoyens..... nous avons arrêté ce qui suit :
« *Art.* 1er. Celui qui a osé dire au peuple fran-
« çais : Je suis ton maître légitime ; en cette
« qualité je t'accorde quelque liberté garantie par
« une charte constitutionnelle que j'aurai soin
« d'expliquer et de violer...... Celui qui a con-
« tracté avec les ennemis de la France l'obligation
« sacrilége de faire payer par son prétendu peu-
« ple la somme énorme destinée à l'asservir......
« Celui qui, pour récompenser des assassins, arra-
« che aux défenseurs de la patrie des pensions
« acquises par des vertus.... Celui qui ose mena-
« cer les trois quarts de la nation en cherchant
« un appui parmi les plus célèbres brigands de
« la terre.... Celui-là est un tyran. »
« *Art.* 2. Les ministres du tyran, les préten-
« dus princes qui l'ont conseillé sont ses compli-
« ces ; les sénateurs et les députés qui n'ont pas
« défendu les droits de leurs commettants, sont
« des mandataires trop faibles pour représenter
« des hommes libres. »

« *Art.* 3. Le drapeau tricolore est le seul signe
« de réunion que reconnaissent les Français; le
« drapeau blanc indique les ennemis rassemblés;
« la cocarde tricolore décore l'homme libre, la
« cocarde blanche celui qui croit avoir des droits
« innés sur ses semblables ou qui n'est digne que
« de porter des fers. »

« *Art.* 4. Le peuple français ne reconnaît
« d'autre noblesse que celle acquise par des
« services rendus à l'État. Elle n'est point héré-
« ditaire, et sa marque distinctive est la décora-
« tion de la Légion d'honneur. Toute autre est
« défendue. »

«*Art.* 5. La nation, vu l'urgence, nomme provi-
« soirement un directeur : M..... en remplira les
« obligations et entrera en fonction le 1ᵉʳ mars
« 1815. Le 1ᵉʳ août de la même année la nation en-
« tière entrera dans ses droits imprescriptibles. »

Art. 6. La nation a tous les peuples pour
« amis, celui qui l'attaque ou la défie est son
« ennemi pour le temps que dure l'agression. »

« *Art.* 7. Le 1ᵉʳ mars 1815, à cinq heures du
« matin, le premier acte sera affiché et mis en
« exécution : le canon et les cloches annonce-
« ront au monde entier que le peuple français a
« reconquis sa liberté. »

« Paris, le 22 février 1815. »

C'était la préface des CENT JOURS.

Cette pièce avait-elle quelque connexion avec les projets alors arrêtés à l'île d'Elbe? On peut en douter, malgré les déductions contraires qui pourraient se tirer des documents et des aveux livrés à l'histoire par des personnes qui prirent quelque part à cette hardie et merveilleuse restauration du régime impérial : d'ailleurs, on conspirait partout et sous toutes les couleurs. Quoi qu'il en soit, le singulier manifeste qu'on vient de lire ne fut un mystère ni pour le public ni pour l'autorité locale; l'un s'en préoccupa, l'autre ne lui accorda aucune attention.

Ce qui se passa peu de temps après, tira donc brusquement le préfet Fourier de l'état de calme et de confiance où il se complaisait à l'exemple des chefs de l'État : les événements vinrent l'atteindre dans la plus intime retraite; ils le mirent un des premiers en scène; ils exigèrent, pour lui la chose du monde la plus difficile, de promptes, d'énergiques résolutions, dans lesquelles sa position et sa vie même étaient inévitablement compromises.

Ici commence ma relation de ceux des événements des *Cent jours* qui se sont passés sous mes yeux. Je parlerai beaucoup de Fourier : ce nom est digne de cette époque, l'une des dernières manifestations du génie de Napoléon, que seconda ouvertement l'assentiment national en France, qui a réalisé ses vœux, sous un autre nom, mais par la même volonté, en 1830.

J'avais eu connaissance de la circulaire de Paris, mais je ne l'avais pas reçue (1). On y annonçait que la France « *aurait reconquis sa* « *liberté le* 1er *mars, à cinq heures du matin;* » j'en attendais innocemment la nouvelle par le *Moniteur*, et j'avais promis à mon frère, logé à la bibliothèque publique, de lui en faire part aussitôt, si le journal du 1er mars, qui devait arriver le 5, annonçait en effet un si grand événement.

Le dimanche 5 mars, le *Moniteur* arriva, calme et béat comme de coutume : rien n'y contrastait avec l'optimisme habituel de ses colonnes. Mais je ne me trouvais point dans des dispositions semblables; car ce même jour, de très-grand matin, j'avais été réveillé par une personne fort habituée dans l'intérieur de la maison de Fourier; elle vint m'annoncer la nouvelle du débarquement de Napoléon sur la côte de Provence. Il la tenait du valet de chambre du préfet, qui avait trouvé dans la poche de l'habit qu'il allait battre, les dépêches que son maître avait reçues des départements voisins. Je courus chez mon frère;

(1) On a écrit après coup bien des relations des événements qui se sont passés à Grenoble dans le mois de mars 1815. Quelques personnes ont trouvé bon de s'y mêler comme principaux acteurs avant et après. Je déclare n'y avoir pris part que le 8 mars au matin, et par l'effet d'un hasard que je dois rappeler dans cet écrit.

nous dédaignâmes le *Moniteur ;* l'histoire allait
s'écrire sous nos yeux, nous allions toucher au
doigt les événements qui devaient en illustrer à
jamais quelques pages ; mais nous fûmes fidèlement discrets : plusieurs heures après la nouvelle
était encore inconnue.

Voici ce qui s'était passé à la préfecture :

Le samedi 4 mars, vers les cinq heures après
midi, un postillon envoyé en courrier avait remis à l'hôtel du préfet une dépêche ainsi conçue :

« Fréjus le 2 mars 1815 à sept heures et demie du soir. »

« *Le préfet du département du Var à M. le préfet de*
« *l'Isère.* »

« Monsieur et cher collègue,

« J'ai l'honneur de vous informer que Bona-
« parte, à la tête de seize cents hommes, a débar-
« qué hier au golfe Juan, a passé à Grasse ce
« matin, et se dirige par Saint-Vallier, Digne et
« Grenoble sur Lyon, à ce qu'assurent les sol-
« dats qui ont été questionnés. Tout extraor-
« dinaire que vous paraisse cette nouvelle, elle
« est de la plus grande vérité.

« *Signé* LE COMTE DE BOUTHILLIERS. »

Fourier, surpris d'abord, se remit bientôt de
l'effet inévitable d'une semblable nouvelle, il
domina de toute la supériorité de sa pensée la
position extraordinaire où le plaçait l'événement
le plus imprévu et qui venait de lui être révélé. Il

chercha les règles de sa conduite dans ses propres engagements publics, et ses devoirs dans la mission qu'il tenait du gouvernement royal. Il prit donc la résolution de le défendre contre l'invasion à main armée que méditait l'ancien général en chef de l'armée d'Égypte, l'empereur Napoléon, dont le nom était déjà rattaché très-honorablement pour Fourier à quelques époques mémorables de sa vie.

Dès le même jour 4 mars, le préfet Fourier rendit compte au gouvernement de ce qu'il avait fait : voici le texte de sa lettre :

« A Grenoble, le 4 mars 1815. »

« (*Commencée le 4 mars à 7 heures du soir.*) »

« (*A son Ex. le ministre seul.*) »

• *A son Excellence le ministre et secrétaire d'État de* « *l'intérieur.* »

« Monseigneur,

« J'ai reçu aujourd'hui samedi 4 mars, à cinq
« heures du soir environ, la lettre dont l'extrait
« est ci-joint. Elle est écrite de la main du préfet
« du Var. Elle a été remise ici au concierge par
« un postillon avec une lettre de M. Descorches,
« préfet de la Drôme, qui a reçu un avis sembla-
« ble. »

« En recevant une dépêche dont l'objet est
« aussi inconcevable, j'ai examiné d'abord avec
« beaucoup de soin s'il pouvait y avoir quelque
« motif de douter de l'authenticité, et il m'a paru

« que la teneur de ces pièces ne pouvait laisser
« aucune incertitude. »

« Je me suis concerté avec les chefs des prin-
« cipales autorités civiles et militaires, au nom-
« bre de trois seulement. Je leur ai proposé les
« précautions qu'une circonstance aussi extraor-
« dinaire rend indispensables. »

« Savoir : 1° de veiller à ce qu'au moment où
« la nouvelle se répandra dans le public, il ne se
« forme point aucun rassemblement de quelques
« séditieux qui, se portant à la demeure des
« principaux chefs des autorités, les retienne et
« les empêche de se concerter, et s'empare de l'au-
« torité publique dans le département ; »

« 2° De prévenir la saisie des caisses ou de-
« niers publics qui serviraient à entretenir ou à
« encourager les séditieux. »

« 3° De rassembler les forces sur lesquelles on
« peut entièrement compter, et faire en sorte
« qu'au moment où la nouvelle éclatera, on sa-
« che que toutes les mesures de sûreté avaient
« été prises d'avance. »

« Ces dispositions sont parfaitement convenues
« entre nous ; M. le lieutenant général Mar-
« chand (1), le maire, et l'inspecteur des gardes
« nationales récemment nommé, partagent ces
« vues, et j'ai tout lieu d'être persuadé que nos
« sentiments sont les mêmes. »

(1) Aujourd'hui pair de France.

« Il nous a paru convenable de faire appeler à
« la préfecture le colonel commandant la légion
« de gendarmerie. »

« Nous l'avons invité à réunir au chef-lieu un
« plus grand nombre de gendarmes. Il en a donné
« l'ordre sur-le-champ. Je connais depuis fort
« longtemps la plupart de ses hommes, et j'ai
« éprouvé leur zèle dans les derniers événements,
« et je m'en suis toujours servi très-utilement
« pour réprimer les dispositions de quelques
« mauvais sujets qui se montraient opposés au
« gouvernement du roi. »

« Les colonels des régiments en garnison à
« Grenoble seront prévenus cette nuit; j'ai lieu
« de compter entièrement sur les principaux
« chefs du régiment d'Angoulême, le cinquième,
« et ils ont la confiance des soldats; les autres co-
« lonels ont annoncé jusqu'ici des dispositions
« estimables. J'ai cherché depuis quelque temps à
« multiplier mes relations avec eux et j'en ai tou-
« jours été satisfait. La garde nationale se com-
« portera bien et suivra notre impulsion. Il y a
« parmi les habitants de cette ville et dans les
« campagnes des hommes imbus de sentiments
« politiques déraisonnables, mais ils ne sont
« point pour cela partisans de Bonaparte. J'ai le
« pressentiment ou plutôt j'ai la plus vive con-
« fiance que la crise qui se prépare aura une issue
« honorable et digne des cœurs français. »

« Je n'ai point été satisfait de mon premier
« entretien avec le colonel de la gendarmerie ;
« cet officier m'a paru manquer de tête ou de
« bonnes intentions ; entre autres observations
« qu'il m'a faites, il m'a dit savoir que la Pro-
« vence est dévouée à Bonaparte et qu'on ne peut
« se le dissimuler ; j'ai tâché de le persuader du
« contraire ; la fin de la conversation a été très-
« bonne, et il a pris sans aucun retard les dispo-
« sitions convenables. »

« J'envoie cette nuit un courrier dans les Hau-
« tes-Alpes, et j'annonce que nous avons pris ici
« des dispositions efficaces ; que toutes les auto-
« rités sont d'accord ; que toutes les troupes
« sont dans les meilleurs sentiments, que les ha-
« bitants se prononcent hautement et qu'il est
« absolument impossible aux rebelles et aux pil-
« lards d'espérer aucun succès. Je pense qu'il est
« très-utile qu'on ait dans le département des
« Hautes-Alpes cette opinion de ce qui se passe à
« Grenoble. »

« J'écris par le même courrier aux autorités
« civiles de Lyon, en leur annonçant que la ville
« de Grenoble et les garnisons de nos places font
« éclater les meilleurs sentiments, et que tout est
« réuni au nom du roi contre l'ennemi commun.
« Je désire que cette annonce puisse contribuer
« en quelque chose à la conduite que va tenir la
« ville de Lyon. Je ne ferai dans ce premier rap-

« port aucune mention des dispositions militaires
« que pourra prendre M. le lieutenant général
« Marchand, je rappellerai cet objet dans mes
« rapports subséquents. »

« Je vais faire imprimer dans la matinée une
« proclamation dont j'aurai l'honneur de vous
« rendre compte. »

« Je prie votre Excellence de me transmettre
« les instructions qu'elle jugera convenables et
« d'être assurée que je les exécuterai avec zèle et
« fidélité; aucun motif de crainte ne me détour-
« nera de mon devoir envers le roi et la patrie.
« Je connais personnellement l'ennemi audacieux
« qui nous menace, et je ne doute point qu'avant
« bien peu de temps il ne nous envoie des émis·
« saires. »

« J'ai l'honneur d'être avec respect, etc. »

« *Signé* : FOURIER. »

« Terminée, le 5 mars, à sept heures du matin. »

Voilà l'exposé fidèle de ce qui se passait à la
préfecture de Grenoble; il doit servir à rectifier
les relations nombreuses de ces mêmes événements déjà publiées par les historiens même de
la vie de Fourier, infidèles pour la plupart,
quoique bien intentionnés.

D'autres dépêches se succédèrent; le temps
s'écoulait et hâtait le dénoûment de ce grand
drame qui devait ramener sur la scène l'Europe
entière toute en armes contre la France toute seule.

Lettre du préfet des Basses-Alpes au préfet de l'Isère.

« Digne, le 4 mars 1815, cinq heures du matin. »

« Je m'empresse de vous donner avis que je
« reçois à l'instant la confirmation de la nou-
« velle que m'a adressée le préfet du Var, du
« débarquement de l'empereur Napoléon à Can-
« nes, le 1ᵉʳ de ce mois vers le soir; il est arrivé
« le 2 à Séranon, le 3 à midi à Castellane, et le
« lendemain à huit heures du matin à Barrême.
« Il va arriver probablement à Digne ce matin.
« Il est précédé par un ordre de fournir cinq
« mille rations de pain, de viande et de vin. Ne
« pouvant opposer de résistance dans cette cir-
« constance aussi imprévue, nous ne pouvons
« que nous occuper de mettre les caisses publi-
« ques en sûreté et de placer en lieu de sûreté et
« hors du passage les forces militaires dont nous
« pouvons disposer. »

Lettre du préfet des Hautes-Alpes.

« Gap, le 4 mars 1815, sept heures trois quarts du soir. »

« *Le préfet des Hautes-Alpes au préfet de l'Isère.* »

« Monsieur et cher collègue,

« Nous avons reçu ce matin un premier avis.
« Le général commandant le département fait ses
« diligences pour la défense des places; il s'y
« est rendu; je vais y diriger ce que je pourrai

13

« réunir de gens de bonne volonté parmi les
« gardes nationales, en attendant les renforts
« que nous avons demandés à Grenoble et à Va-
« lence. Hâtez, je vous prie, l'arrivée de ces ren-
« forts et ne perdez pas un moment ; car demain
« matin vraisemblablement Bonaparte sera ici. »

« On ignore s'il a des projets sur Grenoble.
« C'est à vous à pourvoir, selon les avis que vous
« recevrez, à la sûreté de vos caisses, etc. Peut-
« être ne pourrai-je plus vous en adresser ; mais
« la voix publique et les fonctionnaires libres
« encore me remplaceront. »

« Agréez, monsieur et cher collègue, l'assu-
« rance de mes sentiments distingués. »

« Le préfet des Hautes-Alpes. »

« *Signé :* HARMAND. »

Fourier continue, le 5 mars à midi, son rapport au gouvernement, avec cet intitulé :

« *P. S.* Ce post-scriptum a été commencé à midi. »
« Le paquet est clos à huit heures et demie du soir. »

Après y avoir mentionné les deux dépêches
qu'on vient de lire, Fourier ajoutait :

« Le lieutenant général Marchand est instruit
« de tous ces détails. Je lui ai communiqué les
« lettres que j'ai reçues ; et depuis la réception
« de la nouvelle, j'insiste à chaque instant pour
« que l'on prenne des dispositions militaires très-

« expéditives, et à mon avis les meilleures sont
« les plus promptes. Les colonels annoncent les
« sentiments les plus honorables. Ils témoignent
« de l'incertitude sur les dispositions des soldats;
« cependant j'espère beaucoup en mon particu-
« lier. »

« Les habitants ont d'abord été consternés,
« aucun ne prend parti pour Bonaparte, un
« grand nombre de citoyens se déclare hautement
« contre lui. Je viens de faire une proclamation
« où je témoigne la plus grande confiance à la
« garde nationale; des personnes qui avaient
« paru indifférentes jusqu'ici pour le parti fran-
« çais, se déclarent. On fait ouvrir les boutiques
« pour prendre des cocardes blanches. Ce zèle
« si digne des cœurs français se soutiendra-t-il?
« je l'espère toujours. »

« Les membres des autorités me renouvellent
« leurs protestations. Je les entretiens à chaque
« instant de mes espérances et de mes vœux, et
« ils les partagent. »

« J'ai l'honneur d'être avec respect, etc. »

« *Signé* : FOURIER. »

Le 5 mars était un dimanche : ces jours-là,
Fourier recevait les fonctionnaires publics après
la messe de midi. On remarqua l'altération de
sa figure, mais on ne se doutait point des évé-

nements : vers les deux heures, il fit afficher une proclamation qui portait ce qui suit :

« Le préfet du département de l'Isère à tous les habitants
« de ce département. »

« Une nouvelle extraordinaire vient de nous
« être transmise par la correspondance des pré-
« fectures, et nous avons jugé convenable de la
« rendre publique, après avoir pris les mesures
« qu'exige de nous le maintien de l'ordre, et qui
« ont été adoptées par les autorités civiles et mi-
« litaires réunies. »

« L'avis qui nous a été donné par M. le pré-
« fet du Var est daté de Fréjus, du 2 mars, à
« sept heures et demie du matin; il porte que
« Bonaparte vient de débarquer au golfe Juan;
« il s'est dirigé sur Grasse. Ceux qui l'accompa-
« gnent assurent que son but est de marcher par
« Digne et de s'avancer par les Hautes-Alpes. La
« première dépêche annonçait qu'il est accompa-
« gné de seize cents hommes : une seconde lettre,
« arrivée cette nuit, porte qu'il a mille à onze
« cents hommes seulement. Tous les départe-
« ments du midi sont avertis; la nouvelle en est
« arrivée à Lyon, et les lettres que nous venons
« de recevoir font connaître que toutes les dis-
« positions qu'exige la sûreté publique ont été
« prises. »

« Nous invitons tous les citoyens, au nom du

« gouvernement du roi, et pour l'intérèt évident
« de notre patrie, à donner aujourd'hui de nou-
« veaux témoignages des sentiments qu'ils ont
« fait éclater dans des circonstances beaucoup
« plus difficiles : si quelqu'un pouvait oublier
« que son premier devoir est d'obéir aux auto-
« rités, comme le nôtre est de maintenir le respect
« dû au gouvernement de Sa Majesté, et de veil-
« ler à la sûreté des propriétés, il sera arrêté sur-
« le-champ et puni sévèrement, conformément
« aux lois constitutionnelles. »

« Tout ce qui pourrait tendre à fomenter la
« guerre civile et à violer la charte constitution-
« nelle de l'État, doit exciter une indignation
« générale. »

« Tout attroupement au dedans ou au dehors
« de la ville est de nouveau expressément défendu,
« et sera dissipé par la force armée. »

« Les armes qui, par ordre exprès du ministre
« de la guerre, avaient été déposées pour être
« présentées à l'inspection, seront, sans aucun dé-
« lai, rendues aux personnes qui les ont remises. »

« La connaissance que nous avons des senti-
« ments qui animent la garde nationale de cette
« ville, l'expérience que nous avons de son zèle,
« nous suffisent pour autoriser cette détermina-
« tion, et nous sommes persuadés que le Gouver-
« nement l'approuvera ; elle va reprendre son
« service en exécution des lois. »

« Fait et arrêté, à Grenoble, en l'hôtel de la
« préfecture, le 5 mars 1815. »

« Le préfet, *Signé* JH. FOURIER. »

« Par le préfet : le secrétaire général :

« *Signé* BEAUFORT. » (1)

Dès que cet acte administratif fut publié, le
débarquement de l'Empereur ne fut plus un secret pour personne, et il faudrait mentir pour
dire que cette nouvelle ne fut pas reçue avec une
satisfaction presque universelle, quoique bien
discrète en ce moment, et par la ville et par les
troupes.

Les autorités constituées employèrent toutes
leurs ressources pour s'opposer avec succès à
l'invasion de la France. Mais les démonstrations
les plus favorables au gouvernement royal ne
partaient point de la masse de la population.
L'ancien régim, avec sa dîme, sa corvée et ses

(1) Avec la proclamation du préfet on publia celle du lieutenant général Marchand, adressée aux soldats de la 7ᵉ division
militaire. Ensuite Fourier fit savoir aussi, officiellement, que Mas-
sena, par une lettre datée de Marseille le 4 mars, annonçait que
des troupes s'étaient mises en mouvement pour couper la marche de l'ennemi; et qu'une dépêche de Paris, du 6 au soir, faisait
connaître le départ de *Monsieur* pour Lyon. Fourier s'efforçait
d'exciter les sentiments de fidélité au roi. Toutes ces pièces furent
insérées dans le *Journal du département de l'Isère*, n° 29, *mercredi 8 mars*. Mais l'entrée de Napoléon, le mardi 7, fit supprimer
l'édition de cette feuille du 8.

priviléges, avait été trop fier, trop menaçant durant quelques mois. D'un autre côté, l'on avait peut-être trop facilement considéré comme des signes certains des vues secrètes du gouvernement, les sots projets, les exigences inconstitutionnelles de certaines classes, et que des imprudents avaient publiquement manifestés à la fois et dans les villes et dans les campagnes. Il est constant que l'invasion de l'Empereur fut considérée comme une nouvelle délivrance.

Tous les efforts contre lui furent impuissants. A mesure que Napoléon s'approchait, les démonstrations royalistes devenaient moins bruyantes, elles s'effaçaient peu à peu devant l'expression même muette de l'opinion contraire. Il n'y eut pas une seule marque d'opposition à l'autorité légale : mais l'agitation générale indiquait assez l'état réel de l'opinion. Il est d'ailleurs certain que l'Empereur avait des confidents de son projet dans la ville, et le roi n'y trouva pas un défenseur déterminé. Il a été dit dans des ouvrages de quelque poids qu'un jeune négociant de Grenoble était allé à l'île d'Elbe, qu'il y avait vu Napoléon et qu'il s'était fait l'entremetteur du parti qui le rappelait en France : M. Dumoulin m'a assuré lui-même de la réalité de son voyage.

Une autre circonstance jusqu'ici inaperçue par les historiens contribua peut-être aussi à diriger la marche de l'Empereur sur Grenoble.

Le chirurgien de la garde française de l'île d'Elbe
était originaire de cette ville. Homme ferme, fidèle et résolu, il s'était fait à lui tout seul l'avant-
garde de Napoléon; il arriva en effet secrètement à
Grenoble dans l'après-midi du dimanche 5 mars,
distribua quelques exemplaires des proclamations
du golfe Juan, et s'y cacha de manière à dépis-
ter toutes les recherches que la police ne manqua
point d'ordonner avec insistance. Émery, c'est
le nom de ce chirurgien, le même qui est doté
dans le testament de l'empereur, avait rencontré
à quelques lieues en avant de Grenoble, à La-
frey, sur la route de Gap, le général Mouton-
Duvernet qui allait raffermir dans le devoir les
garnisons des Hautes-Alpes. Emery se fit connaître sans hésitation; le général était seul, le
dialogue ne fut pas long, et chacun des interlocuteurs continua sa marche dans le sens des intérêts du chef qu'il servait.

Pendant la journée du lundi 6 mars, les préparatifs de résistance furent activement continués
à Grenoble. Les remparts furent armés, forti-
fiés, et les troupes excitées à les défendre contre
l'ennemi. Le préfet, le général multipliaient les
ordres utiles, s'efforçaient de pourvoir à toutes
les nécessités, autant que le leur permettaient
toutefois les nombreux importuns qui venaient
manifester leur zèle pour le roi, non en prenant
les armes, en se rangeant parmi les défenseurs

dévoués, en marchant à la rencontre de l'ennemi (1), mais en rédigeant, à la sueur de leur front et de leur génie, de grands projets d'attaque et de défense contre le relaps de l'île d'Elbe.

En attendant Napoléon était à Digne le 4 mars, couchait à Gap le 5 et en partait le 6 à deux heures après midi pour aller passer la nuit à Cops, chef-lieu d'un canton de l'arrondissement de Grenoble. De là il envoya le général Cambrone en reconnaissance sur la petite ville de la Mure. De son côté, le général Marchand dirigeait quelques troupes vers le même point, et il arriva que dans la nuit du 6 au 7 mars, les fourriers des troupes de l'empereur et les fourriers des troupes du roi se rencontrèrent à la mairie de la Mure, demandant les uns et les autres des logements et des vivres pour leurs troupes : le maire se trouva momentanément pressé par les prétentions des deux cocardes ennemies ; les fourriers du parti du roi se retirèrent, les soldats de la cocarde tricolore qui s'approchaient pouvaient les faire prisonniers.

Le mardi 7, l'Empereur se dirigea sur Grenoble à travers un pays montagneux , et il n'y trouva

(1) Dans un rapport du 4 avril 1815, le général Ernouf, commandant à Sisteron sous les ordres de Mgr le duc d'Angoulème, écrivait cette réflexion : « Ce qu'il y a de remarquable, c'est que pas un seul gentilhomme du Dauphiné ne s'est réuni à nous. » (*Moniteur du 12 avril* 1815, *colonne* 3e *de la page* 415, *vers le bas*.)

que des populations amies, accourant à sa rencontre. Dans un défilé, rétréci par une montagne escarpée et par les eaux d'un lac large et profond, il rencontra les premiers soldats rangés en bataille contre lui; on sait comment il enleva par sa parole le bataillon du 5ᵉ de ligne qui devait lui interdire ce passage à force ouverte. L'Empereur continua sa route, après avoir facilement conquis ce premier renfort; il aurait peut-être passé la nuit à Vizille : mais le même jeune négociant, qui avait réussi à le voir à l'île d'Elbe, se porta à sa rencontre et lui exposa, sur la grande route même, en embrassant ses genoux, les motifs qui faisaient désirer à ses partisans qu'il entrât le soir même dans Grenoble.

Ce même jour le 4ᵉ régiment de hussards venait d'y arriver, appelé de Vienne où il tenait garnison. Le 11ᵉ régiment de ligne, et celui que commandait la Bédoyère, le 7ᵉ de ligne, arrivèrent aussi de Chambéry vers midi. L'infortuné colonel du 7ᵉ logea chez un ancien ami, qui depuis ce jour a maudit sa mémoire, sans pitié pour sa mort. Vers trois heures, la Bédoyère monta à cheval, se rendit à la caserne occupée par son régiment (la caserne de Bonne, près de la porte du même nom, celle par laquelle Napoléon entra), fit mettre ce régiment sous les armes, commanda en avant, le conduisit hors de la ville, sur cette même route de Vizille qui, longeant alors quelque temps le glacis de la place, tournait ensuite brusquement à droite et se prolongeait en une longue chaussée de près de deux lieues en ligne droite. Du grand balcon du musée de la ville, la vue se projette directement sur toute la longueur de cette chaussée : de ce balcon où j'étais en compagnie de plusieurs personnes dont les noms me sont encore présents, je vis défiler le régiment ayant son colonel en tête ; et, après que ses bataillons furent tous développés sur la chaussée, les cris de *Vive l'Empereur* se firent entendre, les soldats prirent le pas de course, la cocarde tricolore fut arborée, le régiment fut à l'Empereur..... L'histoire a recueilli les fatales conséquences de cet événement. Le général d'artillerie Bouchu courut en vain après la Bédoyère pour le retenir, et le ramener : le sort avait arrêté ses desseins.

A l'approche de la nuit, l'entrée de l'Empereur ne fut plus douteuse ; les rapports des aides de camp du général Marchand ne laissaient point d'incertitude. Le préfet et le général avaient épuisé tous leurs moyens, toute leur autorité. Depuis midi la cocarde blanche n'était plus arborée que dans le cœur des fidèles qui s'étaient déjà volontairement dispersés, et la garde national à cheval avait cessé ses patrouilles. Les troupes occupaient les remparts garnis d'artillerie ; plusieurs pièces croisaient leurs feux sur le pont-levis de la porte de Bonne, il ne fallait qu'un homme résolu à tirer un coup de fusil sur la cocarde tricolore, et cet homme ne se trouva point.

La population des campagnes accroissait de hameau en hameau l'escorte de l'Empereur; le clergé sortait processionnellement sur son passage; les cris de ces masses compactes lui servaient de courrier; un peu après neuf heures du soir, elles touchèrent enfin aux remparts de la place, mêlées à quelques lanciers polonais. D'une voix unanime les soldats et les citoyens leur répondirent. L'Empereur à cheval s'avança presque seul de sa personne vers la porte qui était fermée, frappa avec sa tabatière en s'écriant : *Ouvrez,... ouvrez donc..... Mais on n'ouvre pas!* On lui fit entendre que les clefs avaient été portées chez le général Marchand; mais la porte céda presque aussitôt sous les coups qui la sapèrent simultanément en dedans et en dehors; et Napoléon, porté par les flots et l'enthousiasme populaires, se rendit, au petit pas, à l'hôtel des Trois-Dauphins, tenu par un ancien guide de la garde des consuls : son logement y était préparé d'avance.

Je le vis passer de très-près sur la place; sa redingote grise couvrait son uniforme. Les cris de *vive l'Empereur* ne cessaient que pendant de faibles intervalles; un magistrat debout à côté de moi s'écria, au moment où Napoléon était près de nous : *Vive l'Empereur, mais vive la liberté! — Oui*, dit aussitôt Napoléon en tournant sa tête de notre côté, *oui, vive la liberté*. Nous étions à sa droite.

Pendant qu'il frappait à la porte de la ville avec sa tabatière, un cri s'était élevé de la foule qui l'accompagnait, pour faire éteindre quelques torches allumées pour éclairer sa route ; on craignait qu'il ne fût aperçu du haut des murailles par quelque malintentionné.

L'Empereur descendit à l'hôtel des Trois-Dauphins avec les généraux Bertrand, Drouot et Cambrone; il y occupa le premier étage qui donnait sur la rue Montorge et sur la terrasse du jardin de la ville, logement fort modeste et garni d'un vieux mobilier plus modeste encore. Une chambre obscure, où étaient un lit et quelques chaises, servait d'antichambre ; la pièce suivante, éclairée par deux croisées donnant sur la rue, était le salon de Napoléon, et la chambre parallèle, la chambre à coucher (1). Les généraux occupaient l'étage supérieur ; le reste de la suite fut logé le mieux possible dans ce palais impérial improvisé.

A l'approche de l'Empereur, le général Mar-

(1) J'ai revu en 1843 ce logement temporaire de Napoléon : la chambre à coucher a été magnifiquement meublée ; une inscription, sur la cheminée, rappelle que l'Empereur l'a occupée les 7, 8 et 9 mars 1815.

chand était sorti de la ville par la route de Chambéry et Fourier par la route de Lyon. Ceci se passa par l'effet d'un accord préalablement concerté entre les premières autorités publiques. La pièce suivante en rend témoignage :

« Le commandant du poste de la porte de
« France fera ouvrir les portes pour laisser pas-
« ser monsieur le préfet et sa suite. »

« Grenoble, le 7 mars 1815.

« Le lieutenant général,

« *Signé* : Comte MARCHAND. »

Je ne vis pas Fourier dans les dernières heures de la journée du 7 mars ; mais sa résolution m'était connue. Dans tous les événements importants de sa vie, son esprit, trop fertile en de tels moments, multipliait à l'infini les aspects divers du sujet de sa pensée, et il en naissait une habituelle lenteur, souvent même une pénible indécision. Les circonstances inouïes qui venaient le surprendre sans défense possible, l'affligeaient profondément. Nul ne fut jamais plus attentif que lui à ne point se poser personnellement en face des hommes; cette prévoyance, portée à l'excès, ressemblait même parfois à de l'indifférence pour l'humanité tout entière ; et la fortune le commettait aujourd'hui sans refuge avec l'ancien dominateur de l'Europe, l'homme qu'il désirait le moins de revoir, celui qui lui était le plus connu par des antipathies et par des bienfaits.

Il y eut alors dans les résolutions de Fourier, comme il lui arrivait dans toutes les graves occasions, un peu de tout, et cette mollesse de volonté dont les actes, se balançant presque exactement, aboutissent à un résultat final, sinon tout nul, du moins inoffensif. Il n'était jamais pressé de décider, il signait même avec une lenteur réfléchie, parce que chaque signature de l'administrateur était une décision: toutefois il ne la faisait jamais attendre quand cette signature était un service, ou une grâce.

Fourier sortit de Grenoble pour le service du roi, mais il n'oublia point pour cela ce qu'il devait à l'Empereur. Par l'effet d'une ingénieuse inspiration, l'homme et le préfet se séparèrent, et chacun d'eux s'acquitta de ses obligations individuelles. Tout en dirigeant les apprêts inopinés de son départ, Fourier faisait disposer selon les goûts de Napoléon, qui lui étaient bien connus, l'hôtel de la préfecture où il pensait que le héros voyageur viendrait descendre; il l'approvisionna de linge neuf et de tout ce qui pouvait être utile ou nécessaire à son service personnel, et il y ajouta une lettre dans laquelle il expliquait à la fois ses devoirs envers le roi et ses attentions envers l'empereur.

Il eut les mêmes prévenances pour le général

Bertrand dont l'École polytechnique et la campagne d'Égypte lui avaient fait un ami sincère. Fourier lui laissa un appartement bien ordonné, du linge et une lettre.

Ces deux lettres, confiées à une personne dont je n'ai jamais connu le nom, ne furent point remises. Napoléon n'a su que par moi ces attentifs ménagements de la part de Fourier fuyant devant lui et abandonnant sa préfecture.

Sorti de Grenoble avec ses chevaux et une escorte de gendarmerie, Fourier s'arrêta d'abord à Moirans, ensuite dans une auberge de Rives, sur la route de Grenoble à Lyon ; il n'y voulut voir aucune des personnes de son intimité, que le même motif amenait dans le même lieu. Nous allons rapporter son itinéraire, et minutieusement, dans le seul intérêt de la vérité, ou plutôt pour rectifier des erreurs qui sont déjà recommandées à l'histoire par un savant et illustre écrivain.

M. Arago s'exprime ainsi dans l'*Éloge historique* de Fourier, qu'il a lu à la séance publique de l'Académie des sciences, le 18 novembre 1833 :

« La conduite de Fourier pendant cette grave
« conjoncture (le retour de Napoléon) a été l'ob-
« jet de cent rapports mensongers. J'accomplis
« donc un devoir en rétablissant les faits dans
« toute leur vérité, d'après ce que j'ai entendu
« de la bouche même de notre confrère. » Et

M. Arago raconte avec une confiance assez motivée, que Fourier, sortant de Grenoble, se rendit à Lyon où étaient réunis les princes de la famille royale; que ces princes reçurent fort mal le préfet de l'Isère et ses communications; qu'ils lui ordonnèrent de retourner à son poste, et que, à peu de distance de Lyon, Fourier obéissant à ces ordres, fut enlevé par des hussards à cocarde tricolore et conduit devant l'Empereur à Bourgoin.

J'ai une relation tout opposée à consigner dans nos annales publiques : elle est fondée sur la part que j'ai prise à ces événements, sur les souvenirs et les témoignages écrits que j'ai soigneusement conservés, sur les déclarations écrites que je tiens des personnes qui n'ont point quitté Fourier depuis son départ de Grenoble jusqu'à son installation dans la préfecture de Lyon, ou qui l'ont vu dans cet intervalle de temps : et l'une de ces personnes est M. Sapey, alors sous-préfet de la Tour du Pin (un des arrondissements du département de l'Isère), et frère de l'illustre député qui depuis quarante ans représente si dignement le département et tous les grands intérêts de la patrie dans nos assemblées législatives.

D'après ces souvenirs, ces témoignages écrits et ces déclarations authentiques, réunis en ce moment sous mes yeux, Fourier, accompagné par son secrétaire particulier, M. Lepasquier (mort il y a peu de temps préfet du Jura), et d'un employé de la préfecture, celui-là même qui m'avait apporté les nouvelles le 5 mars au matin, sortit de Grenoble le mardi 7 entre sept et huit heures du soir, s'arrêta pour souper à Moirans, renvoya de là l'escorte de gendarmerie, poussa jusqu'à la Verpillière, après avoir traversé Rives et Champier, et retenu, entre ces deux villes, les dépêches que portait un courrier venant de Lyon. Étant arrivés à la Verpillière, M. Lepasquier fut envoyé à Lyon et rapporta, à son retour, que M. le comte d'Artois avait déjà quitté ce lieu. Ceci se passait le 8 mars. Fourier, retournant sur ses pas, alla de la Verpillière à Cessieux, et logea chez le sieur Berger; l'employé fut dépêché de là vers M. Sapey, sous-préfet de la Tour du Pin; il le conduisit auprès du préfet, et fut aussitôt après envoyé, à franc étrier, vers Grenoble avec l'ordre de se rendre immédiatement chez moi. Il arriva le 8 au soir. Ce même jour, M. Sapey emmena Fourier de Cessieux à Séresin chez M. Douillet, maire de ce lieu, où il devait se trouver à l'abri de toute perquisition, s'il en était fait. La journée du 8 et celle du 9 s'écoulèrent ainsi. Ce même jour 9 mars, l'Empereur était parti de Grenoble l'après-midi, avait marché toute la nuit, était à Champier sur les 2 heures du matin et à Bourgoin avec le jour, le 10 mars. M. Lepasquier y fut envoyé par Fourier; il vit le général Bertrand, l'entretint de Fourier, et reçut l'invitation de l'engager à quitter sa retraite et à se rendre de suite auprès du général. Fourier arriva bientôt après et fut présenté, vers les onze heures du matin du 10 mars, à l'Empereur qui ne le maltraita point, le considéra dès lors comme à lui; et ce fut au moment même où l'Empereur quittait Bourgoin, que Fourier apprit par une lettre du général Bertrand, sa nomination à la préfecture du Rhône. Tout ceci se passa le 10 mars dans la matinée; et dans l'ensemble des circonstances qui remplirent ces journées des 8, 9 et 10 mars, il n'y a point de place pour une conférence de Fourier avec les princes, ni pour un séjour, même très-court, dans Lyon. L'Empereur y entra le 10 mars à 4 heures du soir; Fourier s'y rendit le 11 et prit possession de la préfecture du Rhône.

Napoléon à Grenoble exige bien de nous quelques lignes; les mémoires que laissent les témoins oculaires et consciencieux sur les grands événements humains, et leurs moindres confidences sur les plus illustres personnages, sont d'un grand prix pour la véracité de l'histoire et pour les études des moralistes. Je vais donc dire ce que j'ai vu.

La foule qui environnait Napoléon à son entrée dans la ville, le 7 mars, ne quitta pas de toute la nuit les alentours de l'hôtel des Trois-Dauphins. Bien souvent l'Empereur dut répondre à l'empressement public, en se montrant à la croisée, d'où il ne manqua jamais de saluer le peuple. On lui apporta le soir même les débris de la porte de la ville, qu'il venait d'enfoncer avec sa tabatière (1).

Des officiers de tout grade se mirent immédiatement à son service. Les autorités publiques furent averties. Parmi ces fonctionnaires, le maire de la ville le fut un des premiers. C'était le baron Renauldon, alors un des doyens des maires de l'empire; l'Empereur le savait, le lui dit, et l'accueillit comme une ancienne connaissance, malgré ses boutons aux fleurs de lis dont l'uniforme du maire était garni. Il ajouta : « Il me hâtait « d'arriver; je suis très-content de vos popula-« tions; votre pays est bien coupé, on y ferait « une belle guerre. » Les plus zélés se présentèrent successivement; l'Empereur donna des ordres pour tout son service; des hommes sûrs furent dépêchés sur la route de Lyon, et le médecin Reinaud en courrier incognito, dans la ville même. On donna les ordres dans la même direction pour la marche des troupes dont les chefs s'étaient soumis. Les grenadiers de l'île d'Elbe, logés chez les particuliers, y prirent un bien sobre repas et allèrent spontanément bivouaquer sur la grande place voisine du logement

____

(1) Cette offrande de quelques fragments de cette porte a fait le sujet d'une estampe où l'action est figurée en style gigantesque, conséquemment peu véridique.

de l'Empereur. Deux voitures de campagne faisaient partie de son bagage ; l'une portait le bureau typographique, et l'autre le trésor ; elles
passèrent la nuit dans la rue. Les proclamations
furent réimprimées par un imprimeur de la ville
et distribuées avec profusion le soir même : l'Empereur ne demanda rien, ni vivres, ni argent ; il
paya ses dépenses à l'hôtel, les frais d'impression
de ses proclamations, de ses décrets, tout ce qui
concernait son service et celui de ses grenadiers.

Dès son entrée dans Grenoble, il eut à ses ordres une petite armée de sept à huit mille hommes,
comprenant infanterie, cavalerie, artillerie avec
son matériel, un régiment du génie, un arsenal
formidable, un dépôt de cinquante mille fusils et
tout le matériel nécessaire au mouvement d'un
pareil corps d'armée.

On a lancé dans le public quelques accusations
au sujet de cette réunion inaccoutumée de tant
de troupes dans une place comme Grenoble qui
ne reçoit pas d'ordinaire bien au delà de deux
mille hommes. Mais les auteurs de ces accusations
ont ignoré ou bien oublié que, dans ce temps-là
même, des différends sérieux, et qui ne furent apla-
nis que par un voyage fait par M. le duc d'Angoulème à Turin, existaient entre les cours de
France et de Sardaigne, et avaient rendu nécessaire la réunion de toutes ces troupes sur la frontière des Alpes. Un hasard inouï a fait le reste.

Si l'on contestait mes assertions, j'ajouterais qu'il existait, au 1er mars 1815, une armée des Alpes, que son quartier général était à Lyon, que le baron Marchand en était le commissaire ordonnateur en chef, et que le ministre secrétaire d'État de la guerre lui écrivait, le 8 mars, au sujet du retour de l'Empereur, ce qui suit :

« Monsieur le baron, je vous préviens que le « roi vient d'ordonner la formation de deux corps « d'armée de chacun 15 à 18,000 hommes. »

« L'un de ces corps d'armée, placé sous le com- « mandement de Son Altesse Royale le duc d'An- « goulème, et auquel sera *employé* M. le duc de « Tarente, se réunira sur Nîmes et sera composé « de troupes tirées des garnisons des 8e, 9e et « 10e divisions, etc. »

« L'autre, sous le commandement de Son Al- « tesse Royale le duc de Berry, et auquel sera *em- « ployé* M. le prince de la Moskowa, sera placé « dans la Franche-Comté et se composera en « grande partie de troupes prises dans les garni- « sons les plus à proximité. »

« Vous voudrez bien, Monsieur, vous occuper « sans nul délai des dispositions à faire pour as- « surer à ces deux corps d'armée les différents « services administratifs.... »

« Je dois vous prévenir aussi que j'ai différé de « nommer les employés des divers services ad- « ministratifs qui, d'après le tableau *joint à ma*

« *lettre du* 5, devaient être attachés à l'armée
« dont l'administration vous est confiée.... J'at-
« tends que les événements me fassent connaître
« si l'emploi de ce personnel sera réellement né-
« cessaire, et s'il ne serait pas possible d'éviter
« la dépense qui en résulterait. »

« Par un motif semblable, je n'ai point encore
« fait des dispositions définitives au sujet du trai-
« tement de guerre de l'armée. Si néanmoins les
« circonstances exigeaient que quelques troupes
« y reçussent les vivres de campagne, vous vou-
« driez bien, après avoir pris les ordres de Son
« Altesse Royale *Monsieur*, pourvoir à la fourni-
« ture par des marchés d'urgence; Son Altesse
« Royale pourrait sans doute vous donner quel-
« ques fonds, etc. »

Tel était l'état des affaires à Paris le 8 mars, et
ce même jour, l'Empereur donnait déjà ses décrets à Grenoble.

Deux colonels d'infanterie de la garnison de cette
ville ne se rendirent pas, le 7, auprès de l'Empereur; on ne les inquiéta point, mais on disposa
de leurs régiments, qui montrèrent le même enthousiasme que les autres corps de l'armée. Le
général Bouchu, de l'artillerie, ne se présenta
pas non plus. L'empereur le fit appeler et lui dit :
« Eh bien, général, vous n'êtes pas des nôtres? —
« Non, sire; mon devoir.... — Vous êtes donc
« mon prisonnier? » Le général remit aussitôt son

épée à l'Empereur qui ajouta : « Gardez-la, nous
« nous retrouverons. » Le général prit en effet
du service bientôt après, et la seconde restauration le trouva employé à la Direction de Tou-
louse.

Le lendemain 8 mars, j'allai de très-bonne
heure, avec une partie de ma famille, sur la terrasse du jardin de la ville, dans l'intention de
voir Napoléon, quand il se montrerait à une de
ses croisées en face de ce jardin. En rentrant
chez moi, c'était environ neuf heures, j'appris
qu'un officier d'artillerie était venu déjà deux
fois pour me demander de la part de l'Empereur,
et m'inviter à me rendre immédiatement auprès
de sa personne. Je n'étais pas encore revenu de
la surprise ou du doute que me causait cette
nouvelle, quand le même officier se présenta
pour la troisième fois et me fit connaître lui-
même sa mission, du reste sans pouvoir m'en expliquer l'objet. Je répondis que j'allais me rendre aux ordres que je recevais. Je sortis aussitôt,
mais pour aller à l'hôtel de ville, consulter M. le
maire sur ce qui m'arrivait, et pour prendre ses
conseils. J'y appris en effet que Napoléon ayant
demandé au maire même quelqu'un qui pût ai-
der au service de son cabinet et de ses écritures,
j'avais été désigné par ce magistrat, et que l'Empereur, en écrivant lui-même mon adresse, avait
dit : « *C'est de bon augure ; il a la moitié de*

mon nom. » Je me rendis aussitôt où j'étais appelé. Je fus annoncé et introduit immédiatement. La chambre obscure servant de vestibule était encombrée de monde.

Une porte bien modeste s'ouvrit et me laissa voir une chambre qui ne l'était pas moins, et de forme oblongue de la porte à la croisée. La cheminée était à gauche; elle était ornée d'une copie en plâtre du buste de Napoléon, et je me ressouvins aussitôt que, il y avait à peu près deux mois, j'avais prêté à quelqu'un le buste original en bronze dont je retrouvais ici la copie : c'était un ouvrage du sculpteur Chaudet, appartenant à la bibliothèque de la ville, enfermé dans une armoire depuis la restauration, et d'où je l'avais temporairement tiré, très-ignorant de ce qui devait se passer.

Une table à écrire était auprès de la cheminée; en face était placé un canapé : l'Empereur y était assis, mais dans le sens de la longueur du siége, faisant face à la porte, ayant le dos tourné vers la fenêtre, la jambe gauche allongée sur le canapé, et le pied droit portant sur le parquet. Il se leva, vint à moi et me dit, de cette voix pittoresque, pénétrante, et par place un peu nourrie d'intonations et d'accent étranger, avec beaucoup d'autres paroles, celles-ci que je n'ai point oubliées :

« Je suis bien aise de vous voir. On m'a parlé
« de vous comme d'une personne considérée dans
« cette ville, et de principes modérés. Voilà les
« hommes dont je veux m'entourer à l'avenir. Il
« faut expliquer au peuple pourquoi je suis re-
« venu. Sans moi vous aviez une révolution ré-
« publicaine. Les Bourbons n'ont pas connu la
« France, et je suis bien persuadé aujourd'hui que
« ses destins ne peuvent s'accomplir que par les
« soins d'un gouvernement libéral... »

Étranger comme je l'étais aux prescriptions
de l'étiquette des palais, peu influencé peut-être
par la pauvre majesté du lieu où je parlais à
l'Empereur, que je n'avais jamais vu, j'interrom-
pis son discours et je laissai échapper ces brutales
paroles : « *A ces conditions, sire, la France sera à*
« *vos pieds.* » Un EH? prolongé, lancé d'un visage
aussitôt refrogné, et d'une bouche mécontente
qui ne s'ouvrit que du côté droit, m'avertit que
j'avais manqué à cette étiquette ; mais je ne reculai
pas, persuadé tout aussitôt qu'en répétant mes paroles, j'aurais l'avantage de passer pour un mal-
appris, mais non pas pour un insolent, et je les
redis ferme, enveloppées toutefois de cette précaution oratoire qui n'était pas bien neuve : « *Je*
« *prenais la liberté de dire à votre Majesté que...* »
et le mot sacramentellement impoli de CONDITIONS
ne fut pas omis. Un signe de tête accompagna un

oui vivement prononcé, qui fut suivi sans transition de la suite du discours que j'avais sottement interrompu.

« Oui... on parle beaucoup de mes guerres.
« Les ennemis de la France les ont voulues. Si
« j'avais voulu faire la paix, il fallait faire des
« sacrifices honteux pour la France, et je ne vou-
« lais pas lui ôter ce que je ne lui avais pas
« donné. Le corps législatif, le conseil d'État, le
« sénat m'appuyaient; on me donnait deux cent
« mille hommes lorsque j'en demandais cent
« mille : les flatteurs allaient au-devant de mes
« volontés; je les éloignerai de moi. Je veux des
« hommes nouveaux, patriotes et dévoués. Voyez
« où j'ai été conduit de malheur en malheur,
« depuis Moscou jusqu'à Fontainebleau. Je pou-
« vais continuer la guerre sur la Loire, mais je ne
« voulus pas la guerre civile. Je me retirai pour la
« France, et voyez ce qu'on en a fait. Mes droits ne
« sont que ceux du peuple; il faut bien le dire au
« peuple, et lui répéter que je ne veux ni glèbe,
« ni servitude, et que nous conserverons la paix.
« Nous devons oublier que nous fûmes les maîtres
« des autres nations. J'espère que l'Impératrice
« et mon fils seront bientôt à Paris. L'Autriche
« n'a pas d'intérêt à s'y opposer. Nous revise-
« rons les constitutions pour le bonheur du peu-
« ple. Tout ce que des individus ont fait, écrit ou
« dit depuis la prise de Paris, je l'ignorerai tou-

« jours. Je veux que le règne de mon fils soit
« tranquille. J'ai bien réfléchi aux dernières an-
« nées; nous ferons tout pour la paix. Prenez
« le journal du département, et faites savoir ce
« que je viens de vous dire. Allez. Revenez bien-
« tôt. »

J'allai et je revins bientôt, apportant la relation des événements, dans laquelle j'avais, de
mon mieux, fait entrer les intentions populaires de l'Empereur. Je fis avertir l'imprimeur que
je reprenais mon journal (1), et on supprima en
même temps la distribution du numéro de cette
feuille qui portait la date du 8 mars, les actes
qu'elle renfermait étant opposés à l'événement
qui venait de s'accomplir sous mes yeux. Je n'ai
aucune raison de celer le contenu de ma relation ;
la voici :

« Grenoble, le 9 mars 1815. »

« Une estafette qui avait traversé la ville vers
« la nuit du 4 mars, avait attiré et occupé l'at-
« tention publique. Un courrier, arrivé dans la
« nuit du 4 au 5, ne fit que l'exciter plus vive-
« ment encore, et le lendemain 5 il fut connu de

----

(1) Je dis *mon* journal, car j'en avais *acheté*, *argent comp-
tant*, la rédaction, depuis plusieurs années, avec permission,
privilége et approbation de l'autorité publique. Une intrigue de
bureau, où le secrétaire particulier du préfet était intéressé, m'a-
vait violemment dépouillé de ma propriété. Je la récupérai temporairement ; mais elle me fut de nouveau confisquée après les
cent jours.

« tout le monde que l'Empereur avait débarqué
« le 1ᵉʳ mars au soir dans le voisinage de Fréjus ;
« qu'il était accompagné de sa fidèle garde ; qu'il
« avait d'abord occupé Grasse, et qu'il s'était
« dirigé, dès le 2, vers les Hautes-Alpes. Des
« avis successifs ne permirent plus de douter que
« S. M. ne dût faire de notre ville le lieu de son
« premier séjour. »

« Une garnison nombreuse y était réunie. Des
« braves qui devaient trouver des compagnons de
« gloire dans cette même garde qui ramenait Na-
« poléon, hésitèrent d'abord à y reconnaître des
« ennemis, et cette première pensée de leurs
« cœurs devint la règle de leur conduite. Quel-
« ques tentatives, pour engager dans une entre-
« prise à laquelle ceux qui étaient chargés de
« donner des ordres ne s'associaient peut-être qu'à
« regret, furent inutiles, et ne parurent point
« obtenir de succès. La garnison fut augmentée ;
« le 7ᵉ et le 11ᵉ régiment de ligne arrivèrent de
« Chambery ; le 4ᵉ de hussards entra peu de
« temps après dans la ville, quittant sa garnison
« de Vienne. La population entière se porta sur
« les remparts et dans les lieux publics, entraî-
« née par ses vœux et par ses espérances. »

« L'Empereur était à Corp dès le 6 au soir ;
« le 7, ses avant-postes occupaient Vizille de
« bonne heure : ce dernier bourg n'étant qu'à
« trois lieues de Grenoble, on ne douta pas que

« l'entrée de S. M. n'eût lieu ce même jour. »

« Elle tardait trop au gré de ses soldats, et ses
« soldats coururent au-devant d'elle; à quatre
« heures après midi, le 7ᵉ régiment sortit de la
« ville, ayant à sa tête le colonel Henri (1) de
« La Bédoyère, qui courut offrir à l'Empereur sa
« personne et son régiment. »

« Une partie du 5ᵉ avait déjà rejoint S. M.
« dans la même journée, à cinq lieues en avant
« de la ville, et le reste de la garnison ne tenait
« plus : la nuit arriva, et le résultat de ces évé-
« nements paraissait devoir encore être attendu
« jusqu'au lendemain, lorsqu'à huit heures et de-
« mie, une avant-garde de lanciers polonais se
« présente à la porte de Bonne, qui était fermée,
« et demande qu'elle soit ouverte. »

« Les troupes qui occupaient le rempart ré-
« pondent par les cris de *Vive l'Empereur!* La
« porte s'ouvre; l'avant-garde entre; tous les ci
« toyens accourent à la lueur des flambeaux, et
« presque aussitôt l'Empereur paraît, seul, à la
« tête et en avant de son armée. »

« Une foule immense se précipite sur son pas-
« sage; tout se mêle, soldats et citoyens, et tous

(1) Ce prénom de Henri était celui d'un frère du colonel La
Bédoyère, auteur d'une traduction de Verther, qui fut supprimée
sur les instances de sa famille. C'est l'infortuné colonel qui releva
cette erreur de prénom, durant l'instruction judiciaire qui eut
pour lui une issue si fatale.

« confondent leurs cris et leurs sentiments dans
« l'enthousiasme qu'inspire la présence du sou-
« verain. S. M. alla occuper l'hôtel des Trois-Dau-
« phins, que la foule n'a cessé d'entourer en fai-
« sant retentir l'air des cris de son allégresse. »

« M. le maire de la ville et plusieurs autres
« fonctionnaires se présentèrent aussitôt à S. M.
« Au même instant, on distribua les proclama-
« tions de S. M., qui furent répandues dans tous
« les quartiers de la ville. »

« Le 8, l'Empereur a travaillé toute la ma-
« tinée, et a reçu le corps municipal. S. M. a
« passé une revue générale, qui a duré depuis
« onze heures jusqu'à quatre, et a admis auprès
« d'elle la cour impériale, le clergé, le conseil
« de préfecture, les tribunaux civils et de com-
« merce, l'académie, l'état-major, les officiers
« à la suite, et autres fonctionnaires civils et mi-
« litaires. Plusieurs citoyens ont entendu de la
« bouche de S. M. l'expression de la satisfac-
« tion qu'elle a daigné témoigner, et ont recueilli
« l'assurance de son dévouement au bonheur et
« à la prospérité de la France. »

« L'Empereur a, en quelque sorte, dévoilé lui-
« même le fond de toutes ses pensées, en répé-
« tant : « *Nous devons oublier que nous avons*
« *été les maîtres des nations. — Mes droits ne*
« *sont que ceux du peuple. — Tout ce que des*

« *individus ont fait, écrit ou dit depuis la prise*
« *de Paris, je l'ignorerai toujours.* »

« Dans les diverses audiences accordées par
« S. M., elle a fait connaître qu'elle était bien
« convaincue que les destins de la France ne pou-
« vaient s'accomplir que par les soins d'un gou-
« vernement libéral; que les Français étaient
« nés pour fournir l'exemple d'une nation heu-
« reuse par la conservation de la liberté publi-
« que et l'affermissement des principes de l'éga-
« lité des droits et des devoirs. S. M. s'est infor-
« mée avec une sollicitude particulière de l'état
« des campagnes, et a dit : *Je viens éloigner*
« *d'elles pour toujours les souvenirs du régime*
« *féodal, du servage et de la glèbe; je ne leur*
« *apporte que des bienfaits.* »

« Partout, sur toute la route, depuis son dé-
« part de l'île d'Elbe, l'Empereur n'a trouvé
« que soumission, respect et dévouement. Tous
« les départements qu'il a déjà traversés ont ac-
« couru au-devant de ses aigles; et ce second re-
« tour au milieu des Français, inespéré comme
« le premier qui le leur ramena des sables de
« l'Afrique, a été pour S. M. une nouvelle occa-
« sion de recueillir l'hommage de leur admira-
« tion et de leur amour. »

L'Empereur lut et adopta ma relation sans aucun amendement; elle fut publiée quelques heures après.

Ce même jour 8 mars, l'Empereur travailla toute la matinée; il est certain qu'il écrivit à l'impératrice Marie-Louise et à l'empereur son beau-père; le paquet fut adressé par un courrier au comte de Bubna, alors commandant des troupes autrichiennes à Turin : homme éminent dans les conseils de son maître, homme de guerre et de cabinet, fort connu et estimé de Napoléon envers qui le général autrichien ne s'était jamais montré systématiquement haineux.

En même temps les ordres les plus pressants avaient été expédiés, les affaires urgentes mises en bon train d'exécution, les actes au nom de l'autorité impériale transmis dans tous les lieux où elle était reconnue. Le travail varié du cabinet et du quartier général était complétement organisé : des officiers y avaient été attachés.

Toutes les autorités civiles, judiciaires, militaires, ecclésiastiques et universitaires, étaient venues offrir leur soumission ou leurs hommages. J'avais pris place parmi les universitaires en ma qualité de doyen de la faculté des lettres, et avec ma grande robe de soie orange : l'Empereur s'en moqua fort ouvertement, me demandant qui nous avait gratifiés d'un tel costume, et je ne manquai point de l'informer que c'était l'université d'après ses ordres consignés dans un décret impérial dont je citai la date.

Une revue générale des troupes fut ensuite passée par l'Empereur, et chaque corps reçut sur le terrain son ordre de départ : il était quatre heures du soir. L'Empereur visita ensuite, à cheval, les grands établissements de la cité. J'allai l'attendre à la Bibliothèque, où, parmi plusieurs ouvrages marquants, j'avais mis en grande évidence la *Préface historique* de la Description de l'Égypte, composée par Fourier. Un décret impérial, rendu à Grenoble ce même jour, avait déjà frappé l'écrivain d'ostracisme militaire. D'après le contenu de ce décret, « le préfet de l'Isère « était suspendu de ses fonctions, et tenu de sor- « tir dans l'espace de trois jours du territoire de la « 7e division militaire (c'est-à-dire des départe- « ments de l'Isère, de la Drôme, des Hautes-Al- « pes et du Mont-Blanc), sous peine d'être arrêté « et traité comme ennemi de la nation. » Mais il ne me parut pas que ce décret, quoique imprimé et affiché depuis plusieurs heures, dût frapper, avec le préfet, le savant et son admirable ouvrage ; j'espérais aussi à son aspect réveiller dans l'esprit de l'Empereur des sentiments plus bienveillants pour l'auteur. On verra bientôt où j'en étais alors avec Napoléon sur le compte de Fourier.

J'étais habitué déjà dans cette chambre d'auberge, dont le premier accès m'avait été si embarrassant. Je commençais à bien voir tout ce qui s'y passait, tout ce que faisait l'Empereur et comment il le faisait.

A chaque instant des papiers étaient apportés ; il les prenait, les parcourait ou les lisait ; presque tous étaient immédiatement déchirés, et jetés sous la table, où les pétitions ainsi démembrées gisaient confusément entassées comme les ossements dans un cimetière dévasté. Il y avait aussi des dénonciations ; mais elles étaient méprisées. Ces papiers furent ensuite brûlés (1) et il n'en resta aucune trace (2).

On voyait sur la cheminée un Almanach du

(1) Si j'avais conservé quelques-uns de ces papiers de 1815, j'aurais facilement contenu la plupart de mes dénonciateurs de 1816.

(2) Au mois d'octobre précédent, *Monsieur*, comte d'Artois, avait visité le département de l'Isère. La mairie de Grenoble avait loué à Lyon une belle calèche attelée de deux chevaux blancs, pour le service du prince dans la ville. Toutes les fois que S. A. R. sortait, les pétitions encombraient sa voiture. Après son départ on en trouva une grande quantité dans les poches et le caisson : tout y était ridicule ou cruel.

Encore une anecdote de ce temps-là. Selon l'antique usage, la ville, avec les clefs de ses portes, avait offert au prince des gants et des confitures. Les gants furent mis dans une caisse expédiée à Paris. Quand on l'ouvrit, on reconnut que plusieurs paquets de gants avaient été remplacés par deux volumes de l'Encyclopédie *in-folio*.

Ceci n'est pas digne de l'histoire, dira-t-on ? mais rien de pareil n'arrive que dans les temps de confusion universelle, et ces temps-là avec leurs signes caractéristiques appartiennent aussi à l'histoire : on faisait audacieusement ce tour de malice au premier prince du sang !

15.

commerce, relié, doré sur tranche, mais dont la couverture avait été arrachée. On raconte dans les mémoires du temps que les partisans de l'Empereur, entre autres renseignements propres à favoriser son retour en France, lui avaient envoyé un Almanach du commerce ; des piqûres d'épingle plus ou moins nombreuses, faites à côté des noms des fonctionnaires publics des départements que l'Empereur devait traverser, lui faisaient connaître, sans erreur possible, les hommes dont le dévouement était suspect ou déclaré. L'almanach que j'ai vu était sans nul doute celui dont ces relations ont parlé.

Toutefois ce n'était point sur ce gros volume que l'Empereur jetait les yeux lorsqu'on annonçait un corps constitué, ou un fonctionnaire public. Il eût été incommode en effet d'ouvrir cet almanach, d'y chercher un nom, et à travers le jour, de compter les trous d'épingle si politiquement significatifs. Il y avait sur la table près de laquelle l'Empereur se tenait habituellement debout, ou sur laquelle il travaillait, un cahier en papier végétal, haut et étroit, de peu de volume et admirablement écrit : c'était là le tableau de statistique personnelle que l'Empereur consultait. Je n'ai jamais vu de quelle sorte de signes les noms, écrits en gros caractères, étaient accompagnés.

De temps en temps Napoléon discourait volontiers de bien des choses étrangères à son entreprise. Je trouvai l'occasion de parler de l'Égypte ; ce mot le frappa visiblement, et anima sa conversation. Il en parla avec une satisfaction manifeste ; j'étais plein de ce sujet, je répondais sans l'interrompre. Il rappelait les merveilles de ce pays avec une parole plus pressée que ce n'était son habitude. Il y avait bien parfois quelques erreurs dans ses souvenirs, et si je me permettais de manifester par un geste bien modeste quelque doute sur quelques-unes de ses paroles, il me disait : « *Vous n'avez donc pas lu* « *Hérodote?* » Au sujet de la princesse qui se bâtit une pyramide à la sueur de son front, je dis combien le bon Denon avait fait d'esprit sur cette historiette ; Napoléon ne fut pas content, et avec un peu de vivacité, serrant dans sa main le revers de mon habit, il me dit : « *Mais lisez donc votre Hérodote.* »

Il fut charmé des détails que je fus à même de lui donner sur l'état du grand ouvrage, la Description de l'Égypte, dont il avait ordonné l'exécution ; il regretta réellement de ne pas en voir quelque chose. La bibliothèque de Grenoble ne l'avait pas obtenu : ce fut l'Empereur qui donna verbalement au ministre Carnot l'ordre de me le remettre pour cette bibliothèque, où je le déposai en 1815.

De la description de l'Égypte, il passa, tant

ses souvenirs étaient présents, tant sa position au premier pas de sa fabuleuse entreprise l'occupait peu ou lui inspirait de confiance, il passa de lui-même aux autres grands ouvrages imprimés par ses ordres, le Strabon, l'Almageste, l'Euclide, et le Dictionnaire chinois. « Voyez « pour ce dictionnaire, me dit-il, on y travail- « lait depuis cent ans, je l'ai fait exécuter dans « trois ans par un décret. » Les noms de bien des savants furent aussi prononcés par Napoléon : heureusement je connaissais mon Paris, je pouvais répondre à ses questions multipliées, et il y avait, dans toutes, je l'affirme, une affection évidente pour les grandes choses qu'il avait ordonnées dans l'intérêt de la gloire nationale, pour les hommes d'esprit et de science qui concouraient à agrandir cette gloire ou à la propager.

La liberté de son esprit et la sûreté de ses souvenirs se manifestèrent dans maintes occasions; au calme de sa contenance, à l'attention qu'il donnait à tout, vous l'eussiez dit au conseil d'État, après avoir donné la paix au monde, écoutant un savant et lumineux rapport sur une affaire qu'il allait juger.

Dans la réception de la faculté de droit, il parla lois, codes et jurisprudence, de manière à surprendre les esprits les plus prévenus contre sa personne; il dit formellement qu'il aurait voulu

des codes très-courts, contenant les lois, c'est-à-
dire, les principes mêmes de la législation, soumettant la lettre de la loi à son esprit, et laissant
aux tribunaux à faire les règles et la jurisprudence; mais qu'on n'avait pas voulu le comprendre, malgré l'exemple des anciennes lois ro-
maines.

Il demanda l'opinion des professeurs sur les
codes et leurs perfections relatives. J'avais averti
M. Berriat Saint-Prix qu'il devait parler un peu
haut, s'il avait l'occasion de répondre à l'Empereur
qui, réellement, avait une dureté d'oreille. M. Berriat Saint-Prix profita de mon avis et il se trouva
l'interlocuteur choisi par l'Empereur, parce que
ses réponses étaient entendues. Il dit que les codes français étaient la plus parfaite de toutes les
législations : « Je ne vous demande pas de
« compliments, répliqua l'Empereur, je sais
« qu'il y a des parties faibles dans nos codes, la
« vente des biens des mineurs et les hypothè-
« ques. Mais l'hypothèque légale pour les fem-
« mes, n'est-ce pas une bonne chose? Les Romains
« ne l'avaient pas; j'y ai tenu, et quand je l'ai
« fait passer, le bonhomme Treilhard n'en vou-
« lait pas. » Il entra aussi dans quelques détails
relatifs à la durée des cours des écoles de droit
et aux formes des examens. « Si nous conservons
« la paix, comme je le crois, répétait-il, nous per-
« fectionnerons l'enseignement, il faut que la

« France garde le rang qui lui appartient dans
« le monde. »

Il reçut très-affectueusement l'évêque de Grenoble, feu M. Simon, qui était parvenu à l'épis-
copat par la protection de Joseph Bonaparte,
l'un de ses élèves. M. Simon remplit ensuite les
fonctions de sous-diacre dans la célébration de
la messe au champ de Mai.

Je n'omis point, à propos de l'Égypte, de mentionner les travaux de mon frère, et de le présenter à l'Empereur lorsque le corps académique fut
reçu. L'Empereur écouta avec intérêt l'exposé
de ses travaux, dont il comprit aussitôt la portée;
le Dictionnaire de la langue copte attira plus
particulièrement son attention ; « Apportez tout
« cela à Paris, me dit-il, nous le ferons impri-
« mer; ce sera bien plus facile que le Dictionnaire
« chinois. » J'apportai en effet le Dictionnaire
copte à Paris; l'Académie des inscriptions fut
chargée de faire un rapport sur cet ouvrage; il
était précédé d'un mémoire intitulé : « Projet
« d'impression du Dictionnaire copte, présenté
« à S. M. l'Empereur à Grenoble le 8 mars
« 1815. » Le rapport ne fut fait qu'au mois
d'août suivant, pendant que Napoléon était em-
mené à Sainte-Hélène : les projets présentés à
l'Empereur n'étaient plus de saison : celui-ci fut
rejeté sans miséricorde.

De l'Égypte à Fourier, la transition était na-

turelle , mais difficile. L'Empereur avait montré
à plusieurs reprises du mécontentement de son
absence : c'était d'abord , à ses yeux, un mauvais
exemple pour les autres préfets, et il était donné
par un des hommes que l'Empereur regardait
comme un de ses plus obligés. J'entrepris cependant de glisser son nom dans le discours, au
sujet d'un des actes les plus recommandable de
l'administration de Fourier, et je fis de son nom
le dernier mot de ma phrase : la réplique
réussit : « Vous le voyez, » dit aussitôt l'Empereur, « il s'en est allé. Sur qui devais-je comp-
« ter? qui est-ce qui l'a fait ce qu'il est? que
« veut-il des Bourbons? qu'en attend-il? il a voté
« la mort du roi! » — « Mais, sire, qu'il me soit
« permis de rappeler à Votre Majesté que Fourier
« n'a jamais fait partie d'aucune de nos assem-
« blées nationales. » — « Je le sais, » ajouta-t-il
aussitôt, « mais c'est lui qui a rédigé l'adresse de
« la société populaire d'Auxerre pour adhérer à
« la mort du roi. »

Je n'eus rien à répondre; à une telle révélation je demeurai interdit. Mais je me hâte de
déclarer aujourd'hui, d'après les recherches que
j'ai faites et avec une persévérance dont tous les
amis de Fourier comprendront le motif, que
cette adresse de la société populaire d'Auxerre
existe en original, que la rédaction de son texte
est absolument étrangère , par sa barbarie, au

style comme aux sentiments de Fourier; enfin
que le nom de Fourier n'existe pas dans les nombreuses signatures dont cette adresse est sous-
crite... Si je l'avais su le 8 mars 1815!

Je me remis bientôt de ce trouble, car l'Empereur continuait de se plaindre de son préfet. Je
trouvai toutefois un autre moment pour dire un
mot des arrangements que Fourier avait faits à
l'hôtel de la préfecture où il pensait que S. M.
devait descendre, et de la lettre qu'il avait écrite
pour s'excuser s'il était possible. « Je n'ai rien su
« de tout cela, » dit aussitôt Napoléon, « et je
« ne connais point de lettre de Fourier. Où
« est-il? vous pouvez le savoir. » — « Si le dé-
« cret que Votre Majesté a trouvé bon de rendre
« contre le préfet de l'Isère lui a été connu, il
« aura obéi, il se sera éloigné; et je prendrai la
« liberté de dire à ce sujet que la nécessité
« d'une pareille mesure n'a pas été généralement
« comprise, ici surtout d'après le caractère de
« M. Fourier qui est fort aimé dans ces contrées
« et après treize années d'une administration
« très-difficile; j'oserai ajouter que de pareilles
« décisions contre des personnes plus ou moins
« connues ne sont peut-être pas fort utiles au ser-
« vice de V. M. et peuvent devenir la source de
« bruits fâcheux qui grossiront à mesure qu'ils
« feront du chemin, et qui précéderont par-
« tout V. M. dans son voyage de Paris; à cent

« lieues d'ici la malveillance des nouvellistes dé-
« nombrera par centaines ou par milliers les indi-
« vidus que l'Empereur aura fait arrêter, et peut-
« être même fusiller. Le retour de V. M. sera
« fatal à bien des intérêts nouveaux ; il rencon-
« trera des ennemis ailleurs comme ici ; mais ces
« minutieux détails ne méritent pas d'occuper
« l'Empereur, et Sa Majesté ne peut pas se com-
« mettre si directement avec des individus, qui
« lui sont opposés sans doute, mais qui, pour la
« plupart, ne peuvent contre elle que par des
« vœux bien secrets : il ne faudrait pas les obli-
« ger à se croire capables de quelque chose de
« plus (1). » L'Empereur répliqua un peu vivement : « Mais j'ai dit que je voulais ignorer tout
« ce qui a été fait depuis la prise de Paris. Fai-
« tes-le savoir à Fourier ; écrivez-lui et dites-lui
« de venir nous joindre partout où nous serons ;
« il peut revenir, malgré le décret. Parlez de tout
« cela au grand maréchal. »

M. le général comte Bertrand avait le titre de
grand maréchal du palais de l'Empereur. Dès le
moment du départ de l'île d'Elbe, Napoléon faisant des actes d'autorité souveraine, les fit con-
tre-signer par le grand maréchal, qui reçut en
même temps, mais provisoirement, le titre et les

---

(1) Il est certain qu'on avait proposé de faire arrêter quelques-
unes des personnes les plus opposées au retour de l'Empereur. Je
le savais quand je m'exprimais ainsi.

fonctions de major général de la grande armée.
L'intention de l'Empereur était néanmoins de
laisser vacant cet emploi de major général, qui
pouvait tenter quelque grande ambition. Les
premiers décrets publiés furent contre-signés :
Par l'Empereur, *le major général, Bertrand.*
Mais je reçus de Bourgoin, à la date du 10 mars,
l'ordre de maintenir le protocole ainsi conçu :
Le grand maréchal faisant fonctions *de major
général de la grande armée,*

Signé : Bertrand.

Quittant l'Empereur à la suite de ses bonnes
paroles pour Fourier, j'allai chez le grand maréchal, qui fut heureux comme je l'étais de ce
qui venait de se passer. Il fut convenu que j'é-
crirais de suite à Fourier avec l'invitation expresse
de voir d'abord le général, qui le présenterait à
l'Empereur, dans le moment qu'il jugerait le plus
opportun. Malheureusement j'ignorais absolument
où Fourier s'était retiré. Mais en rentrant le
soir, je trouvai chez moi, où il était venu de sa
part, l'employé, le nouvelliste du 5 mars, dont
j'ai déjà parlé, et deux heures après, je le fis re-
partir, avec l'ordre de courir toute la nuit, emportant une longue lettre dans laquelle je rendais
à Fourier un compte exact de ce qui s'était passé,
à l'exception toutefois de l'histoire d'Auxerre
que je ne lui ai jamais communiquée ; et je lui
faisais connaître les bonnes dispositions de l'Em-

pereur, avec les conseils affectueux du général Bertrand. C'était le 8 au soir.

Cette journée n'avait pas été oisive pour moi ; j'avais vu se passer bien des choses dignes de l'histoire. L'Empereur avait pourvu à toutes les nécessités présentes ; il avait par plusieurs décrets confirmé tous les fonctionnaires publics de la septième division militaire, à l'exception du préfet des Hautes-Alpes et d'un inspecteur aux revues, qui furent destitués. Il avait ordonné que la garde nationale serait immédiatement formée dans toute la division ; les généraux réunis aux préfets avaient la nomination des officiers de tout grade. Les places de guerre étaient confiées au patriotisme des habitants. La justice devait être rendue au nom de l'Empereur à compter du 15 mars ; le général Colaud de la Salcette avait été appelé à remplacer le général Marchand dans le commandement de la septième division militaire. Il fallait aussi un préfet à la place de Fourier : l'Empereur désigna M. Savoie de Rollin, mais on ne le trouva ni en ville ni à la campagne ; et le choix d'un préfet par intérim tomba sur un autre Colaud de la Salcette, oncle du général, ancien grand vicaire d'Embrun, conseiller de préfecture, homme honorable et dévoué. Le maire et le commandant de la place conservèrent temporairement leurs fonctions : l'opinion publique leur était favorable. Le cours de la justice ne fut pas

interrompu; quelques magistrats s'abstinrent
sans péril comme sans dommage; aucun trouble,
aucun acte répréhensible ne se mêla aux manifestations de l'enthousiasme qu'excitait la présence de l'Empereur. Les campagnes accouraient
de toute part pour le voir : son accès était facile,
car l'étiquette du palais impérial ne fut rétablie
qu'à Lyon, et à mesure que les officiers de la
maison civile venaient reprendre leurs fonctions,
hélas! par trop musquées pour le moment, et
les exercer comme dans l'ancien temps, en
des circonstances si nouvelles et quand l'enthousiasme populaire seul replaçait l'Empereur sur le
trône!

Les pétitions abondaient selon l'usage immémorial en de telles occasions; les dévouements
se manifestaient parfois à l'unisson des ambitions.
Après les corps constitués, les citoyens notables
de Grenoble voulurent aussi rendre leur adhésion publique : ils la consignèrent dans une
adresse, la première et le modèle de toutes celles
qui remplirent pendant trois mois les colonnes
complaisantes du Moniteur, recueil singulier de
pièces de circonstance, mais d'un aspect plus
singulier encore en 1815 qu'en toute autre année, car, multipliées par les événements opposés
dans une proportion gigantesque, ces adresses
célébrèrent durant les trois mois de printemps le
retour de l'Empereur, et durant les trois mois

d'été, le retour du Roi : il y eut des personnes qui signèrent en toute saison.

Par une heureuse exception, une de ces adresses, de celles du printemps, ne fut pas réimprimée dans le journal officiel : elle s'écartait en effet de ce qu'exige le style propre à ce genre d'éloquence. Je ne la condamne point pour cela ; il y a quelque mérite, sans doute, à se déclarer publiquement, à ses périls et risques, contre une autorité puissante, à la conseiller sévèrement, le tout au nom des plus chers intérèts de la patrie. Ces sentiments animaient M. Joseph Rey dans son *adresse*, en son nom seul, *à l'Empereur* : critique vigoureuse du passé, et rêve d'un bel avenir qui alla bientôt s'engloutir dans la tombe impériale de Sainte-Hélène.

Des nouvelles sûres de Lyon furent rapportées le 8 au soir par le docteur Reinaud, qui avait fait habilement le voyage en vingt-quatre heures à franc étrier. L'Empereur en fut satisfait, et résolut son départ pour le lendemain ; les troupes auraient vingt-quatre heures sur lui, l'Empereur et l'armée devaient arriver ensemble aux portes de Lyon.

La revue de la garde nationale de Grenoble fut indiquée pour la matinée du mercredi 9, jour de marché, et sur la place principale. Le colonel s'abstint, il fut remplacé dans son service par un des plus honorables citoyens, l'un des officiers supérieurs de cette brave milice, par M. Alphonse Périer, frère de l'illustre Casimir, et député actuel plusieurs fois réélu par l'arrondissement de Grenoble.

L'Empereur alla à pied passer cette revue. Dès qu'il eut été salué par les soldats et par les citoyens qui encombraient la place et les croisées de toutes les maisons, la musique fit immédiatement entendre l'air de l'ancienne chanson républicaine : « Veillons au salut de l'empire, veillons an maintien de nos droits. » Cet air attira aussitôt l'attention de l'Empereur, qui, tournant sa tête vers les musiciens, dit d'un air gracieux : « C'est « très-bien, c'est très-bien. » La revue fut attentive de la part de l'Empereur, il répéta plusieurs des paroles et des promesses qu'il avait déjà fait entendre, et qui devaient causer quelque satisfaction à l'opinion publique, dans une ville surtout où cette opinion n'a jamais été muette; où cette opinion dirigée, éclairée par des études rares dans d'autres lieux, s'était trouvée convenablement préparée pour l'assemblée mémorable de Vizille en 1788 et avait donné à la France Mounier et Barnave; qui, mûrie par une expérience de quelques années seulement, avait repoussé hautement le régime révolutionnaire, se voyant avec joie suspecte à ce régime parce qu'elle était vierge de sang; qui, un peu plus tard, fut suspecte encore à Napoléon dans sa toute-puis-

sance impériale, parce que cette opinion redou-
tait pour les libertés publiques le dictateur eni-
vré des gloires de la guerre ; suspecte enfin à la
restauration, parce qu'elle persistait dans les
idées de Vizille et de 1790, qui n'ont pas cessé
d'être son évangile politique.

Après la revue, l'Empereur rentra à pied,
porté par la foule, et il est certain que durant
ce trajet sur le pavé un charbonnier, monté sur
une borne, s'écria, s'adressant à Napoléon, qui
passait auprès de lui : Est-ce vous qui êtes notre
« Empereur ? — Oui, mon ami, dit l'Empereur,
— Eh bien, touchez là ! » Et l'Empereur toucha
là, dans la main du charbonnier ; et la foule
d'applaudir avec un enthousiasme inouï.

D'après les ordres donnés le matin par l'Empereur, tout était préparé pour le départ. Je m'y
trouvai ; il me dit : « Je sais que vous ne venez
« pas avec nous. Venez nous joindre aussitôt que
« nous serons à Paris ; ce sera le jour de la fête
« de mon fils. » (Jamais l'Empereur ne lui donna
le titre de roi de Rome.) Il ajouta quelques recommandations relatives aux affaires du jour et
du département.

Il quitta Grenoble le 9 mars vers midi et prit
la route de Lyon. Il s'arrêta le soir à Rives ; il
soupa dans une grande auberge qui donnait sur
la route, et dont les portes restèrent ouvertes.
Le maire de la ville et une foule de citoyens

notables assistèrent debout à son souper; le paysan était également admis; la conversation était presque publique, et si libre qu'un habitant du lieu prenant la parole, s'écria : « Mais, notre « Empereur, est-ce que nous ne reprendrons pas « le Rhin? — Vous le voyez, comte Bertrand, dit « l'Empereur en s'adressant au général, vous le « voyez, vous l'entendez, et l'on dit partout que « c'est moi qui veux la guerre! »

L'Empereur continua de marcher toute la nuit, incessamment escorté par la population formant la haie sur la grande route, par les maires et par les principaux habitants rangés à cheval autour de sa modeste voiture (1); plusieurs d'entre eux portaient des torches allumées.

A deux heures du matin, l'Empereur était à Champier, et au jour, le 10 mars, à Bourgoin, ville très-déclarée pour lui : il y trouva la garde nationale sous les armes. C'est là que Fourier *alla joindre;* il y connut sa nouvelle mission pour Lyon, par une lettre que le général Bertrand lui remit au moment de monter à cheval pour marcher vers Lyon, où l'Empereur arriva le soir du même jour à quatre heures. Fourier s'y rendit le lendemain matin 11 mars; néanmoins ce n'est qu'à la date du 12 mars qu'on trouve dans le

(1) Son cheval blanc avait été laissé de plusieurs jours en arrière dans les Hautes-Alpes.

Bulletin des lois un décret ainsi conçu dans la copie officielle que j'ai sous les yeux :

« Décret impérial. »

«Lyon, le 12 mars 1815. »

« Napoléon, par la grâce de Dieu et les cons-« titutions de l'empire, Empereur des Français, etc., etc., etc.

« Avons décrété et décrétons ce qui suit : »

Art. 1er. Le comte Fourier est nommé préfet « du département du Rhône. »

« *Art.* 2. Le grand maréchal faisant fonctions « de major général de la grande armée est chargé « de l'exécution du présent décret. »

« *Signé :* NAPOLÉON. »

« *Par l'Empereur, le grand maréchal faisant fonctions* « *de major général de la grande armée,*

« *Signé :* BERTRAND. »

Fourier, dans ce décret, est désigné par le titre de comte : l'Empereur lui avait donné le titre de baron avec une dotation, le 15 août 1809; et si mes souvenirs ne me trompent point, le titre de comte lui fut conféré par l'Impératrice-régente vers la fin de l'année 1813 : toutefois c'est sans succès que j'ai cherché à vérifier l'exactitude de cette date, je n'ai pu découvrir le dépôt des papiers de la régence de Marie-Louise durant les derniers temps de l'Empire.

CHAPITRE IX.

Fourier préfet à Lyon. Guerre civile dans le midi de la France. Lettre du prince de Talleyrand à M. le duc d'Angoulême. Commissaires extraordinaires de l'Empereur à Lyon. Révocation de Fourier de la préfecture du Rhône. Motifs réels de cette décision. Documents inédits.

La réputation de sagesse et de probité, bien justement méritée par l'administration de Fourier dans le département de l'Isère, et qui s'était répandue dans celui du Rhône, le fit accueillir favorablement à Lyon. Toutefois sa nouvelle position au 10 mars, qui contrastait singulièrement avec ses résolutions du 7 du même mois, l'embarrassait autant au moins qu'elle embarrasse son historien. Mais il s'était donné satisfaction à lui-même sur ce sujet, sans doute avec l'espoir que l'histoire l'accepterait avec la même bienveillance : préfet de l'Isère pour le roi, il l'avait servi de tout son pouvoir, avec la loyauté requise, et il en avait été chassé par l'ennemi. Hors du département de l'Isère, il n'était plus rien qu'un homme libre de ses actions. L'ascendant habituel de Napoléon avait eu sans doute, sur l'esprit de Fourier, pour l'acceptation de la préfecture de Lyon, plus d'influence qu'un semblable raisonnement.

Mais pour ne rien omettre sur Grenoble en ce qui concerne Fourier, et avant de le suivre dans

sa nouvelle position, je dois ajouter qu'il apprit
avec une véritable satisfaction que l'Empereur,
dans les instructions qu'il donna verbalement au
respectable Colaud de la Salcette, préfet de l'I-
sère par intérim, lui avait recommandé de prendre
mes avis avec confiance, et que le préfet ne s'en
faisait faute. Je passais en effet toutes les matinées
à la préfecture, et il y avait pour Fourier quelque
plaisir à penser qu'il n'y laissait que des amis.

Je conservai d'ailleurs des rapports assez fré-
quents avec le quartier général; le journal que je
rédigeais lui était adressé à mille exemplaires,
pour être répandus à mesure que l'Empereur
avançait vers Paris; on réimprimait aussi mes
articles dans les feuilles publiées dans ces contrées.

Avant même l'entrée de l'Empereur à Paris,
le général Mouton Duvernet fut envoyé à Grenoble; il y était rendu dès le 17 mars. A son arrivée,
il vint me faire connaître sa mission, d'inspection
en apparence, mais dont le but réel était de ral-
lier au service de l'Empereur les officiers de tout
grade qui avaient d'abord hésité ou refusé. Chaque jour, on le comprend bien, les affaires publiques prenaient un aspect plus militaire; les
troupes des Hautes-Alpes traversaient la place de
Grenoble pour se diriger sur Lyon; un régiment
d'officiers en retraite avait été formé et armé de
carabines. L'opinion publique s'exaltait; toutefois

elle ne s'irrita point, parce qu'elle était peu contrariée par ses antagonistes, muets ou soumis. Il faut proclamer que la réaction fut gaie et généreuse; on ne révoqua aucun des fonctionnaires qui voulurent conserver leur place. Les partisans du gouvernement impérial ne mettaient aucun doute à son triomphe; ils étaient résolus à le défendre avec énergie, et tous les sentiments que devait inspirer une telle résolution, se manifestèrent en effet à l'occasion de la guerre que M. le duc d'Angoulême soutint contre la cocarde tricolore, à la tête de l'armée royale, dans les départements limitrophes de celui de l'Isère, et surtout à l'occasion de l'attaque contre Grenoble par l'armée austro-sarde le 7 juillet 1815. La garde nationale seule, toute seule, soutint le choc; les élèves du Lycée servirent l'artillerie des remparts, et sans le concours d'aucun corps de l'armée l'attaque fut repoussée avec avantage : c'est pourquoi le 7 juillet est demeuré un jour de fête pour la garde nationale de Grenoble, et il a été célébré annuellement sans interruption. On ne fit aucune attention, ni à Lyon, ni à Grenoble, à la déclaration donnée le 13 mars par le congrès de Vienne contre Napoléon; et je la rappelle ici, afin qu'on n'ignore pas que cette mémorable déclaration, imprimée en Allemagne, de format in-4° et en français, fut répandue dans toute la France, sous la forme d'une lettre adres-

sée à beaucoup de fonctionnaires publics et mise
à la poste dans les bureaux de France situés sur
la frontière du nord. Cet imprimé nous parvint
à l'adresse du préfet de l'Isère, vers la fin du
mois de mars, timbré du bureau de Strasbourg :
nous jugeâmes la pièce apocryphe et ne méritant
pas d'être transmise au gouvernement.

Mais cette déclaration n'était que trop authentique; le congrès européen agissait avec une volonté non moins ferme qu'unanime; il considérait l'entreprise de M. le duc d'Angoulême dans
le Languedoc et le Dauphiné comme faisant une
importante diversion aux succès de Napoléon :
on engageait le prince à tout tenter pour tenir
jusqu'à l'ouverture des opérations militaires des
armées alliées. M. de Talleyrand lui écrivit à ce
sujet la lettre suivante que je transcris sur l'original :

« MONSEIGNEUR, »

« Nous avons appris que le bon esprit qui
« anime les provinces méridionales avait donné à
« votre Altesse Royale la possibilité de s'y main-
« tenir et de les conserver sous l'autorité du
« roi. »

« Il serait d'un avantage inappréciable que
« votre Altesse Royale pût tenir jusqu'au moment
« où les opérations générales commenceront, et
« que jusqu'à cette époque elle pût grossir le
« nombre de ceux qui l'entourent, sans rien

« hasarder, ni compromettre sa propre sûreté et
« celle des forces dont elle dispose. Il serait aussi
« bien important qu'elle pût intercepter les pas-
« sages entre la France et l'Italie, et arrêter les
« communications qui ont lieu d'un pays à l'autre,
« soit par correspondance, soit par tout autre
« moyen. Je désirerais vivement qu'il me fût
« possible d'être souvent instruit de ce que votre
« Altesse Royale fait et de ce qu'elle sera au pou-
« voir de faire. »

« Je puis au reste, Monseigneur, vous donner
« l'assurance qu'ici l'unanimité est parfaite entre
« toutes les puissances qui n'ont qu'un but, celui
« de détruire Buonaparte ; il y a dans les mesures
« militaires beaucoup d'accord. »

« La personne qui aura l'honneur de remettre
« cette lettre à votre Altesse Royale jouit de toute
« la confiance du cabinet autrichien, et pourra
« être l'intermédiaire des communications que
« vous voudrez faire. Elle est chargée de prévenir
« votre Altesse Royale du jour où les opérations
« militaires commenceront. »

« Je suis avec un profond respect,

« Monseigneur,

« De votre Altesse Royale

« Le très-humble et très-obéissant serviteur.

« *Signé* : Le PRINCE DE TALLEYRAND. »

Vienne, 6 avril 1815.

Mais le sort des armes en décida autrement. M. le duc d'Angoulême accepta une capitulation, et son armée fut dissoute.

Fourier à Lyon avait été fort distrait des travaux ordinaires de l'administration par le voisinage des lieux où s'était allumée cette guerre civile, et où elle s'éteignit. Il n'avait cependant pas interrompu ses rapports avec le département de l'Isère : il tenait singulièrement à s'y conserver dans l'estime et l'attachement de ses habitants ; il se disait heureux d'avoir administré un pays aussi distingué, où il avait reçu tant de marques de bienveillance, de manière à s'acquérir quelques droits à sa reconnaissance.

Ces expressions sont consignées dans une lettre qu'il m'écrivit le 25 mars au sujet d'un article du journal de l'Isère, dans lequel j'avais annoncé sa nomination à la préfecture de Lyon. Je rappelais ses services administratifs, ses travaux littéraires, et en termes qui lui parurent convenables, car l'article fut aussitôt inséré dans le journal de Lyon, et il ajouta à sa lettre signée *Comte Fourier*, ce post-scriptum de sa main :

« Je renouvelle tous mes remerciements à
« M. Champollion, et je le prie d'être bien persuadé
« que je n'oublierai jamais qu'il s'est rapproché
« de moi lorsqu'il a cru ma position menacée ; ni
« les autres marques d'attachement qu'il m'a don-
« nées, et que mon plus grand désir serait de les

« reconnaître. Il y a une association naturelle
« entre toutes les personnes qui cultivent les
« sciences; mais à ce sentiment se joint le sou-
« venir de mes obligations personnelles envers
« M. Champollion et son frère. Je me les rappelle-
« rai toujours dans quelque circonstance que ce
« soit. »

Au milieu de si graves événements, les souvenirs des premiers jours du mois de mars ne cessaient point de préoccuper Fourier. Les journaux
de Paris de la même date, en donnant des
nouvelles de la marche de l'Empereur, avaient
rapporté des extraits de la correspondance des
préfets, extraits communiqués ou envoyés par
les agents du gouvernement royal : il s'y trouvait
des phrases d'un style de barbare et qu'on disait
être extraites des lettres officielles de Fourier. Sa
nouvelle position faisait trop de contraste avec ces
phrases, il lui fallait les démentir plus ou moins
ouvertement : on reconnaîtra dans les lignes qui
suivent et que j'insérai dans le Journal de l'Isère,
son style et son caractère :

« Nous avons remarqué que des rapports faits
« par plusieurs fonctionnaires, à l'occasion de
« l'arrivée de l'Empereur Napoléon sur le terri-
« toire français, et cités dans quelques journaux
« de la capitale, contiennent des expressions exa-
« gérées et violentes, qui sont en opposition évi-
« dente avec la conduite et le caractère connu de

« ces fonctionnaires. On a aussi fait mention dans
« ces journaux d'actes également invraisemblables
« par les mêmes raisons. Tout le monde voit dans
« quel but ont été faites les insertions de ce genre
« et elles ne peuvent en imposer aux lecteurs ju-
« dicieux et attentifs. »

Sans le court préambule qui les précède ici,
ces lignes dans leur incertaine et vague rédaction seraient pour tout lecteur une véritable
énigme.

On en a créé une inexplicable pour l'histoire, à cause de la diversité des rapports au sujet des motifs qui firent perdre à Fourier la préfecture de Lyon. Il a dit lui-même qu'il refusa
d'exécuter des ordres qui lui parurent rigoureux,
et à cette occasion M. Arago a cru devoir défendre, de la pensée d'avoir donné de tels ordres,
le ministre de l'intérieur d'alors, l'illustre Carnot, qui se serait ainsi déshonoré par ses actes,
autant que Fourier s'honorait par sa résistance.
Mais en défendant le ministre, M. Arago a oublié la tourbe des subalternes, gens d'ordinaire
maladroits ou malheureux en proportion de leur
empressement, c'est-à-dire, de leur ambition;
utiles quelquefois au pouvoir, comme l'étaient les
novices béats du père de la Chaise qui en faisait
des martyrs, mais plus habituellement nuisibles;
parce qu'on ignore trop dans la plupart des grands

services publics, que le prince de Talleyrand ter-
minait ses instructions aux agents de son département, par cette simple et mémorable formule :
Surtout, monsieur, point de zèle!

Je puis montrer que Fourier a dit la vérité,
qu'il a refusé d'exécuter des ordres rigoureux;
mais cette vérité n'intéresse sous aucun rapport
la mémoire ni l'administration de Carnot.

Par un décret en date du 20 avril, l'Empereur
envoya dans chaque division militaire un commissaire extraordinaire chargé, sur la proposition
des préfets, de renouveler tous les fonctionnaires
civils et employés absents, ou qui ne pourraient
pas conserver leurs fonctions.

Il y avait aussi à Lyon un général en chef des
septième et dix-neuvième divisions militaires,
« muni de pouvoirs spéciaux analogues aux cir-
« constances, » et ces pouvoirs étaient fort éten-
dus. Je lis dans une des lettres de ce général au
préfet Fourier, en date du 4 avril, à six heures et
demie du matin :

« Veuillez effectuer dans le jour la réorgani-
« sation de la garde nationale et nommer pour
« commandant, soit M. le général Pittou', soit
« M. de Courcelles. »

« Je vous demande aussi de changer les mem-
« bres de la municipalité, et notamment le maire
« et les adjoints de la Guillottière; le maire de

« Lyon et M** me semblent devoir être seuls con-
« servés. »

Le commissaire extraordinaire était le comte
Maret : voici ce qu'il écrivait aussi au préfet Fourier, le 10 mai :

« J'ai déjà eu l'honneur de vous entretenir de
« l'opinion tout à fait défavorable sur plusieurs
« employés des bureaux de la préfecture du
« Rhône... Cette opinion se trouve confirmée par
« des renseignements recueillis de plusieurs cô-
« tés. Il en résulte que le premier magistrat du
« département est entouré de quelques hommes
« qui sont regardés comme les ennemis du gou-
« vernement et de l'Empereur. Comme un tel
« état de choses nuit essentiellement au service
« de Sa Majesté, je pense, monsieur le préfet,
« qu'il y a urgence à ce que vous éloigniez de vos
« bureaux certains de vos employés..... Je ne
« crois guère possible de l'éviter... Je ne crois pas
« devoir m'en mêler ainsi que je l'ai fait pour les
« bureaux de la mairie, parce que la position et
« les circonstances sont très-différentes en ce qui
« vous concerne.... Je me borne donc, monsieur
« le préfet, de nouveau à vous exposer la nécessité
« d'une épuration dans vos bureaux et je vous
« prie de me faire connaître les noms de ceux que
« vous aurez éliminés. »

Cette lettre n'est point d'un subalterne ; mais
où son auteur, et le général en chef des troupes,

venant d'arriver à Lyon, avaient-ils pris les renseignements qui avaient servi de motifs à leurs lettres?

Le directeur du télégraphe de Lyon réclamait aussi auprès du préfet contre le bruit ou la menace de son arrestation; on ne peut donc plus nier qu'il ait existé des ordres rigoureux, qui parurent tels à Fourier, qu'il refusa d'exécuter malgré les instances que fit auprès de lui M. le commissaire extraordinaire par la lettre qu'il lui écrivit le 10 mai. Fourier lui disait : «Les épurations que « vous exigez sont une mesure extraordinaire; « elle est naturellement dans les attributions du « commissaire extraordinaire. » Ce commissaire lui fit entrevoir la conséquence de son refus de concours; « Je persiste, lui dit Fourier; j'écris à « Paris pour exposer les motifs de ma conduite. » M. le comte Maret écrivit aussi; Fourier fut révoqué par la voie du télégraphe, et sept jours après la lettre du 10 mai son successeur était nommé. Je ne pense pas devoir rapporter ici les termes de la lettre, en date du 21 mai, par laquelle ce successeur priait Fourier de le recommander à ses administrés (1).

Celui-ci ne songea qu'à quitter sa résidence de Lyon et à se rendre à Paris, dégoûté de l'administration et libre d'attendre les événements. Il ne

(1) Fourier cessa ses fonctions le 1er juin; on lit le 1er mai, par erreur, dans la notice de M. Arago, page 60.

possédait rien au monde que ses travaux scientifiques, quelques livres et quelques bijoux. M. Arago le dote trop généreusement en lui supposant un capital de vingt mille francs : Fourier en revenant d'Égypte, où il avait occupé les premiers emplois supérieurs dans l'administration civile, donna son dernier écu pour payer sa place dans la messagerie de Marseille à Paris; il dut faire à peu près de même en quittant sa préfecture de Lyon en 1815, et à Grenoble il avait laissé des dettes qui ont été acquittées après sa mort. Quand il fut nommé préfet de l'Isère, le gouvernement lui donna douze mille francs pour son établissement : jamais depuis il ne s'est vu une si grosse fortune; il ne pensait à sa bourse que pour l'ouvrir à sa famille ou aux infortunés qu'il aimait à secourir. Il avait compris aussi que la maison d'un préfet, au temps de la monarchie impériale, devait être la première ou du nombre des premières dans la ville qui était le centre de l'exercice d'une autorité alors toute-puissante; et comme la représentation est un excellent auxiliaire du pouvoir public, il y a peu d'hommes qui s'en soient servis aussi habilement que le préfet Fourier. Il est vrai qu'avant la fin de l'année, son budget domestique était épuisé, et j'ai vu par ses comptes qu'il ne compta jamais. Mais il faut ajouter qu'il montra la même paresse au sujet des étroits arrangements qui pouvaient être pour lui des sources réelles d'économies et d'épargnes, et qui n'étaient pas également dédaignés partout. Par exemple, il ne voulut point comprendre que la création d'un *Bulletin administratif* auquel il abonnerait toutes les communes, lui pouvait économiser d'énormes dépenses d'impression, et il ne profita point de l'allocation municipale destinée annuellement à l'entretien du mobilier de la préfecture. Il était occupé de plus graves, de plus dignes objets; aussi fut-il à la fois aimé, honoré, respecté : et l'on ne pouvait refuser de tels sentiments à un fonctionnaire du premier ordre qui, à l'influence qu'exerce toujours sur les masses et sur les individus une grande et noble autorité, joignait personnellement l'élégance du langage et des manières, une politesse parfaite, un physique très-distingué, une inépuisable obligeance, et l'éclat d'une grande renommée scientifique rehaussée des souvenirs récents et merveilleux de l'Orient.

CHAPITRE X.

Fourier à Paris, *appelé à d'autres fonctions.* Suite et fin des cent jours.
Décret dictatorial non publié. Acte additionnel ; ses auteurs. Déclaration de Louis XVIII relative à la Vendée. Lucien Bonaparte député de
l'Isère ; mécontement de l'Empereur. Lucien est fait prince malgré lui.
Fouché. Champ de Mai. État des votes sur l'Acte additionnel. L'Empereur, Lanjuinais, et les chambres. Autres décrets impériaux non publiés. Deuxième restauration. Vicissitudes dans la position de Fourier.
Sa mort. Documents inédits.

Arrivé à Paris, Fourier s'y trouvait dans la
position tout équivoque qu'un singulier perfec-
tionnement du langage administratif des temps
incertains fait aux administrateurs qu'on prive de
leur place et qu'on appelle à d'autres fonctions
qu'on ne leur donne point. Il n'était plus qu'un
savant, mais comme l'étaient Laplace, Lagrange, Berthollet, Monge et Legendre ses amis,
hommes éminents dont l'affection et l'estime ne
dépendaient point des passions haineuses de la
politique et des révolutions qu'elles ne préviennent pas. Fourier reprit ses travaux scientifiques,
ses anciennes habitudes dans les bibliothèques
publiques, aux séances de l'Académie des sciences : de toute son ancienne existence, il ne lui restait que le fidèle Joseph, entré à son service à
Grenoble, qui le suivit à Lyon, à Paris, lui ferma
pieusement les yeux, et alla jeter une pellée de
terre sur sa tombe.

J'avais vu Fourier dans sa préfecture de Lyon; je le vis arriver à Paris dans toute sa simplicité de citoyen, et il ne tarda point d'apprécier tous les avantages de son indépendance.

Il me trouva un peu mêlé aux événements contemporains, et occupé en même temps de recherches difficiles, dont le sujet l'intéressait particulièrement; il me permit de l'en entretenir fréquemment et de le consulter. J'avais entrepris de restituer les calendriers de tous les peuples de l'antiquité classique, afin d'arriver à dresser des tables de leur concordance mutuelle, celle de tous avec le calendrier Julien, et d'obtenir, au moyen de ces tables, l'exacte interprétation en style romain des dates nombreuses et d'expressions si variées qui existent dans les monuments grecs ou latins. Malgré l'ardeur des passions politiques du moment, je lus ce long travail à l'Institut (Voyez la note K ci-après), corps assez vigoureux pour demeurer impassible à toutes les catastrophes; fonctionnant périodiquement et régulièrement en toute saison, en présence, mais à l'abri de tous les événements; et dont les membres nombreux, dispersés dans les camps les plus opposés en politique, se conciliaient à jour et heure fixes pour unir et diriger toutes les puissances de leur esprit vers un intérêt unique, celui de la science.

J'étais arrivé à Paris dans les premiers jours

d'avril. J'avais eu l'honneur d'approcher l'Empereur. Peu de jours après, je reçus du chambellan de service, le comte de Forbin Janson , une lettre de sa main par laquelle il voulait bien m'informer « que, d'après les ordres de l'Empereur, je serais admis au lever de S. M. au palais de l'Élysée. »

Je demanderais grâce pour les détails qui vont suivre, si j'étais porté à les consigner ici par les inspirations d'une oiseuse personnalité ; mais les faits que je rappelle, comme témoin, touchent aux plus grands événements publics des temps modernes, aux dernières infortunes de ma patrie ; ils appartiennent à l'histoire aussi bien que les *documents inédits* que je transcrirai textuellement dans ma narration.

Le 19 avril, j'assistai pour la première fois au lever de l'Empereur. La guerre civile du Midi était terminée ; il en exprima une vive satisfaction, et me demanda si le général Chabert était arrivé à Paris. (Il l'était de la dernière nuit.) L'Empereur me chargea de lui annoncer qu'il venait de le faire lieutenant-général (1). Après l'audience, j'entrai dans son cabinet, dont la porte était gardée par le duc de Rovigo. L'archevêque de Tours, M. de Barral, de Grenoble , en sortait. Il s'agissait de faire cesser l'intérim de la préfecture de l'Isère. Le choix d'un préfet n'était pas facile pour un tel département, qui était limitrophe de l'Ita-

(1) Voyez la note **L** à la fin de ce volume.

lie, où de graves événements se dénouaient, et dont
le passage de l'Empereur, l'accueil qu'il y avait
reçu, pouvaient aussi rendre l'administration plus
difficile, et l'opinion dominante plus exigeante.
Le choix de l'Empereur s'arrêta sur M. Bourdon
de Vatry, que bientôt après Rœderer vint seconder sans efficacité.

La guerre du Midi avait quelque temps préoccupé l'Empereur : elle secondait les désirs des
étrangers; les volontaires royaux formaient, au
cœur de la France, l'avant-garde des armées ennemies; l'opinion de quelques provinces méridionales favorisait leur entreprise par des offres de
chevaux, d'argent, par des impositions extraordinaires et le concours d'officiers de divers gra-
des tirés de l'armée. Cette guerre intestine venait
de finir par la capitulation de M. le duc d'Angoulême et par l'embarquement de ce prince pour
l'Espagne; mais ses partisans, le matériel de guerre
et l'argent qu'ils avaient réunis, demeuraient également sans emploi. L'Empereur confisqua au profit de sa cause, et les volontaires royaux, et les
chevaux, et l'argent qui leur avaient été offerts, et
les officiers généraux qui avaient servi sous le
même drapeau. Un décret impérial, rendu à
l'Élysée, le 19 avril, renfermait toutes ces mesures ensemble; mais ce décret ne fut point publié : j'en insère ici le texte inédit, d'après une
expédition originale :

« Au palais de l'Élysée, le 19 avril 1815. »

« Napoléon, par la grâce de Dieu et les cons-
« titutions de l'empire, Empereur des Français.
« Nous avons decrété et décrétons ce qui suit : »

Art. 1ᵉʳ « Les bataillons et compagnies de vo-
« lontaires dits royaux, levés dans les différentes
« villes du Midi, seront désarmés par les soins
« des préfets, des officiers municipaux et des of-
« ficiers de gendarmerie. Les armes seront trans-
« portées dans la place forte ou dans l'arsenal le
« plus voisin du lieu de désarmement. »

« Les capitaines de gendarmerie donneront des
« ordres pour que les armes des hommes isolés
« soient envoyées au chef-lieu du département
« où le recensement en sera fait, et d'où l'on
« fera le transport dans la place forte ou dans
« l'arsenal où elles doivent être réunies. »

Art. 2. « Les volontaires royaux levés depuis
« le premier mars 1815, dans les différentes villes
« des 8ᵉ, 9ᵉ, 10ᵉ et 11ᵉ divisions, sont mis en
« réquisition pour servir dans nos armées. »

« L'état nominatif en sera dressé par chaque
« préfet et remis aux officiers de gendarmerie
« qui veilleront à ce que ces hommes soient di-
« rigés sur les dépôts de Dijon, de Grenoble, Bé-
« fort, Strasbourg, Metz et Mezières. »

Art. 3. « Les généraux commandant les 2ᵉ, 3ᵉ,
« 5ᵉ, 7ᵉ et 18ᵉ divisions en feront la répartition
« entre les différents dépôts des régiments établis

« dans leurs divisions. Les préfets instruiront
« notre ministre de la guerre du départ de ces
« hommes et de leur nombre. »

Art. 4. « Les offres de chevaux qui ont été
« faites pour les volontaires royaux seront rem-
« plies. Les personnes qui les ont faites seront
« tenues d'envoyer sans délai lesdits chevaux
« harnachés au chef-lieu du département, d'où
« ils seront conduits au dépôt du corps de trou-
« pes à cheval le plus voisin. »

Art. 5. « Les impositions extraordinaires mises
« sur les départements ou les arrondissements
« par les conseils de département ou d'arrondis-
« sement, continueront à être perçues. »

Art. 6. « Les offres faites en argent par les
« particuliers seront remplies, et les fonds versés
« dans les caisses de nos receveurs. A cet effet,
« les préfets feront dresser l'état desdites offres
« et en rendront le rôle exécutoire. »

Art. 7. « L'état des généraux, colonels, chefs
« de bataillon et capitaines qui ont été employés
« dans les corps de volontaires dits royaux, sera
« dressé, et les officiers seront mis sous la sur-
« veillance spéciale des généraux commandant
« les divisions, des généraux commandant les dé-
« partements, et de la gendarmerie. »

Art. 8. « Ces états seront transmis, sans dé-
« lai, à notre ministre de la police générale qui,
« selon les circonstances, éloignera ceux de ces

« officiers qui seraient dangereux, des lieux où
« ils se trouvent, ou décernera des mandats con-
« tre eux. »

Art. 9. « Nos ministres sont chargés de l'exé-
« cution du présent décret. »

« *Signé* : NAPOLÉON. »

« *Par l'Empereur, le ministre secrétaire d'État,*

« *Signé* : le duc de BASSANO. »

Entaché, je crois, de violence et d'illégalité,
cet acte de l'autorité impériale devait être défa-
vorablement accueilli, dans un moment surtout
où une commission dont l'opinion publique
avait, en grande partie, désigné les membres au
choix de l'Empereur, préparait pour la France
une nouvelle constitution, fondée sur des principes plus libéraux que ceux des actes, de na-
tures si diverses, qui composaient les *constitutions* de l'empire.

Ce difficile travail de la commission fut terminé le samedi 22 avril, et dans la soirée on
connut les dispositions importantes de ce nouvel établissement politique : c'était une *constitution*, une et complète : la représentation nationale y était notablement élargie; les représentants
du commerce et de l'université y étaient appelés; la discussion des lois était libre et publique
dans le sein des deux chambres; satisfaction en-

tière était donnée au vœu national sur toutes les libertés publiques ; les chambres étaient appelées à prendre une plus grande part au gouvernement de l'État ; l'Empereur se dépouillait de toute dictature légale. Les membres de cette commision étaient heureux de leur ouvrage ; j'entendis un sénateur s'en féliciter toute la soirée. Ce prodige devait se révéler dans le Moniteur du lendemain matin, dimanche 23 avril ; mais ce dimanche arriva, et le Moniteur ne parut point à l'heure ordinaire ; il fallut, malgré l'empressement universel, l'attendre jusqu'à quatre heures du soir, et pour y lire, au lieu du prodige universellement attendu, *l'Acte Additionnel* aux constitutions de l'Empire.

Cette malheureuse substitution causa une affliction générale ; une réprobation toute nationale frappa cette triste invention, dans tous les points de l'Empire ; et à Paris on sut bientôt que, la commission ayant terminé son travail, avait laissé aux ministres de l'Empereur l'obligation d'envoyer immédiatement au Moniteur une copie de la nouvelle constitution ; que l'Empereur, resté seul avec le duc de Bassano et le comte Regnault de Saint-Jean d'Angély, avait passé une partie de la nuit à refaire ou plutôt à défaire la constitution unanimement arrêtée par la commission, lui substituant l'Acte additionnel qui n'avait pu être remis au Moniteur qu'à la pointe du jour. Malgré les habiles commentaires approbatifs du docte Sismondi, et ceux de Benjamin Constant de Rebecque, fraîchement nommé conseiller d'État par l'Empereur, cet acte affligea et refroidit la nation. Soumis à l'approbation des citoyens, il fut accepté comme une nécessité; mais les registres, encore existants, des votes de la France entière, nous apprennent qu'un grand nombre de ces suffrages étaient suivis de la formule restrictive *sauf révision*.

Au 1ᵉʳ mai, l'Europe entière se préparait à la guerre : le Moniteur révélait publiquement le traité de Vienne du 25 mars, conséquence immédiate de la déclaration donnée par le congrès le 13 du même mois. Par ce traité les quatre grandes puissances étrangères armaient six cent mille hommes contre la France. L'état de la défense générale de l'Empire était exposé dans la même feuille : on y oubliait la Vendée, dans la liste des ennemis. Il est vrai que, dans ce moment, l'insurrection royaliste ne faisait pas beaucoup de fracas; à Gand même, la cour en entendait fort peu parler, malgré la présence du duc de Bourbon dans la Bretagne; et le roi Louis XVIII donna, à ce sujet, la déclaration suivante :

« Le Roi ne connaissant pas dans ce moment « d'une manière exacte la véritable position de « S. A. S. monseigneur le duc de Bourbon, dans

« le gouvernement que Sa Majesté lui a confié ,
« et Sa Majesté voulant pourvoir, autant qu'il
« est en elle, à tout ce qui intéresse son service et
« le bien de l'État en Bretagne, a jugé convena-
« ble de nommer son commissaire extraordinaire
« dans les différents départements qui en font
« partie, M. le marquis de Marigny, maréchal de
« camp, et Sa Majesté place sous les ordres de
« M. de Marigny, premièrement M. le comte de
« Floirac, maréchal de camp, préfet du Morbi-
« han; et en second lieu M. le marquis de la Bois-
« sière, qui remplira sous les ordres de M. de
« Marigny les fonctions de chef d'état major et
« de commissaire extraordinaire adjoint. »

« Des instructions générales ayant déjà été don-
« nées par le roi à monseigneur le duc de Bour-
« bon, MM. de Marigny, de Floirac et de la
« Boissière sont tenus de déférer à tous ordres
« qu'ils recevront de S. A. Sérénissime. »

« A Gand, le 1ᵉʳ mai 1815. »

« Approuvé

« *Signé* : Louis.

« *Par le roi, le ministre secrétaire d'État de la guerre,*

« *Signé* : duc de Feltre. »

A l'intérieur toutes les communes étaient en
mouvement. Les colléges électoraux avaient été
convoqués par un décret du 30 avril. A l'exception de Paris, partout les votes désignèrent des

députés d'une opinion très-prononcée, les uns
voulant le régime nouveau avec la dynastie impériale, et d'autres un peu plus que cela peut-
être. Plusieurs conventionnels siégèrent dans la
nouvelle chambre ; ils ne figurèrent point parmi
les moins modérés, et il est certain, soit dit à
la décharge de ces temps qu'on a trop bénévole-
ment assimilés à ceux de la terreur, que la première fois qu'un de ces conventionnels demanda
la parole, un murmure répulsif éclata sur tous
les points de la salle ; mais l'orateur, qui avait
affronté de plus grands tumultes, c'était Barrère,
ne se laissa pas imposer, monta à la tribune, et
après ses premières phrases, obtint, par l'élégance de son langage et la bonne logique de ses
avis, toute l'attention de l'assemblée.

Les élections de Grenoble furent désagréables
à l'Empereur. Sans qu'il en fût prévenu, sans
son assentiment connu, son frère Lucien avait été
nommé député de l'Isère. Prince romain, il
n'était peut-être plus Français ; la conservation de
ses droits politiques était au moins problématique.
Arrivé à Paris, le 9 mai, il fut traité par l'Empereur avec la plus grande distinction ; le Palais
Royal, garni de tout le mobilier du duc d'Or-
léans et à ses armes, argenterie et cristaux, fut
donné à Lucien pour sa résidence ; les ministres
et les officiers de la maison impériale allèrent
officiellement lui rendre visite ; un des officiers
généraux de la garde nationale fut attaché à sa

personne avec le titre d'écuyer : c'était le comte Alexandre de la Borde, qui vient d'être récemment enlevé à son pays.

Tant de faveurs excitait quelque surprise. On savait qu'il y avait entre Napoléon et Lucien des incompatibilités d'opinion et de caractère; on répétait le mot de Lucien qui avait dit, il y avait quelques années, qu'il tâchait de faire des économies parce qu'il aurait un jour trois ou quatre rois sur les bras; enfin personne n'ignorait que Lucien Bonaparte était exclu, par les constitutions, de la dynastie impériale, et l'Acte additionnel n'avait apporté à son état aucune modification. Toutefois on expliquait par la réputation d'homme du progrès, qu'on avait faite à Lucien, les attentions de l'Empereur.

Mais le prince de Canino s'était proposé de ne pas dépendre entièrement des bons sentiments, peut-être passagers, de Napoléon; il accepta le titre de député de l'Isère, et il l'obtint par l'influence de M. Sapey, qui possédait depuis longtemps sa confiance et son affection. Par l'effet de sa nouvelle ou de son ancienne position en France, distinction fort difficile à préciser, le prince Lucien reprit sa place à l'Institut et lut, dans la séance publique du 18 mai, l'ode qu'il avait composée pour la défense d'Homère contre les systèmes négatifs d'outre-Rhin, et intitulée *l'Odyssée*.

En ce même temps, les fédérations se formaient

dans tous les départements de la France, à l'imitation de ceux de la Bretagne et du Dauphiné. L'excitation de l'opinion nationale était une nécessité; c'en était une aussi de la porter jusqu'aux limites extrêmes de la légalité, car depuis les événements de 1792, la France n'avait pas été si universellement menacée.

Mais l'Empereur ne poussa jamais à cette excitation; aux yeux de ses *frères* et *cousins* assis sur les trônes de l'Europe, il voulait se garder de mériter le reproche de gâter le métier de roi. Né d'une famille noble (1), ayant assez longtemps manifesté par ses actes ses préférences et ses affections pour toutes les aristocraties, le concours populaire répugnait à ses mœurs comme au caractère de son autorité. D'ailleurs le temps était venu pour lui d'être trompé par les hommes habiles de qui il devait attendre les meilleurs services, et les probes serviteurs qui l'entouraient ne savaient rien. Un de ses principaux ministres, habitué à la baratterie des hommes, était chargé de la partie la plus importante de l'administration publique, de celle dont l'action et la marche toutes mystérieuses ne se manifestent, dans les moments solennels pour les nations, comme les grands travaux de la nature, que par des bou-

(1) Une décision du conseil supérieur de la Corse, en date du 13 septembre 1771, a reconnu la noblesse de la famille Bonaparte de Corse.

leversements. Ce ministre, en acceptant le premier rang parmi les dévoués de Napoléon, en défendant ouvertement sa cause (1), avait néanmoins promis de conserver le trône à Louis XVIII, et il tint parole cette fois. Son exil et sa mort, œuvres de ses protégés, ont terminé dignement l'histoire de sa vie.

Les faubourgs de Paris furent armés ; l'Empereur les passa en revue, et cria au milieu d'eux *vive la nation!* Les partisans de la maison royale s'éloignèrent de la capitale, inquiets sur leur sort, effrayés par des démonstrations où ils se complaisaient à reconnaître les présages certains du retour des cruautés de 1793. L'insurrection vendéenne répandait une terreur plus réelle dans les districts où elle s'était manifestée. Le gouvernement en était journellement préoccupé. Par un

(1) Voici un des actes patents de son autorité :
« Ministère de la police générale.   « Paris le 7 avril 1815. »
        « A M. le préfet du département de. . . . . .
        « Je suis informé, monsieur le préfet, que le journal de. . .
« dans son numéro du 23 mars dernier, fait figurer les procla-
« mations de Louis XVIII à côté de celle de l'Empereur. Cette
« *inconvenance* n'aura sans doute pas échappé à votre attention.
« Je vous prie de mander le *rédacteur* et de lui témoigner tout
« mon *mécontentement.* Je désire *savoir* quelle a pu être son inten-
« tion en faisant un *amalgame* aussi étrange, et je vous recom-
« mande de me transmettre les renseignements que vous pourrez
« recueillir à ce sujet. »
    « Agréez, monsieur le préfet, l'assurance de ma haute con-
« sidération. »
                        « *Signé :* le duc D'OTRANTE. »

décret du 10 mai, les compagnies d'élite des gardes nationales de six départements avaient été mises en activité de service. Sur la proposition du ministre de la police générale, un autre décret, en date du 19 mai, ordonna d'autres mesures. Voici le texte de ce décret inédit :

« Palais de l'Élysée, le 19 mai 1815.

« Napolon, Empereur des Français. Sur le « rapport de notre ministre de la police générale, « nous avons décrété et décrétons ce qui suit : »

Art. 1ᵉʳ. « Notre décret du 10 de ce mois, qui « met en activité de service les compagnies d'é- « lite de la garde nationale, dans les départe- « ments de la Sarthe, de la Mayenne, de la Loire- « Inférieure, de Maine-et-Loire, de la Vendée et « des Deux-Sèvres, est rapporté. »

Art. 2. « La garde des côtes des 12ᵉ et 13ᵉ « divisions est confiée aux fédérés de la Loire-In- « férieure, Ile-et-Vilaine, Côtes-du-Nord, Finis- « tère, Morbihan, et Maine-et-Loire, sans qu'il « soit rien changé au service ordinaire des canon- « niers gardes-côtes. »

Art. 3. « Les garnisons des ports seront formées « par des détachements des compagnies d'élite « de la garde nationale des villes dans les 12ᵉ, « 13ᵉ, et 22ᵉ divisions. »

Art. 4. « Le lieutenant général gouverneur des « 12ᵉ, 13ᵉ et 22ᵉ divisions est chargé de la haute

« police dans l'étendue de son gouvernement. Il
« correspondra, pour cet effet, avec notre mi-
« nistre de la police générale et les lieutenants
« des 2ᶜ et 3ᶜ arrondissements. »

Art. 5. « Nos ministres de la guerre, de l'inté-
« rieur et de la police générale sont chargés cha-
« cun en ce qui le concerne de l'exécution du
« présent décret. »

« *Signé :* NAPOLÉON. »

« *Par l'Empereur, le ministre secrétaire d'État,*

« *Signé :* le duc de BASSANO. »

Trois jours après, un acte semblable, également
inédit, et rendu sur le rapport du ministre de
la guerre, compléta ces premières mesures de
défense contre l'insurrection de l'Ouest, et ordonna l'envoi des troupes en poste. Ce décret est
ainsi conçu.

« Au palais de l'Élysée, le 22 mai 1815.

« Napoléon, Empereur des Français. Sur le
« rapport de notre ministre de la guerre, nous
« avons décrété et décrétons ce qui suit : »

Art. 1ᵉʳ. « Il sera formé trois colonnes de gen-
« darmerie destinées à opérer dans les départe-
« ments de l'Ouest; elles seront commandées par
« trois maréchaux de camp, qui auront chacun
« sous leurs ordres un colonel de gendarme-
« rie. »

Art. 2. « La 1ᵉʳᵉ colonne sera composée d'un

« escadron de gendarmes à cheval de 300 hom-
« mes, et de 3 bataillons de gendarmes à pied,
« faisant 1800 hommes : elle se rendra à An-
« gers. »

« La 2me se rendra à Poitiers, et sera composée
« d'un escadron de 250 chevaux et de 500 gen-
« darmes à pied. »

« La 3me se rendra à Niort et se composera de
« même. »

Art. 3. « Le 1er escadron de gendarmes sera
« de 300 hommes, les deux autres de 250 hom-
« mes, etc. »

Art. 4. « Chaque bataillon de gendarmerie à
« pied sera fort de 500 hommes, formant 4 com-
« pagnies de 125 hommes chaque, etc. »

Art. 5. « Le bataillon de gendarmes à pied,
« organisé en exécution de notre décret du 13
« avril dernier, et qui a été dirigé sur Angers,
« formera le 1er bataillon ; il sera porté au com-
« plet d'hommes de chaque grade ci-dessus fixé
« et fera partie de la 1re colonne ; le 2e sera for-
« mé également des compagnies qui se forment à
« Versailles et fera partie de la 1re colonne ; le 3^{e}
« le sera des dix lieutenances de gendarmerie et
« fera partie de la 1re colonne. »

Art. 6. « Les hommes destinés à la formation
« de ces bataillons seront envoyés en poste sur
« les points de réunion de Poitiers et de Niort. »

Art. 7. « Les préfets, conjointement avec les

18

« officiers de gendarmerie, sont chargés de rem-
« plir les vides que la formation des colonnes
« ci-dessus citées occasionnera dans les brigades,
« par l'admission des hommes qui leur paraîtront
« les plus propres à ce service. »

« Ils sont autorisés à prendre parmi les mili-
« taires rappelés par notre décret du 28 mars,
« pourvu toutefois qu'ils puissent se monter,
« s'habiller et s'équipper à leurs frais. »

Art. 8. « Notre ministre de la guerre est chargé
« de l'exécution du présent décret. »

« *Signé :* NAPOLÉON. »

« *Par l'Empereur, le ministre secrétaire d'État,*

Signé : le duc de BASSANO. »

A cette date le jour des cérémonies du Champ
de Mai approchait. Les députés des départements
étaient nommés et les registres des votes sur l'Acte
additionnel étaient réunis à Paris; les électeurs,
comme autrefois au sacre de l'Empereur, s'y
rendaient en grand nombre. Un lieu de réunion
avait été assigné à chaque département : l'hôtel
Montalivet, île Saint-Louis, devait être celui des
colléges électoraux de l'Isère; mais le prince
Lucien désira les avoir au Palais Royal, et trois
salons furent laissés à l'entière disposition du
département. Le prince reçut habituellement
chez lui ceux des électeurs qui lui furent présentés. Il s'attachait davantage chaque jour à son

titre de député. On verra bientôt que ce titre ne le préserva pas de la position extraordinaire que lui fit l'invincible volonté de l'Empereur.

L'assemblée des colléges de l'Isère se constitua sous la présidence de M. Sapey, député; on me remit les fonctions de secrétaire; on y parlait avec chaleur de l'état bien sombre des affaires publiques. L'infortuné Didier, dont l'histoire est inconnue malgré qu'elle ait fait récemment quelque bruit, y venait comme dans une réunion de compatriotes; mais il ne délibérait point avec nous, appartenant au gouvernement royal par son titre de maître des requêtes (1).

Fourier y fut accueilli avec un empressement dont il se montra heureux; mais il demeura en dehors des affaires, ne se croyant plus lié que par des souvenirs qu'il chérissait, avec le département dont il avait abandonné l'administration.

L'assemblée accomplit sa mission; elle fit le dépouillement officiel des 640 registres ouverts dans le département au sujet de l'Acte

____

(1) M. Didier avait publié, en l'année 1800 ou 1801, un écrit intitulé : *Du retour à la religion*. La 2ᵉ édition, 75 pages in-8°, porte la date de 1802; elle est dédiée à Bonaparte. Une troisième édition, publiée en l'année 1810 et un peu augmentée, fut retenue par la censure et attentivement supprimée. L'exemplaire que je possède est vraisemblablement unique. On trouve dans l'un des premiers nᵒˢ de *l'Indépendant*, fondé en 1815, et qui vécut peu de temps sous ce titre, un article de plusieurs colonnes et d'une politique fort modérée; cet article signé D. est du même personnage.

additionnel, et constata 27,851 votes, dont 41 étaient de désapprobation.

Cinq commissaires furent nommés pour porter ce résultat à l'assemblée centrale des colléges électoraux, indiquée pour le 31 mai dans la salle des séances du corps législatif, et sous la présidence du prince archichancelier de l'Empire. Je fus un des commissaires de mon département ; je fus aussi un des secrétaires de l'assemblée générale ; j'y tins la plume, et ces circonstances me mirent à même de recueillir des *notes* et des *pièces* qui me permettent de consigner ici des détails utiles à l'histoire, et que la brièveté bien extraordinaire du Moniteur (1), où l'on ne trouve pas même le chiffre général des votes sur l'Acte additionnel, rendra tout à fait nouveaux, quoiqu'ils datent aujourd'hui de vingt sept années révolues.

Le 31 mai, à quatre heures, le prince Cambacérès ouvrit la séance, en exposant très-sommairement le but de la réunion. Chaque département déposa sur le bureau, et on lut à haute voix le résultat de ses votes. L'assemblée se montra diversement émue selon que le chiffre des votes affirmatifs ou des votes négatifs était plus considérable. Le vote fort minime du département de la Seine excita des murmures.

(1) Moniteur du jeudi 1er juin, page 616, colonne médiale.

J'avais relevé exactement ces chiffres sur un tableau à trois colonnes, et pendant que je les additionnais, l'assemblée délibérait sur un projet d'adresse à l'Empereur, contenant l'expression des vœux et des sentiments de la nation représentée par les colléges électoraux composés de ses élus. La proposition de l'adresse fut faite par le président de la députation de la Somme, qui lut en même temps le projet qu'il avait rédigé.

M. Gohier, de Seine et Oise, communiqua aussi un autre projet.

Carion de Nizas, qui avait mission à cet effet, prit la parole et s'efforça de prévenir l'adoption de l'un des projets déjà communiqués. La discussion s'engagea avec assez d'ordre sur ce sujet, mais elle s'échauffait; elle inquiétait visiblement le président de l'assemblée, qui craignait, avec quelque raison, de ne pas réussir à la diriger; on proposait une commission, on priait l'Archichancelier de parler au nom de l'assemblée. Enfin Carion de Nizas parvint à lire un troisième projet pour lequel M. Gérante demanda la priorité. Elle fut admise presque unanimement, et M. Dubois d'Angers fut prié de prêter son puissant organe à cette expression du vœu général porté à l'Empereur au Champ de Mai.

Cette discusion était terminée; il n'en était pas de même de mes additions. Je continuais ce travail tout en écoutant ce qui se passait : il se pro-

longeait, et les motions, quelques-unes intempes-
tives, se succédaient dans l'assemblée. L'inquiétude de l'Archichancelier s'accrut jusqu'à la
mauvaise humeur; il me pressait d'en finir, et je
lui donnai un résultat total ainsi conçu :

Nombre total des votes constatés, y compris
l'armée et la marine. 1,302,562
Votes négatifs à distraire. 4,206
Total des votes affirmatifs. . . . 1,298,356

Ce résultat fut annoncé par l'Archichancelier,
qui déclara aussitôt la clôture de cette pénible
séance.

Je transcrivis ensuite ces chiffres sous forme
de procès-verbal authentique que je signai, et
il fut proclamé au Champ de Mai par l'Empereur.
Je n'ai pu, malgré de soigneuses recherches, re-
trouver dans aucun dépôt public des traces de
cette pièce historique.

L'empressement avec lequel le prince président quitta le bureau, me laissa le maître des
notes et papiers qui s'y trouvaient réunis. Je
n'étais pas bien certain que les chiffres que je
lui avais donnés fussent exacts; je désirais de
les vérifier, et j'en ai eu depuis bien le loisir.
Je dépose ici l'état sincère des votes par département, en tout conforme au dépouillement original que j'ai écrit séance tenante, le 31 mai 1815.

Départ.	Total des votes.	Oui.	Non.	Observations.
Ain.	20,912	20,838	74	
Aisne.	23,542	23,501	41	
Allier.	10,904	10,846	58	
Alpes (Hautes-)	2,712	2,703	9	
Alpes (Basses-)	»	»	»	Les registres n'étaient pas arrivés.
Ardèche.	5,201	5,193	8	
Ardennes.	14,117	14,110	7	
Ariége.	9,065	9,060	5	
Aube.	»	»	»	*Idem.*
Aude.	»	»	»	*Idem.*
Aveyron.	5,499	5,458	41	
Bouch.-du-Rhône	2,560	2,539	21	
Calvados.	7,231	7,177	54	
Cantal.	»	»	»	*Idem.*
Charente.	26,291	26,281	10	
Charente-Infér.	24,422	24,401	21	Les arrondissements de la Rochelle et Rochefort manquent.
Cher.	14,657	14,640	17	
Corrèze.	22,540	22,524	16	
Corse.	»	»	»	Les registres n'étaient pas arrivés.
Côte-d'Or.	41,727	41,692	35	
Côtes-du-Nord.	5,669	4,514 / 93*	1,058 / 4*	*Conditionnels.
Creuze.	11,168	11,146	22	
Dordogne.	29,594	29,462	132	
Doubs.	12,299	12,122	177	
Drôme.	»	»	»	Les registres non arrivés.
Eure.	7,128	7,114	14	Manque 150 registres de Louviers et Évreux.
Eure-et-Loire.	14,151	14,140	11	
Finistère.	»	»	»	Les registres n'étaient pas arrivés.
À reporter...	311,389	309,554	1,835	

Départ.	Total des votes.	Oui.	Non.	Observations
Report...	311,389	309,554	1,835	
Gard.	»	»	»	Les registr. non arrivés.
Garonne (Haute-)	16,634	16,596	38	
Gers.	»	»	»	*Idem.*
Gironde.	5,792	5,716	76	Bazas et Blayes n'ont pas fourni.
Hérault.	»	»	»	Les registres n'étaient pas arrivés.
Ile-et-Vilaine.	5,576	5,440	136	
Indre.	10,382	10,361	21	2 communes n'ont pas fourni de registres, ce qui fait une différence de 12 voix.
Indre-et-Loire.	19,818	19,812	6	
Isère.	27,851	27,810	41	39 registres de Vienne manquent.
Jura.	22,496	22,414	82	
Landes.	9,291	9,278	13	
Loir-et-Cher.	13,143	13,142	1	
Loire.	»	»	»	Les registres n'étaient pas arrivés.
Loire (Haute-).	5,094	5,085	9	
Loire-Inférieure.	1,338	1,323	15	
Loiret.	12,147	12,107	40	
Lot.	6,400	6,390	10	Figeac (arrondissement) manque.
Lot-et-Garonne.	»	»	»	Les registres n'étaient pas arrivés.
Lozère.	4,152	4,147	5	
Maine-et-Loire.	»	»	»	*Idem.*
Manche.	12,179	12,142	37	
Marne.	18,843	18,816	27	
Marne (Haute-).	26,028	26,005	23	
Mayenne.	»	»	»	*Idem.*
Meurthe.	43,243	43,218	25	
Meuse.	23,834	23,816	18	
A reporter...	595,630	593,172	2,458	

Départ.	Total des votes.	Oui.	Non.	Observations.
Report...	595,630	593,172	2,458	
Mont-Blanc.	3,554	3,540	14	
Morbihan.	1,487	1,451	36	
Moselle.	33,997	33,961	36	
Nièvre.	23,487	23,450	37	
Nord.	16,462	16,319	108	
			35*	*Conditionnels.
Oise.	14,302	14,273	29	
Orne.	7,342	7,308	34	Les registres de quelques cantons manquent.
Pas-de-Calais	4,983	4,966	17	Boulogne (arrondissement) manque.
Puy-de-Dôme.	16,623	16,610	13	Plusieurs cantons n'ont pas envoyé.
Pyrénées (Bass.)	»	»	»	Les registres n'étaient pas arrivés.
Pyrénées (Haut.)	»	»	»	
Pyrénées-Orient.	»	»	»	
Rhin (Bas-).	26,505	26,499	6	
Rhin (Haut-).	25,614	25,582	32	Ce département a perdu deux arrondissements par les événements.
Rhône.	17,264	17,245	19	
Saône (Haute-).	21,016	21,000	16	
Saône-et-Loire.	38,093	37,990	103	
Sarthe.	12,930	12,907	23	
Seine.	24,204	23,613	591	
Seine-Inférieure.	10.836	10,702	134	
Seine-et-Marne.	27,940	27,923	17	
Seine-et-Oise.	29,257	29,226	31	
Sèvres (Deux-).	12,094	12,087	7	Bressuire manque.
Somme.	8,395	8,371	24	
Tarn.	»	»	»	Les registres n'étaient pas arrivés.
Tarn-et-Garonn.	3,202	3,180	22	
Var.	»	»	»	Idem.
A reporter...	975,217	971,410	3,807	

Départ.	Total des votes.	Oui.	Non.	Observations.
Report...	975,217	971,410	3,807	
Vaucluse.	3,005	3,000	5	L'arrond^t. de Carpentras manque.
Vendée.	2,493	2,487	6	Il manque les votes des trois quarts des communes.
Vienne.	15,692	15,672	20	
Vienne (Haute-).	14,550	14,543	7	
Vosges.	30,571	30,514	57	
Yonne.	34,882	34,880	2	
Total...	1,076,410	1,072,506	3,904	

On constata par ce dépouillement que les registres des votes de 18 *départements* n'étant point parvenus à Paris, ni ceux d'un grand nombre de communes de départements qui figurent dans ce tableau, ces registres n'avaient point concouru au total général des votes exprimés, qui s'élèvent exactement à . . 1,076,410

Les votes de l'armée furent indiqués à 205,168

Les votes de la marine, à 21,024

Le total général des votes s'éleva ainsi à 1,302,602

Dont il faut déduire les votes négatifs :

Des citoyens . . . . 3,904 }

De l'armée . . . . 302 }   4,206 (1)

Il reste, en votes approbatifs constatés. 1,298,396

J'étais ainsi resté, dans les nombres officiellement proclamés, de quelques votes affirmatifs au-dessous de la réalité; et ces détails numériques, inconnus jusqu'ici, doivent remplir une lacune importante dans l'histoire des dernières années de l'Empereur, de l'opinion nationale à son sujet, de la destinée de nos constitutions successives,

(1) Ce nombre est donné dans la relation de la séance du Champ de Mai ; Moniteur du 2 juin, page 1, colonne 3, à la note : ce nombre est exact.

et de ce Champ de Mai renouvelé des Gaulois,
innové en France dans des circonstances que l'im-
minence d'une guerre acharnée rendait en quelque sorte plus solennelles.

C'est pourquoi l'Empereur multipliait ses rapports avec les députations envoyées des départements ; il s'efforçait d'y entretenir l'enthousiasme
qui l'avait accueilli, et qui, malgré l'Acte additionnel, subsistait encore, pur d'intrigues et d'ar-
rière-pensées dans les provinces, pendant que les
partis, à Paris, prévoyants ou projetants, cher-
chaient à pénétrer l'avenir et à le plier au succès et
au profit de leurs vues. Les forces nationales s'af-
faiblissaient : en dehors du peuple et des fonctionnaires, on regrettait à Paris les quiétudes et les
façons de cour de la restauration ; la garde nationale, qui n'allait plus dîner chez le roi, faisait son
service tout juste, et dans le seul intérêt de l'ordre et des propriétés ; la chambre des pairs, renouvelée, suivait le mouvement avec la lenteur
inhérente à sa constitution ; et la chambre des représentants, possédée de l'esprit constituant, ne
devait pas être modérée par la parole et le geste,
également pétulants, de l'illustre Lanjuinais qui
la présidait : l'Empereur ne pouvait plus, que par
de nouvelles victoires, rendre à son nom et à
son autorité leur splendeur et leur force.

Membre de plusieurs députations, j'eus plusieurs fois l'occasion de l'entendre ; dans ces

circonstances j'avais l'honneur d'être choisi pour
son interlocuteur, et je dis choisi, parce qu'en
recevant ces députations Napoléon m'interrogeait
aussitôt sur les services des personnes qui les
composaient, sur le lieu de leur habitation ; et si
ce lieu lui était connu, il rappelait avec un empressement marqué comment il y avait été reçu à son
passage. Je puis me rendre cette justice que,
dans aucune de ces occasions, je n'ai parlé que
pour répondre, ou pour recommander selon
leur nature les demandes qui étaient présentées. A l'assemblée générale dans la galerie du
Louvre, le 4 juin, l'Empereur nous dit en nous
approchant : « *Donnez donc un peu de votre pa-*
« *triotisme à vos voisins que je quitte, ils en ont*
« *bien besoin.* Les députations des départements
étaient rangées dans l'ordre alphabétique. Il
s'arrêta longtemps avec celle de l'Isère, et je
profitai de cette occasion pour rappeler la demande déjà faite d'une école de médecine à Grenoble. « *Je ne l'ai point oublié,* » me dit-il ;
« *vous vous trouvez entre Montpellier et Paris,*
« *et voisins de la Suisse* » ; et aussitôt il fit approcher le ministre de l'Intérieur, M. le général
Carnot, et lui dit : « *Entendez M. C. pour cette*
« *affaire de l'école de médecine de Grenoble. —*
« Il nous faudra, sire, lui dis-je, comme base
« essentielle, une dotation annuelle de vingt mille
« francs au moins. — *Nous trouverons bien vingt*

« *mille francs*, » répondit-il aussitôt, avec un
« gracieux mouvement de tête, « *n'est-ce pas M.*
« *Carnot? Je ne finirai pas cette affaire avant de*
« *partir, mais vous me l'enverrez si je reste*
« *longtemps.* » Je redemandai la *Description de
l'Égypte* pour la bibliothèque de Grenoble.
L'Empereur dit aussitôt au ministre : « *Ceci est*
« *entendu ; ne l'oubliez pas comme moi.* » L'ouvrage me fut en effet remis peu de jours
après.

L'assemblée du Champ de Mai avait été tenue
le 1er juin ; elle fut imposante et solennelle :
rien de pareil ne s'était vu en France depuis la
fédération nationale de 1790 ; l'une et l'autre se
sont passées sur le même terrain. A la fédération
de 1815, l'assistance fut plus nombreuse, le
temps très-favorable, et l'ordre parfait. Le procès-verbal en fut inséré au Moniteur ; mais il est
muet sur une circonstance importante pour
l'histoire, et je puis dire ce qui l'amena.

Plusieurs fois dans ses colonnes officielles le
même journal avait gratifié Lucien Bonaparte,
député de l'Isère, du titre très-gracieux d'Altesse
Impériale ; or, sa principauté romaine de Canino
n'emportait pas le titre d'altesse, et la constitution Napoléonienne avait exclu Lucien de toutes
les dignités impériales. Ces honneurs l'embarras-
saient singulièrement, lui qui n'avait jamais pris
en France le nom de sa *princerie* papale, et qui
avait constamment usé pour sa signature du seul

prénom de Lucien, toutefois avec le protocole princier : *votre affectionné.*

En contradiction avec ces bonnes résolutions, Lucien Bonaparte, tout au plus citoyen français, siégea néanmoins comme prince et altesse impériale au Champ de Mai, assis à la gauche du trône de l'Empereur ; et l'étonnement public fut très-grand.

Le 31° mai au soir, Lucien fut appelé, et l'Empereur lui fit connaître son désir, sa volonté de le voir à côté de lui à la gauche du trône, dont le roi ou prince Joseph occuperait la droite. Les observations, les excuses, les refus de Lucien furent inutilement et plusieurs fois renouvelés : l'Empereur insista, et pour des raisons d'État. En vain Lucien voulut en appeler hautement à son indépendance, déclarant son intention de sortir de Paris sur l'heure même : l'Empereur fut aussitôt hors de lui, menaça de sa colère, de résolutions désespérées, et Lucien fut contraint de se rendre. Il rentra fort tard, abîmé de chagrin, au Palais Royal. On n'avait que quelques heures pour confectionner de toutes pièces le costume qui lui était imposé ; et le lendemain il fut prince impérial pendant quelques heures, pour la première et la dernière fois, devant la nation assemblée, et surprise d'un événement dont elle ignorait la cause que je viens de révéler.

Par l'effet de ce même événement, Lucien Bo-

..parte siégeait comme pair au banc des princes, ..ais il n'était que pair nommé, quoique venant .. jouir du rang de prince et quoique frère de l'Empereur : le roi Joseph n'omit pas de faire ..nstater la différence des deux titres, au pre-..ner procès-verbal des séances de la pairie.

La session des deux chambres avait été ou-..rte en personne par l'Empereur, le mercredi 7 ..in : le dimanche suivant, il reçut les adresses ..e réponse au discours du trône. On voit dominer ..ns celle de la chambre des représentants, cette ..éoccupation constituante que j'ai déjà indiquée : «..andis que l'Empereur combattra l'ennemi, ..a chambre *travaillera sans relâche au pacte* ..i doit améliorer nos institutions...! » Et l'Em-..preur répond « qu'il verra avec plaisir que, pen-..dnt son absence, deux *commissions* prises dans ..s deux chambres *méditent* sur nos constitutions. ..'ute discussion publique qui pourrait diminuer ..a confiance qu'on leur doit, serait, selon lui, ..n malheur pour l'État. La crise présente est ..cte : il ne faut pas imiter le Bas-Empire, livré ..les discussions abstraites pendant que le bélier ..nemi sapait les portes de la capitale ».

Une tradition digne de foi dit que le président ..njuinais répliqua en persistant dans les termes ..e l'adresse : ce n'est pas d'un tel homme, ni ..r un tel sujet, que l'Empereur pouvait atten-..e le moindre amendement.

La chambre, il est vrai, professait les mêmes principes, et l'histoire dans son impartialité examinera si les inspirations de son patriotisme ne la trompèrent point, et si son premier devoir était de défendre, de sauver les principes libéraux du gouvernement du pays, ou bien le pays lui-même. Sa défiance manifeste à l'égard des intentions de Napoléon revenant vainqueur de l'étranger, nuisit à l'autorité suprême. A des hommes observateurs oculaires des phases diverses de notre révolution, ou qui avaient vieilli dans le maniement des affaires publiques, s'unissait d'intention, dans cette chambre, une majorité de jeunes députés, privés des avantages de la même expérience, imbus des meilleurs principes sans doute, mais qui ne se souvinrent pas que, dans les grandes crises des États, c'est de la juste appréciation des circonstances dominantes et de leur accord possible avec ces mêmes principes, que doivent sortir les résolutions utiles; en un mot qu'il faut faire tout ce qu'on peut, et que c'est remplir dignement son devoir, que de sauver d'un naufrage imminent le vaisseau d'abord, et ce qu'il est possible ensuite des meilleures parties de sa charge. En exigeant, avec une insistance irrespectueuse, l'abdication de l'Empereur, en ne faisant aucun compte des négociations ouvertes à Bâle, secrètes il est vrai, mais non pas de tous ignorées; en n'espérant rien de la possibilité de diviser les alliés, même après la victoire, car les Autrichiens, ni les Wurtembergeois n'étaient pas en ligne à Waterloo, et ils ne passèrent le Rhin que quelques jours après; en osant mêler le mot de déchéance à ses murmures contre l'Empereur (1), la chambre abolit tout centre d'action, d'exécution, de gouvernement, dépouilla l'armée de son chef et de sa puissance morale, dispersa les éléments de toute défense, ne mit rien sur le trône, ouvrit la voie libre à tous les partis, prépara la seconde restauration, qui certes valait mieux que rien; et elle compléta l'ensemble de ses singulières résolutions en commettant provisoirement le salut de la France impériale à la conscience de l'homme le plus engagé pour le rétablissement des Bourbons, car Fouché, l'un des votants de la Convention et l'un de ses membres les plus trempés dans ses sanglantes orgies, parut à cette chambre être une colossale garantie contre le retour du roi : on ne se méfia pas des résolutions d'un tel homme placé entre son devoir et son salut, et on sait que le roi Louis XVIII remonta les degrés de son trône, soutenu d'un bras par Talleyrand et de l'autre par Fouché. Enfin la chambre des représentants s'était peut-être trop facilement considérée

---

(1) Un billet écrit au crayon et envoyé à la hâte et tout ouvert à Lucien à l'Élysée, avertit Napoléon de l'état de la Chambre; et l'abdication fut apportée une heure après.

comme appelée à tout sauver, toute seule, le trône et l'État. Mais un jour, c'était le 5 juillet, trois semaines après son grand discours à l'Empereur, il se rencontra à la porte de son palais, un caporal prussien qui dit à la chambre : « On n'entre pas, » et la chambre n'entra plus.

Je n'exprime ici que l'effet des impressions que j'éprouvai au spectacle de ces solennels moments : elles ne se sont jamais effacées de mon esprit et je n'ai rien lu qui les condamne.

Au jour même de ces mémorables discours, l'Empereur partit pour l'armée ; les journées qui avaient précédé son départ avaient été fort laborieuses ; des conseils multipliés furent tenus et il les présida ; les hommes dès longtemps habitués à sa parole, secondaient ses vues d'un zèle infatigable, afin de pourvoir au présent et à l'avenir. Quelques actes de ces derniers temps du règne de l'Empereur sont restés ignorés jusqu'ici aux historiens de ces moments presque posthumes de sa vie politique, de ses grandeurs, de ses prospérités, inouïes comme ses infortunes ; moments glorieux aussi, car la coalition armée de l'Europe entière (1) pour arracher Napoléon

(1) Je trouve dans une note officielle, mais d'une écriture inconnue, les chiffres suivants :

« *Note sur une partie des forces des armées alliées.*

	Infanterie.	Cavalerie.
« 1ᵉʳ corps d'armée *russe.* Général Ruewsky.	25,600	2,500

du trône où la France l'avait élevé (1) de nouveau fut encore un hommage à son génie.

Avant de quitter Paris, il avait consulté le conseil d'État sur le sort et l'emplacement des prisonniers de guerre qu'il allait faire sur l'ennemi,

	Infanterie.	Cavalerie.
« 2ᵉ corps d'armée *russe*. Gᵃˡ Winzigerode.	42,600	21,500
« 3ᵉ *Id.* *Id.* de Saken. . .	40,600	21,000
« 4ᵉ *Id.* *Id.*cᵗᵉ de Langeron	40,600	19,000
« Gardes et réserves à Paris et dans les « environs.	18,000	2,500
	167,400	66,500

« Il s'y trouvait en outre pour les *Autri-* « *chiens*, 6 bataillons de grenadiers, le 1ᵉʳ ré- « giment de hussards, un régiment d'infan- « terie, de l'artillerie et le quartier général de « l'Empereur formant.   12,000   10,100

           « Pour les *Prussiens* :

« Les 1ᵉʳ et 2ᵉ régiments de la garde, les « chasseurs et la cavalerie de la garde. . . .   4,500   2,500

     « Et en troupes de *Bade*.   800   200

| | 184,700 | 79,300 |

« Il y aurait encore à ajouter à cette force « les corps *prussiens* de Kleitz, Blucher, « Bulow, Yorck, et sur lesquels il n'a jamais « été envoyé de renseignements, sauf néan- « moins le corps du général Kleitz pour le- « quel il en a été adressé un qui portait sa « force à.   17,883   6,554

« Aucuns renseignements ne sont parvenus sur la force des corps « autrichiens qui étaient, soit à Lyon, soit sur les autres parties « du territoire français. »

(1) Madame de Staël dit que la révolution de 1815 fut une *noble étourderie*. La France en a fait une semblable en 1830 : il paraîtrait que la France est incorrigible.

19.

et le conseil d'État avait décidé ce qui suit :

« Au Palais de l'Élysée, le 4 juin 1815. »

CONSEIL D'ÉTAT.

« Extrait du registre des délibérations, séance
« du 2 juin 1815.

AVIS.

« Le conseil d'État qui, d'après le renvoi or-
« donné par S. M., a entendu le rapport de la
« section de la guerre sur celui du ministre de
« ce département ayant pour objet d'arrêter à
« l'avance les mesures qu'il serait convenable de
« prendre à l'égard des prisonniers de guerre
« étrangers, dans le cas où les hostilités vien-
« draient à commencer,

« *Est d'avis*, 1° qu'il est avantageux que
« les échanges se fassent, autant que possible,
« homme par homme, et grade pour grade, ou
« même par compensation de grade et dans le
« délai le plus court. »

« 2° Que les prisonniers de guerre anglais ne
« doivent pas être traités plus favorablement,
« quant au traitement à leur accorder, que les
« prisonniers des autres nations. »

« 3° Que les dépôts de prisonniers de guerre
« doivent être établis dans les lieux désignés par
« le ministre de la guerre,

« Savoir :

« Les Prussiens. { Officiers à Chartres.
{ Sous-officiers et soldats à Clermont-Ferrant.

« Autrichiens. .	Officiers	à Gueret.
	Sous-officiers et soldats	à Rouen.
« Anglais	Officiers	à Blois.
	Sous-officiers et soldats	à Montbrison.
« Des cercles d'Al-lemagne et des vil-les anséatiques.	Officiers	à Alençon.
	Sous-officiers et soldats	à Bourges.
« Des Russes. . .	Officiers	à Évreux.
	Sous-officiers et soldats	à Moulins. »

« 4° Qu'il est d'une bonne police de ne point
« faire passer à Paris ou dans les environs les
« prisonniers qui seraient envoyés dans les dé-
« pôts. »

« Pour extrait conforme, le secrétaire général
   « du conseil d'État,

               « *Signé :* le baron Locré. »

« Approuvé au palais de l'Élysée, le 4 juin
   « 1815,

               « *Signé :* Napoléon. »

« Par l'Empereur, le ministre secrétaire d'É-
   « tat,

               « *Signé :* le duc de Bassano. »

Un autre décret changea sensiblement les attributions du ministre secrétaire d'État, duc de
Bassano. Ce ministre contre-signait tous les décrets de l'Empereur, et la secrétairerie d'État en
donnait les expéditions officielles aux autres mi-
nistères compétents. Ainsi l'Empereur et le ministre secrétaire d'État suffisaient à tous les services ;
les autres ministres, exécuteurs secondaires sur ex-

pédition, ne pouvaient pas être responsables. Il fut réglé au contraire, le 5 juin 1815, que les actes impériaux seraient contre-signés par le ministre compétent, et déposés en original au ministère de la secrétairerie d'État d'où les expéditions continueraient d'être délivrées. Voici le texte de ce décret important pour l'histoire de la haute administration de l'Empire :

« Au palais de l'Élysée, le 5 juin 1815.

« NAPOLÉON, Empereur des Français ,

« Nous avons décrété et décrétons ce qui suit :

« *Art*. 1er. Tous nos actes, contre-signés par « nos ministres, seront déposés, en original, à « notre secrétairerie d'État. »

« *Art*. 2. Notre secrétaire d'État ne pourra « expédier aucuns de nos actes qu'après qu'ils au- « ront été contre-signés. »

« *Art*. 3. Le ministre de la justice ne pourra « ordonner l'insertion au Bulletin des lois des ac- « tes qui en sont susceptibles que sur une copie « certifiée par notre secrétaire d'État. »

« *Art*. 4. Tous nos ministres sont chargés de « l'exécution du présent décret. »

« *Signé* : NAPOLÉON. »

«Par l'Empereur, le ministre secrétaire d'État,

« *Signé :* le duc de BASSANO. »

Ce n'est pas le même esprit qui se manifeste dans un autre décret rendu la veille même du départ de l'Empereur pour l'armée : c'est une interprétation des articles 18 et 19 de l'Acte additionnel au sujet de la forme de la discussion des lois dans les deux chambres : il y a toujours dix commissaires impériaux présents à la chambre des représentants pour soutenir les projets présentés par le gouvernement ; les plus qualifiés de ces commissaires ne sont plus que des membres de la chambre, s'ils prennent part à la discussion des propositions dont la chambre s'est donné l'initiative : le gouvernement restreignait tant qu'il le pouvait l'action de la chambre, qui devait bientôt passer outre et l'abolir. Voici le texte de ce décret, l'un des derniers actes de l'autorité de Napoléon, Empereur des Français.

« Au palais de l'Élysée, le 11 juin 1815. »

« NAPOLÉON , Empereur des Français , nos mi-
« nistres entendus , nous avons décrété et décré-
« tons ce qui suit :

« *Art.* 1ᵉʳ. Toutes les affaires relatives à la pro-
« position des lois et à leur délibération dans les
« chambres seront portées au conseil des mi-
« nistres. »

« *Art.* 2. Quatre ministres d'État, membres de
« la chambre des représentants, seront membres
« de ce conseil. »

« *Art.* 3. Six conseillers d'État seront membres
« de la chambre, soit qu'étant conseillers d'É-
« tat ils aient été élus par le peuple, soit qu'ils

« aient été choisis par nous parmi les membres
« de la chambre. »

« *Art.* 4. Les quatre ministres d'État et les
« six conseillers d'État, membres de la chambre
« des représentants, seront les intermédiaires du
« gouvernement avec la chambre, ils donneront
« les explications et produiront les pièces qui se-
« ront demandées. »

« *Art.* 5. Lorsqu'il sera proposé à la chambre
« des représentants des amendements à une loi,
« les ministres d'État en feront le rapport au
« conseil des ministres ; et sur l'avis de ce con-
« seil, ou l'approbation des amendements sera
« donnée par l'un des ministres d'État au nom du
« gouvernement, ou il en proposera la modifica-
« tion ou le rejet. »

« *Art.* 6. Les ministres d'État ne prendront
« part dans les chambres, aux discussions qui
« auront lieu sur les demandes de proposition
« de loi sur un objet déterminé, que comme
« membres de la chambre. »

« Lorsque ces demandes rédigées dans une
« chambre, et approuvées par l'autre, auront
« été portées à l'Empereur, elles seront mises en
« délibération dans le conseil des ministres. »

« *Art.* 7. Nos ministres, membres de la cham-
« bre des pairs, sont les intermédiaires du gou-
« vernement avec la chambre. »

« *Art.* 8. Le conseil d'État sera présidé par le

« prince archichancelier faisant fonctions de
« ministre de la justice. Dans tous les cas d'ab-
« sence du ministre de la justice, un ministre
« d'État, nommé à cet effet, chaque année, pré-
« sidera le conseil. Dans le cas où le ministre d'É-
« tat ainsi désigné se trouverait empêché, il sera
« remplacé par le plus ancien des trois autres
« ministres d'État présents. »

« Signé : NAPOLÉON. »

« Par l'Empereur, le prince archichancelier
« de l'Empire chargé du portefeuille du minis-
« tère de la justice,

« Signé : CAMBACÉRÈS. »

Terminons l'énumération de ces actes par une
observation tirée de leur texte même, observation de pur protocole, il est vrai, mais néanmoins, ce me semble, éminemment historique,
interprétative au moins des pensées de Napoléon
qui, successivement, se laissa aller à le modifier
par l'effet des événements. Dans ses décrets de
Grenoble et de Lyon, il s'intitulait « *Par la grâce*
« *de Dieu et les constitutions de l'Empire, Empe-*
« *reur des Français, etc., etc., etc.* », abréviations
significatives pour indiquer au moins une sorte
d'adhésion aux traités de 1814 qui l'avaient dépouillé de son royaume d'Italie, du protectorat
de la Suisse et de la confédération du Rhin. A la
fin du mois d'avril les *etc., etc., etc.*, étaient sup-

primés ; au mois de mai, l'intitulé des actes était réduit à ces quatre mots : *Napoléon*, *Empereur des Français;* et ce fut là la dernière formule impériale.

Huit jours après la date du décret du 11 juin, tout avait péri à Waterloo, et l'Empire, et l'indépendance nationale française : ils restaient à la merci de la générosité de vainqueurs profondément irrités.

L'Empereur était arrivé au palais de l'Élysée le 20 juin à onze heures du soir ; son retour était ignoré le 21 au matin, et ne fut soupçonné qu'à la vue des factionnaires de la garde impériale qui avaient repris le service aux portes de ce palais. Mais les partisans des Bourbons avaient déjà à dix heures du matin un bulletin exact des événements. Le lendemain 22, les chambres veulent entamer des négociations avec les ennemis et demandent le *consentement* de l'Empereur à cette exorbitante et oiseuse résolution. Napoléon répond par son abdication et proclame son fils son successeur. La chambre reprend au nom de la nation les pouvoirs délégués à l'Empereur ; on ne tient compte de son fils ; un conseil exécutif provisoire est nommé ; il siége aux Tuileries ; il manifeste ses actes et il rend la justice, *au nom du peuple français*, c'est-à-dire, au nom de personne ; le duc d'Otrante le préside, et de ce moment doit dater la seconde restauration.

Dans le choix de ce conseil exécutif, divers partis se révélèrent : depuis l'ouverture de la chambre on croyait au parti orléaniste; on lui donnait pour chef Fouché ou Lafayette. Celui-ci avait été désigné pour la commission de gouvernement par 142 suffrages; mais Fouché l'emporta. On lui donna pour acolytes deux illustres généraux, Carnot et Grenier; mais c'étaient deux hommes éminemment incapables dans la science des intrigues, et les circonstances exigeaient deux habiles politiques, deux roués si l'on veut, capables au moins de quelque surveillance et de se préserver de toute mystification : on sait que Carnot, proscrit par les ordonnances du 24 juillet, ayant dit à son collègue Fouché qui venait de les signer : « Où veux-tu que j'aille, *traître?* » Fouché lui répondit : « Où tu voudras, *imbécile!* »

La commission, par un arrêté en date du 25 juin 1815, ordonna ce qui suit :

« Extrait des minutes de la secrétairerie d'État. »

« Paris, le 25 juin 1815.

« La commission de gouvernement charge les « ministres de lui soumettre de nouveau, le plus « promptement possible, les propositions qu'ils « avaient faites à l'Empereur, et dont les pièces « sont tombées entre les mains de l'ennemi. »

« *Signé :* le duc D'OTRANTE, président ; CAU-

« LAINCOURT duc de Vicence, CARNOT, QUI-
« NETTE, et comte GRENIER. »

« Pour expédition conforme, le secrétaire ad-
« joint au ministre secrétaire d'État,

« *Signé :* F. BERLIER. »

Mais cette action légale du gouvernement provisoire de 1815 était primée par les œuvres oc-
cultes de son président, et l'on sait que l'une
des premières résolutions de Fouché fut de faire
appeler M. le baron de Vitrolles, arrêté à Tou-
louse comme commissaire du roi, emprisonné
à Paris, et de l'envoyer immédiatement de sa
part au quartier général des princes français.

J'avais connu M. le baron de Vitrolles en
Dauphiné, avant la première restauration, lorsqu'il était chargé d'inspecter les bergeries impériales de mérinos. Je le revis à Paris en 1814,
lorsque ses services pour la cause royale l'a-
vaient élevé au poste de secrétaire d'État; sa
bienveillance pour moi fut alors la même, et j'aurais pu user à mon profit du crédit que son rare
dévouement lui avait donné dans le gouvernement royal. On sait que ce dévouement ne se dé-
mentit point pour hâter et consolider selon ses
vues la seconde restauration des Bourbons.

Elle s'opérait verbalement et sans secret dans
la chambre même des représentants : c'est de la
bouche du président Lanjuinais que j'entendis

pour la première fois prononcer le nom des Bourbons à rappeler au trône, et le député Malleville passa pour l'auteur d'une brochure en leur faveur, qui fut répandue par paquets sur les bancs mêmes de la chambre. Les bruits de cette restauration s'accréditaient plus librement dans Paris à mesure que les troupes alliées s'en approchaient. D'autres bruits, plus adroits seulement, et dont les auteurs mettaient en pratique le précepte de police générale inventé et recommandé par Fouché dans ses circulaires : *faire espérer*, d'autres bruits, dis-je, annonçaient de la part des souverains étrangers, les meilleures intentions au sujet de la libre désignation du monarque français par le vœu national.

Une capitulation militaire livra Paris aux alliés le 4 juillet. La commission de gouvernement fonctionnait malgré son agonie; j'en trouve la preuve dans la pièce suivante :

« Paris , 4 juillet 1815.

« Monsieur le maréchal , comme en vertu de « la convention conclue avec les généraux en chef « des armées alliées, la tranquillité de Paris est « spécialement confiée à la garde nationale et à la « gendarmerie municipale, il est essentiel que « vous ne souffriez pas qu'aussitôt après le dé- « part de l'armée, il existe dans Paris ou s'y « forme aucun corps militaire sous quelque dé-

« nomination que ce puisse être, ni sous quel-
« que prétexte qu'il puisse s'offrir, attendu que
« ce serait contrevenir aux stipulations et four-
« nir aux malveillants l'occasion de troubler la
« tranquillité publique, même en paraissant vou-
« loir la protéger. »

« Il est bien important aussi que le siége du
« gouvernement, qui est aux Tuileries, soit envi-
« ronné d'une garde suffisante pour être hors
« d'atteinte de toute entreprise ; en conséquence,
« vous ajouterez à la réserve de la garde natio-
« nale un piquet de gendarmerie municipale de
« cinquante hommes. »

« *Signé* : le duc D'OTRANTE, CARNOT, CAU-
« LAINCOURT duc de Vicence, QUINETTE, et comte
« GRENIER. »

Cette lettre fut l'occasion d'un ordre du jour
du général Donzelot, dans lequel, après avoir
proclamé les dispositions essentielles de cette
lettre, il recommande aussi la conservation des
couleurs nationales. (Voyez le document M à la
fin du volume.)

Les premières lignes de cette proclamation
sont curieuses ; la minute portait : « *une conven-*
« *tion a été faite avec les généraux ennemis :* »
on substitua : *avec les généraux des puissances
alliées.* C'était le mot à la mode.

Mais les alliés entrèrent dans Paris sans conditions politiques; les Écossais campèrent sur la place du Carrousel, dans la cour même des Tuileries, et j'ai vu que le roi, pour y rentrer, ne se fraya que difficilement un passage à travers ces bivouacs immobiles en sa présence. Cela dura quelque temps encore. Je ne dirai point pour quel usage l'arc de triomphe fut agencé. La pluie tomba par torrents quelques jours de suite; la paille à moitié pourrie des bivouacs était recouverte de paille fraîche plusieurs fois par jour; le Carrousel tout entier avait été métamorphosé par les alliés du roi, et sous les fenêtres mêmes de ses appartements, en voirie plus immonde que celle de Montfaucon... Tout ce que je raconte dans ces notes, je l'ai vu!

Je vis encore quelque chose après le retour du roi et le rétablissement de son autorité dans toute la France : je demande la permission de le dire aussi.

Fouché ne quitta point le portefeuille de la police générale; il le tenait de l'Empereur, il l'exploita pour le roi, et c'est au nom du roi que, dès le 8 juillet, déjà il faisait abolir les ordres de passe exigés aux barrières de Paris par les postes de la garde nationale.

Les alliés gouvernaient et les autorités royales n'existaient que pour leur bon plaisir : elles ne pouvaient prévenir ni réprimer aucun des attentats de l'anarchie militaire; j'ai vu enlever, un dimanche matin, tous les chevaux du maréchal Ney, des écuries de son hôtel, par un détachement prussien commandé par des officiers.

Fouché venait de signer les proscriptions du 24 juillet : personne ne pouvait mieux que lui dénoncer à la vengeance des vainqueurs les confidents de Napoléon, les fauteurs de son retour en France. Fouché s'était mis du côté de ces vainqueurs; le conventionnel qui, en 1793, frappait de mort les émigrés, s'était fait leur espion en 1815, et ministre de la police générale il en était devenu le *mouton*, descendant ainsi du premier grade au plus abject. On sait qu'il ne retira pas de ce nouvel emploi de grands profits : il mourut dans l'exil.

Fourier que je n'avais point cessé de voir, presque indifférent, par fatigue et non par dépit, aux événements politiques qui se passaient sous ses yeux, et après avoir vu deux fois mourir et renaître les gouvernements qu'il avait servis, ne s'occupait plus que de ses travaux scientifiques, bien déterminé de s'abstenir dans toute autre carrière que celle qu'ils lui avaient ouverte depuis longtemps. Il pensa à une place à l'Institut, et dans nos projets familiers, il nous parut qu'il pouvait facilement succéder à Napoléon qui n'était pas encore rayé de la section de mécanique de l'Académie des sciences : dans nos crédules spéculations nous n'avions pas prévu que la réaction n'épargnerait pas plus les illustrations savantes que les illustrations militaires, et un décret du 10 juin, qui avait accordé à Fourier une pension de retraite fixée à 6,000 fr., fut annulé dès le mois de juillet suivant (1).

Dans les premiers jours du mois d'août, je retournai à Grenoble. Quoique le spectacle qui frappa mes yeux ne fût qu'une répétition de la comédie qui se jouait alors simultanément dans toutes les villes de France, je ne m'abstiendrai pas de rappeler ici quelques faits, qui sont des traits caractéristiques, quoique fort communs dans l'histoire de toutes nos révolutions intérieures. De mes amis politiques impériaux du mois de juin, de mes *complices* des cent jours (si crime ou délit il y eut pour les simples citoyens qui ne vont pas chercher les gouvernements nouveaux, qui les acceptent tels que la Providence les leur envoie), quelques-uns avaient déjà pris leurs précautions contre l'avenir : une large cocarde blanche ornait leur coiffure; d'autres portaient les épaulettes d'officier dans la garde nationale épurée, renouvelée, ou bien s'étaient fait admettre au *Casino,* cloaque de dénonciations, mené par un prêtre marié et deux ou trois maratistes de 1793, gens à toute main, à qui

______

(1) Fourier avait perdu, dès la première restauration, la dotation de 4,000 fr. que l'Empereur lui avait accordée, le 15 août 1809, sur les biens réservés en Hanovre.

toutes les terreurs convenaient également, la blanche comme la rouge , et qui se chargeaient par caractère de toutes les turpitudes favorables aux intérêts d'une caste qui n'était point la leur, comme les valets dans les comédies se chargent de mentir pour leurs maîtres. Pour moi, j'acceptai purement et simplement les conséquences de mes actes et je me claquemurai dans mon service de bibliothécaire et de professeur, charges que bien des symptômes m'annonçaient devoir bientôt mourir en moi , ou moi dans elles.

J'en fus distrait par un événement inattendu. Vers la fin du mois d'août, une personne qui m'était inconnue et qui me dit se nommer M. Ravier, me remit une lettre d'un de mes amis de Lyon, qui me la recommandait. M. Ravier ajouta qu'il était négociant à Clermont-Ferrand, qu'il avait éprouvé des malheurs dans ses affaires, qu'il désirait se rendre à Aix en Savoie pour y prendre les eaux, mais qu'il n'avait de passeport que pour l'intérieur. M. Berlié , qui vient de mourir sous-intendant militaire à Alger, accompagnait M. Ravier. Je lui promis de seconder ses désirs , en ajoutant que par l'effet des circonstances politiques mon crédit auprès des autorités locales était fort mince. En conversant nous visitions les diverses collections de la bibliothèque ; et après une heure d'entretien, M. Ravier crut devoir se faire mieux connaître : c'était le comte d'Erlon, proscrit par les ordonnances du 24 juillet.

Ce n'était donc plus M. Ravier, négociant en faillite, mais je n'hésitai pas à m'occuper de lui ; avec son agrément, j'associai mon frère et quelques amis à mes arrangements. Le comte d'Erlon passa le reste de l'été dans les environs de la ville, et l'hiver dans une honorable famille; je retirai, imprudemment sans doute, toutes les lettres adressées à M. Ravier poste restante ; plus imprudemment encore, il me fit adresser de Paris, par les messageries, et sans m'en avertir, une valise renfermant une somme considérable en or ; et à la fin de l'hiver, quand ses *médecins* lui écrivaient qu'il fallait *se couvrir* plus que jamais, car la saison devenait de plus en plus fâcheuse pour son *rhumatisme,* on le fit sortir en plein jour de la ville, dans un char-à-banc, et il fut descendu le soir même à Chambéry, d'où il se rendit très-vite à Munich auprès du prince Eugène; il était sauvé. Tout ceci se passait à quatre pas de la préfecture : MM. de Montlivault et Donadieu ne surent que le comte d'Erlon avait *paru un instant* à Grenoble, disaient-ils, que lorsque le général était depuis longtemps à Munich. Je pense qu'il y mourut, n'en ayant eu depuis aucune nouvelle.

Je clos ici mes notes de 1815; j'affirme que je vécus, durant toute cette mémorable période des cent jours, saisi par la plus vive curiosité, et qu'aucune idée d'ambition ne m'en détourna ; que j'étais glorieux d'approcher personnellement de l'Empereur, d'être interrogé de sa bouche, et que ces souvenirs me seront toujours religieusement présents et sacrés.

J'affirme que ce qui me sembla alors de ce grand homme, et que je vais dire vingt ans après sa mort, me paraît être encore la vérité même.

Son attention au travail était robuste, toute-puissante, et son regard saisissant ; l'éclair vous frappe moins promptement. De tous les points de sa physionomie vivement animée s'élançaient en même temps des signes expressifs et lisibles : ils s'unissaient, par une subite attraction, en un seul jet qui vous pénétrait jusqu'au fond de l'âme et la déployait toute visible à ses yeux. On se sentait irrésistiblement étreint, mais sans trouble ni terreur, car il écoutait à son tour, et ce qu'il y avait de très-sérieux, de très-pressant dans sa parole, ne dépouillait pas son entretien d'une habituelle bienveillance : il ne commandait qu'à ceux qu'il avait placés pour lui obéir. Napoléon parlait des petites choses comme tout le monde, et des grandes selon lui-même, presque toujours autrement que ses interlocuteurs, et comme s'il avait eu, sur toutes, d'importants secrets en réserve. On a cité ses ardentes colères ; je n'en ai pas vu, un peu d'humeur tout au plus, et je me défie à tous égards des historiens qu'il a grondés, blâmés ou dédaignés. Il affecta constamment le langage et les manières de la haute société, les accrédita par son exemple, et il se montra tou-jours, parmi les hommes de son rang, au nom-bre des mieux élevés. La trivialité familière lui déplaisait autant au moins que les importuns, il tolérait plus aisément les rauques allures de ses grenadiers. A ses levers, l'uniforme de garde national et la culotte blanche révélaient l'élé-gance et les justes proportions de ses formes cor-porelles, et on dit qu'il savait que sa main et son pied étaient des modèles. Sa tenue en public était parfaite ; il l'exigeait telle des personnes ad-mises partout où il se trouvait, et je me suis laissé prendre quelquefois de dépit ou de rire en lisant, dans des feuilletons récents, des récits de délibérations présidées par l'Empereur, dans lesquelles ses conseillers, parlant non plus l'un après l'autre ou chacun à son tour, mais pres-que tous à la fois et devant l'Empereur très-patient, luttaient entre eux de petits mots et de sottes paroles. Napoléon eût-il souffert une telle irrévérence ? Je ne le crois pas ; car, après la ca-pacité et la probité, une réserve digne et respec-tueuse tout à la fois, et la pratique attentive des convenances sociales, étaient auprès de lui les plus hautes recommandations. On aura beau l'injurier, on ne fera jamais de M. *Buonaparté*

un homme de mauvaise compagnie... un Ogre?...
passe encore!

J'affirme enfin que je ne lui demandai rien :
et si je rappelle que, durant les mêmes cent jours,
je composai à Paris et je lus à l'Institut mes Recherches, fort étendues, sur les calendriers des
peuples anciens (1), c'est afin de pouvoir dire
aussi que, comme Fourier, je demeurai fidèle
à mes habitudes littéraires, au sein des plus
graves tribulations de la politique.

Enfin si je devais jamais, après un exposé plus
développé des événements dont je fus le témoin,
après avoir mis au jour d'autres documents d'un
intérèt réel pour nos annales nationales modernes, résumer en quelques mots les *avantages*
que je retirai de ma *curiosité*, car dans ce siècle
de spéculations tout se réduit à un mercantile
bilan, je dirais qu'il m'en est revenu :

1° La décoration de la Légion d'honneur;
je la portai un mois ou deux au plus; mais
j'ai toujours conservé le brevet impérial, et l'é-
toile à l'effigie de Napoléon;

2° La suppression par l'Université de mes emplois de professeur de littérature grecque et de
doyen de la faculté des lettres de Grenoble, à la
condition, il est vrai, d'une pension; mais cette
pension fut aussi supprimée à son tour par l'U-
niversité qui me l'avait officiellement assignée;

____

(1) *Suprà*, page 258; et *Documents et Additions*, n° XVII.

3° Ma destitution de bibliothécaire de la ville de Grenoble;

4° Dix-huit mois d'exil dans le midi de la France, dans mon département du Lot, où je fis la recherche et la découverte de la ville gauloise d'Uxellodunum assiégée par César en personne; où aussi, et comme par la plus innocente des représailles, j'implantai l'enseignement mutuel.

Je dois ajouter que, après treize années employées à de nombreux ouvrages, la restauration voulut bien me rendre à Paris (en 1828) une partie des avantages dont elle m'avait dépouillé à Grenoble.

Fourier dans la capitale n'y avait pas été plus heureux : son successeur dans les difficiles fonctions de secrétaire perpétuel de l'Académie a noblement raconté les vicissitudes de sa carrière scientifique. Appelé par l'Académie, il fut repoussé par le pouvoir ; c'est un grand malheur pour lui de figurer pour une mauvaise action dans l'histoire d'un homme illustre : les lettres sont les auxiliaires naturels de la morale ; elles lui suggèrent parfois de légitimes rancunes.

Fourier mourut au mois de mai 1830. Peu de jours auparavant, il avait curieusement interrogé mon frère, arrivé récemment d'Égypte et de Nubie. Les résultats de ce voyage, sommairement exposés, l'avaient intéressé au plus haut degré.

« On a beau faire, » lui disait-il à cette occasion,
« les fruits de l'expédition française en Égypte
« sont une des plus précieuses conquêtes de la phi-
« losophie, et vous en affermirez les résultats; l'É-
« gypte sera longtemps l'école des sages : quel
« privilége singulier pour son génie! ses ruines,
« même dispersées , renferment encore une ins-
« truction inépuisable. »

On comprend la prédilection de Fourier pour
l'Égypte, qui l'aida à faire distinguer son nom
parmi tous les noms à jamais illustrés dans
l'histoire par les événements presque fabuleux
de l'époque moderne (1).

Il répétait souvent cette pensée tirée de Platon :
scientia amica omnibus; il disait aussi : « La
« science inspire une bienveillance universelle. »

Tout cela était peut-être vrai au temps du philosophe grec.

Un monument public à la mémoire de Fourier s'élève dans sa ville natale; un disciple
reconnaissant a voulu consacrer sa gratitude par

______

(1) Fourier a aussi écrit quelques discours pour honorer la
mémoire des hommes utiles à leur pays. Outre les éloges historiques des membres de l'Académie qu'il a célébrés comme secrétaire perpétuel, Fourier a publié aussi, en 1820, deux *Notices*
dans le recueil intitulé Galerie historique, l'une sur George
d'Amboise, cardinal et premier ministre de Louis XIII; l'autre
sur F. Viète, l'un des fondateurs de l'analyse mathématique, et
qui mourut en 1603.

une statue. Le conseil municipal, le département de l'Yonne et les amis du maître ont ambitionné l'honneur de s'associer à ce pieux souvenir (1).

(1) Une commission établie à Paris, d'après le vœu du conseil municipal de la ville d'Auxerre, prépare et dirige l'exécution de ce monument, d'accord avec M. le maire et le conseil. Cette commission est composée de MM. Jomard, président; Roux, Larabit, Champollion-Figeac, Châtelet et Mauger. M. le ministre de l'Intérieur a accordé à la commission une souscription et les marbres nécessaires à la construction du piédestal qui doit porter la statue de bronze.

DOCUMENTS ET ADDITIONS.

Document Nº I.

Supplément à la note de la page 4, relative à l'Institut et à la Commission d'Égypte.

Pour compléter les renseignements que renferme le dernier paragraphe de la note qui se termine à la page 6 de ce volume, et dans l'intention de ne pas laisser échapper l'occasion de rappeler de grands et de périlleux services rendus à la France en Égypte, nous devons ajouter à cette note, d'après de nouvelles et de persévérantes recherches, quelques indications qui méritent l'attention du lecteur.

Dans les premières lignes de ma note, page 4, j'ai rappelé qu'il s'est fait parfois quelque confusion dans l'esprit des personnes les mieux intentionnées, au sujet de *l'Institut d'Égypte* et de la *Commission d'Égypte*. A la fin de cette même note, j'ai donné la liste des membres des deux *Commissions* qui furent nommées par le général en chef, le 14 août 1799, pour explorer les monuments de la haute Égypte.

Mais ces deux commissions pour la haute Égypte et *l'Institut d'Égypte* furent deux créations tout à fait différentes, par leur constitution, de la *Commission des sciences et des arts*, instituée en France et faisant partie de l'expédition secrète et lointaine dont le gouvernement de la république donna la direction au général en chef Bonaparte.

Fourier fut appelé comme géomètre dans cette Commission des sciences et des arts : d'après une note manuscrite que j'ai sous les yeux, il aurait été nommé par un arrêté du Directoire exécutif, en date du . . . germinal an VI (la date du jour est en blanc). Mais c'est en vain que j'ai cherché cet arrêté ; je puis assurer qu'il n'existe dans les archives du gouvernement aucune trace d'un acte du Directoire exécutif pour l'institution de cette *Commission des sciences et des arts*, ni pour la nomination de Fourier, ni pour la désignation d'aucun des membres, fort nombreux, de cette association savante engagée dans une expédition militaire.

J'ai vu une lettre signée par les cinq directeurs, datée de ce même mois de germinal an VI, adressée à Monge alors à Rome, et par laquelle ils l'invitent, au nom de la patrie, à s'associer à cette expédition dont le but n'est point indiqué, et à se rendre à Civitta-Vecchia, pour s'embarquer avec la division du général Desaix.

J'ai vu aussi une autre lettre écrite par le Directoire exécutif et ainsi conçue :

« Paris, le 26 ventôse an VI de la république, etc.

« Au ministre de l'Intérieur. (*Pour lui seul.*)

« Le Directoire vous charge de mettre à la disposition du « général Bonaparte les ingénieurs, artistes et autres subor- « donnés de votre ministère, ainsi que les différents objets « qu'il vous demandera pour servir à l'expédition dont il est « chargé. » (*Suivent les signatures des cinq directeurs.*)

Tout porte à croire, d'après cet ordre du gouvernement, que Fourier fut désigné par le ministre de l'Intérieur pour faire partie de la Commission des sciences et des arts annexée à l'expédition ; et Fourier en effet, alors professeur à l'École polytechnique, appartenait à un établissement placé dans les attributions du ministère de l'Intérieur. Mais je n'ai pu découvrir non plus aucune trace des actes de ce ministère relatifs à la création de la Commission d'Égypte.

J'en trouve la composition dans *l'Annuaire de la république française, calculé pour le méridien du Kaire, l'an VIII de l'ère française; au Kaire, de l'imprimerie nationale, an VIII.* (Pages 107 à 109.) Je tire de ce rare volume la liste suivante, qui est classée sous ce titre général :

COMMISSION DES SCIENCES ET DES ARTS, et dans l'ordre alphabétique des professions :

Architectes, citoyens Le Père, Protain, Balzac.

Astronomes, Nouet, Méchain élève.

Botanistes, Delisle, Coquebert, Nectoux.

Chimistes, Champy père, Descotils, Champy fils, Regnault.

Chirurgiens, Labate, Lacepiere.

Dessinateur, Dutertre.

Économie politique, Gloutier.

Géomètres, Costaz, Fourier.

Graveur, Fouquet.

Ingénieurs civils, tous les membres du corps des ponts et chaussées attachés à l'expédition ; on y trouve les noms de Le Père, Girard, Gratien Le Père, Saint-Genis, Lancret, Chabrol, Jollois, Devilliers, Duchanoy, etc.

Ingénieurs constructeurs, Boucherat et Chaumont.

Ingénieurs géographes, tous les membres de ce corps attachés à l'expédition ; on y trouve les noms de Jacotin, Jomard, Corabœuf, etc.

Mécaniciens, Conté, directeur. *Artistes*, Adnès père, Adnès fils, Aimé, Cécile, Collin, Couvreur, Fouquet, Hérault, Lenoir, Sirop.

Minéralogistes, Rozières, Dupuy.

Musiciens, Rigal, Villoteau.

Naturalistes, Geoffroy, Savigny.

Peintre, Redouté.

Pharmaciens, Boudet chef. Rouhières.

Sculpteur, Casteix.

Élèves de l'École polytechnique, Vincent, Viard.

Il faut ajouter à tant de noms recommandables, ceux de Monge, Berthollet, Dolomieu, Corancez, Denon, et Parseval, presque tous rentrés en France avec le général Bonaparte, quand *L'Annuaire* qui nous fournit cette liste fut imprimé en Égypte.

DOCUMENT N° II.

Discours prononcé par Fourier aux funérailles du général KLÉBER, *au Kaire, le* 17 *juin* 1800, *en présence de l'armée d'Égypte.*

Français,

Au milieu de ces apprêts funéraires, témoignages fugitifs mais sincères de la douleur publique, je viens rappeler un nom qui vous est cher et que l'histoire a déjà placé dans ses fastes. Trois jours ne sont point encore écoulés depuis que vous avez perdu Kléber, général en chef de l'armée française en Orient : cet homme que la mort a tant de fois respecté dans les combats, dont les faits militaires ont retenti sur les rives du Rhin, du Jourdain et du Nil, vient de périr sans défense sous les coups d'un assassin.

Lorsque vous jetterez désormais les yeux sur cette place dont les flammes ont presque entièrement dévoré l'enceinte, et qu'au milieu de ces décombres qui attesteront longtemps les ravages d'une guerre terrible et nécessaire, vous apercevrez cette maison isolée où moins de trois cents Français ont soutenu pendant deux jours entiers tous les efforts d'une capitale révoltée, ceux des Mameluks et des Ottomans, vos regards s'arrêteront malgré vous sur le lieu fatal où le poignard a tranché les jours du vainqueur de Maestricht et d'Héliopolis. Vous direz : « C'est là qu'a succombé notre chef et notre « ami ; sa voix tout à coup anéantie n'a pu nous appeler à

« son secours. » Oh! combien de bras en effet se seraient levés pour sa défense! combien de vous eussent aspiré à l'honneur de se jeter entre lui et son meurtrier! Je vous prends à témoin, intrépide cavalerie, qui accourûtes pour le sauver sur les hauteurs de Koraïm et dissipâtes en un instant la multitude d'ennemis qui l'avaient enveloppé.... Cette vie qu'il devait à votre courage, il vient de la perdre par une confiance excessive qui le portait à éloigner ses gardes et à déposer ses armes.

Après qu'il eut expulsé de l'Égypte les troupes de Yousef-Pacha, grand vizir de la Porte, il vit fuir ou tomber à ses pieds les séditieux, les traîtres ou les ingrats. C'est alors que détestant les cruautés qui signalent les victoires de l'O-rient, il jura d'honorer par la clémence le nom français qu'il venait d'illustrer par les armes; il observa religieusement cette promesse et ne connut pas de coupables. Aucun d'eux n'a péri; le vainqueur seul expire au milieu de ses trophées. Ni la fidélité de ses gardes, ni cette contenance noble et martiale, ni le zèle sincère de tant de soldats qui le chéris-saient, n'ont pu le garantir de cette mort déplorable : voilà donc le terme d'une si belle et si honorable carrière! C'est là qu'aboutissent tant de travaux, de dangers et de services éclatants!

Un homme agité par la sombre fureur du fanatisme est désigné dans la Syrie par les chefs de l'armée vaincue pour commettre l'assassinat du général français; il traverse rapi-dement le désert, et suit sa victime pendant un mois. L'oc-casion fatale se présente, et le crime est consommé.

Négociateurs sans foi, généraux sans courage, ce crime vous appartient; il sera aussi mémorable que votre défaite. Entendez la voix de tous les gouvernements qui vous accu-sent et vous disent : Toutes les places vous ont été livrées sur la foi des traités, vous touchiez aux portes de la capitale, lorsque les Anglais ont refusé d'ouvrir la mer; alors vous avez exigé de nous l'exécution d'un traité que vos alliés avaient rompu ; vous avez offert à l'armée française le désert pour asile. L'honneur, le péril, l'indignation ont enflammé tous les cœurs. En trois jours vos armées ont été dissipées ou détruites ; vous avez perdu trois camps et plus de soixante pièces de canon ; vous avez été forcés d'abandonner toutes les villes et les forts depuis Damiette jusqu'au Saïd ; la seule modération du général français a prolongé le siége du Caire ; malheureuse ville où vous avez laissé répandre le sang des hommes désarmés ! Vous avez vu se disperser ou expirer dans le désert cette multitude de soldats rassemblés du fond de l'Asie, alors vous avez confié votre vengeance à un assassin !...

Mais quels secours, citoyens, nos ennemis attendent-ils de ce forfait ? En frappant ce général victorieux ont-ils cru dissiper les soldats qui lui obéissaient ; et si une main abjecte suffit pour faire verser tant de pleurs, pourra-t-elle empêcher que l'armée française ne soit commandée par un chef digne d'elle ?... Non sans doute ; et s'il faut dans ces circonstances plus que des vertus ordinaires, si, pour recevoir le fardeau de cette mémorable entreprise, il faut une âme élevée et remplie de sentiments généreux, un esprit supérieur, cultivé par l'étude et la philosophie, un dévouement sans réserve à la gloire de sa nation ; citoyens, la fortune de la France a réuni toutes ces qualités dans son successeur.... Son rang et surtout le choix et l'estime de Bonaparte et de Kléber l'ont désigné depuis longtemps, il leur succède aujourd'hui. Ainsi il n'y aura aucune interruption ni dans les honorables espérances des Français, ni dans le désespoir de leurs ennemis.

Armée qui réunissez les noms de l'Italie, du Rhin et de l'Égypte, le sort vous a placée dans des circonstances extraordinaires ; il vous donne en spectacle au monde entier, et, ce qui est plus encore, la patrie admire votre sublime courage.

Elle consacrera vos triomphes par sa reconnaissance. N'oubliez point que vous êtes ici même sous les yeux de ce grand homme que la fortune de la France a choisi pour y fixer les destinées de l'État ébranlés par les malheurs publics. Son génie n'est point borné par les mers qui nous séparent de notre patrie ; il subsiste encore au milieu de vous ; il vous anime ; il vous excite à la valeur, à la confiance dans vos chefs, sans laquelle la valeur est inutile, à toutes les vertus guerrières dont il vous a laissé tant et de si glorieux exemples. Puissent les douceurs d'un gouvernement prospère couronner les efforts des Français ! C'est alors que vous jouirez des honneurs dus aux vrais citoyens. Vous vous entretiendrez de cette contrée lointaine que vous avez deux fois conquise, et des armées innombrables que vous avez détruites, soit que la prévoyante audace de Bonaparte aille les prévenir jusque dans la Syrie, soit que l'invincible courage de Kléber les dissipe dans le cœur même de l'Égypte. Que de glorieux et touchants souvenirs vous aurez à reporter dans le sein de vos familles ! Puissent-elles jouir d'un bonheur qui adoucisse l'amertume de vos regrets ! Vous mêlerez souvent à vos récits le nom chéri de Kléber ; vous ne le prononcerez jamais sans être attendris, et vous direz : « Il était l'ami et le compagnon des soldats, il ménageait leur sang, il diminuait leurs souffrances. » Il est vrai qu'il s'entretenait chaque jour des peines de cette armée et ne songeait qu'aux moyens de les faire cesser. Combien n'a-t-il pas été tourmenté par les retards alors inévitables de la solde militaire ! Il s'est appliqué à régler les finances, et vous connaissez les succès de ses soins. Il en a confié la gestion à des mains pures et désignées par l'estime publique. Il méditait une organisation générale qui embrassât toutes les parties du gouvernement ; la mort l'a interrompu brusquement au milieu de cet utile projet. Il laisse une mémoire chère à tous les gens de bien. Personne ne désirait plus et ne méritait mieux d'être aimé !

Il s'attachait de plus en plus à ses anciens amis, parce qu'ils lui offraient des qualités semblables aux siennes; leur juste douleur trouvera du moins quelque consolation dans l'estime de l'armée et l'unanimité de nos regrets. Réunissez donc tous vos hommages, car vous ne composez qu'une seule famille, vous tous Français, qu'un sort commun rassemble sur cette terre étrangère; guerriers, que votre pays a appelés à sa défense!

Vos hommages s'adressent aussi dans cette journée aux braves qui, dans les champs de la Syrie, d'Aboukir et d'Héliopolis, ont tourné vers la France leurs derniers regards et leurs dernières pensées! Vous qu'une amitié particulière unissait à Kléber, soyez honoré dans ces obsèques, ô Cafarelli, modèle de désintéressement et de vertus, si compatissant pour les autres, si stoïque pour vous-même!....

Et vous, Kléber, objet illustre et dirai-je infortuné de cette cérémonie qui n'est suivie d'aucune autre, reposez en paix, ombre magnanime et chérie, au milieu des monuments de la gloire et des arts. Habitez une terre depuis longtemps célèbre; que votre nom s'unisse à ceux de Germanicus, de Tite, de Pompée et de tant de grands capitaines et de sages qui ont laissé ainsi que vous, dans cette contrée, d'immortels souvenirs!

DOCUMENT N° III. (*Page* 10.)

Discours prononcé par Fourier à la cérémonie funèbre célébrée en Égypte, le 2 novembre 1800, en l'honneur du général DESAIX, *mort glorieusement à Marengo.*

Français!

La voix de la patrie éplorée vient encore une fois se faire entendre; elle prononce au milieu de ce deuil triomphal le nom de Desaix, général de division dans les armées de la république ; il parut tout à coup en Italie dans l'un des plus grands événements de la guerre, où il semblait qu'il vint représenter l'armée d'Égypte ; il eut l'honneur de commencer la victoire, et aussitôt après il expira sur le champ de bataille.

La vertu n'eut jamais de titres plus évidents à l'admiration et aux regrets. Desaix fut grand dans un temps fertile en actions extraordinaires, où l'intrépidité est une qualité nationale qui ne distingue personne ; il servit souvent de modèle, et eut plutôt des imitateurs que des rivaux. Comme sa modestie lui réconciliait sur-le-champ ceux que sa supériorité pouvait offenser, il n'excita jamais l'envie ; bonheur rare, dont peu de grands hommes ont joui, et que la fortune accorde à quelques-uns comme une prérogative naturelle. On est porté à croire que puisqu'il était homme, il ne fut point exempt de défauts, mais s'il en eut, ils échapperont à l'impartialité de l'histoire : on n'a connu de lui que des qualités estimables et de nobles sentiments. La simplicité et la bonté étaient ses habitudes naturelles ; il ne se montrait extraordinaire que dans les grandes circonstances ; on le voyait intrépide à la tête des avant-gardes, infatigable et opiniâtre dans les marches, terrible dans la déroute de l'ennemi ; le reste de sa vie coulait uniformément, et il ne conservait de sa grandeur que l'élévation des vues et du caractère.

Il s'appliquait, dans les loisirs que lui laissait la guerre, à devenir utile pendant la paix ; c'est dans ces temps plus calmes qu'il s'exerçait aux vertus civiles, s'efforçant pour ainsi dire de se confondre dans la foule des gens de bien.

La science du gouvernement était l'objet ordinaire de ses études, mais une pente naturelle le ramenait aux récits des faits militaires. Qui fut plus sensible que lui à l'honneur du nom français ? quel tribut d'admiration ne payerait-il point aujourd'hui à l'armée d'Égypte dont l'héroïque constance répond à l'attente de la patrie, sous les yeux du monde entier? Il fut heureux du moins, en ce qu'il n'a connu que le triomphe de cette armée, il n'a point eu la douleur d'apprendre le crime qui lui a enlevé un chef illustre et chéri.

Desaix connaissait les moindres détails de toutes les actions d'éclat; et lorsque la fortune lui avait refusé de participer à une victoire, il fallait du moins qu'il vît le champ de bataille. Il lui semblait qu'il devait concourir à tout ce qui se faisait de grand et d'utile; il eût envié de pouvoir dans le même temps porter nos armes au delà du Rhin, disperser les Ottomans à Héliopolis, et vaincre à Marengo; il aurait voulu être le contemporain de tous les héros. L'admiration, l'amitié et le désir d'obtenir en l'imitant une gloire immortelle, l'unissaient au premier général de l'armée d'Orient, qui lui accorda l'honneur de conquérir le Saïd. Desaix fit jouir de la paix la plus profonde le pays où il porta nos armes; homme sensible et guerrier philosophe, il regardait le bonheur de civiliser comme le seul prix digne de la victoire. Il pensait que l'on doit des respects à tous les peuples, de quelque manière qu'on arrive sur leur territoire. Il avait repoussé les Mamelouks au delà des déserts et des rochers de Syenne, dès ce moment il n'y eut plus de conquérant dans la haute Égypte; et il eût été difficile de reconnaître s'il était le vainqueur, ou s'il n'était point un ancien ami à qui les habitants donnaient une honorable hospitalité. — Les lettres, qui ne perdent jamais le souvenir de ce qu'on a fait pour elles, ne laisseront point effacer sa mémoire; il les aimait, il les a servies; elles lui doivent cette sécurité inaccoutumée avec laquelle on a observé les monuments de l'ancienne Égypte, dans des lieux où, jusques avant lui, l'âme était partagée entre l'admiration et le sentiment du péril de la vie.

Je ne rappellerai point les traitements injustes qu'il éprouva de la part des ennemis, lors de son passage en Europe; il n'est pas toujours donné aux âmes communes de pouvoir offenser un grand homme, et leurs injures ne l'ont pas atteint.

21.

Les triomphes des armées françaises étaient tous présents à sa mémoire, et l'âme remplie de tant de souvenirs, il pensait que l'on distinguerait difficilement ses propres actions parmi cette multitude de faits éclatants qui se trouvent accumulés et pressés dans le court intervalle de quelques années. Il craignait de n'avoir point assez fait pour vivre dans la postérité. Ses regrets sont un hommage rendu à la gloire militaire de son siècle et surtout au héros qu'il avait choisi pour modèle. Desaix pensa que toutes les places de l'immortalité étaient occupées par ses contemporains et n'osa reconnaître la sienne ; mais l'histoire ne manquera point à ses vertus. Son nom a retenti sur les rives du Rhin, il a été porté jusqu'aux rochers de la Nubie qui marquent les anciennes limites de l'empire romain, il est écrit en lettres immortelles sur la terre de Marengo, il est consacré par la douleur de la patrie et la reconnaissance empressée de tous les bons citoyens.

Si Desaix venait à paraître au milieu de vous avec cet extérieur simple et modeste qui convenait si bien à cette âme extraordinaire, il vous dirait : « O mes amis et mes « compagnons d'armes, j'ai contemplé votre gloire et j'ai « craint d'être oublié. Reprenez tous ces lauriers que vous « venez déposer sur ma tombe, ils vous appartiennent, et « c'est vous que ces inscriptions honorent. Je vous recon-« nais, guerriers qui illustrâtes la retraite de la Bavière, « et vous qui concourûtes à la défense de Kell ; vainqueurs « d'Italie, j'ai vu sans regrets couler mon sang dans une « contrée remplie de vos souvenirs ; et vous qui marchâtes « avec moi dans le Saïd, tous les succès que vous m'attribuez « sont le prix de vos travaux et de votre courage ! »

Tels furent, citoyens, les vrais sentiments de ce grand homme de guerre ; il pensait avec raison que les monuments élevés en l'honneur des généraux sont des titres de gloire pour les soldats. C'est ainsi que la patrie élève des autels à beaucoup de vertus ignorées. Elle n'honore point un seul homme, lorsqu'elle assemble les trophées d'un guerrier illustre ; elle célèbre moins son nom que ses grandes actions, et les mêmes hommages s'adressent à tous ceux qui ont concouru aux services éclatants qu'il a rendus.

DOCUMENT N° IV. — (*Page 6.*)

PIÈCES DIVERSES CONCERNANT L'HISTOIRE LITTÉRAIRE DE L'EXPÉDITION D'ÉGYPTE.

A. LETTRE DU GÉNÉRAL BERTHIER.

Au quartier général du Kaire, le 27 thermidor an VII
de la République française.

Alexandre Berthier, général de division, chef de l'état-major général de l'armée,

Au citoyen Fourier, membre de l'Institut de la Commission des Arts.

Je vous envoie ci-joint, citoyen, l'ordre du jour : vous y verrez que vous devez partir le 1er fructidor avec la 2e commission que vous commandez : prévenez les membres de cette commission.

Le citoyen Rouvières, commandant les armes à Boulac, a ordre de vous fournir une djerme armée sur laquelle il y aura une escorte de 20 hommes.

L'adjoint aux adjudants généraux Peyre est chargé de surveiller ce qui est nécessaire à votre départ, il se concertera avec vous.

Salut et fraternité.

Signé : Alex. BERTHIER.

B.   LETTRE DU GÉNÉRAL BELLIARD.

Belliard, général de brigade,
Au citoyen Fourier, membre de l'Institut.

Kéné, le 18 vendémiaire an VIII.

Je vous fais passer, citoyen, quatre paquets à votre adresse et à celle du citoyen Costaz ; je joins les gazettes de Francfort que la commission lira sûrement avec plaisir, quoiqu'elles ne donnent pas de bonnes nouvelles ; je vous prie de me les renvoyer le plus tôt que vous pourrez et d'y joindre un exemplaire des ordres du jour que je n'ai pas reçus.

Je ne sais rien du Kaire..... Le général Desaix est à la poursuite de Murat Bey.

Rappelez-moi au souvenir de votre aimable société.

Je vous salue.

Signé : BELLIARD.

C.   ORDRE DU GÉNÉRAL EN CHEF KLÉBER.

Au quartier général du Kaire, le 28 brumaire an VIII
de la République française, une et indivisible.

KLÉBER, général en chef,

Ordonne

ART. 1er.

Il sera établi un bureau chargé de recueillir tous les renseignements propres à faire connaître l'état moderne de l'Égypte, sous les rapports du gouvernement, des lois, des usages civils, religieux et domestiques, de l'enseignement public et du commerce.

Il rassemblera les chartes et actes publics et les inscriptions des monuments ; rédigera les mémoires historiques des événements qui se sont passés dans ce pays, depuis et y compris la dernière expédition du capitan pacha, jusqu'à l'arrivée de l'armée française. Le travail de cette commission s'étendra aussi aux relations actuelles de l'Égypte avec l'intérieur de l'Afrique.

ART. 2.

Le bureau sera composé des citoyens Fourier, Gloutier, Livron, Tallien, Rossetti, Beaudot et Dugua. Il sera attaché à ce bureau un secrétaire français, un écrivain arabe, et deux interprètes au choix du bureau.

ART. 3.

Le bureau est autorisé à prendre communication des registres et actes publics, ainsi que des renseignements écrits sur l'administration. Il correspondra à cet effet avec les fonctionnaires publics français ou musulmans.

ART. 4.

Le bureau s'assemblera dans le lieu ordinaire des séances du Divan. Les dépenses et frais de bureau seront successivement réglés par les ordres du général en chef, sur les états qui lui en seront adressés par la commission.

La première séance aura lieu le 1er frimaire prochain, à dix heures du matin.

Signé : KLÉBER.

D.   ARRÊTÉ DU GÉNÉRAL EN CHEF MENOU.

Au citoyen Fourier, secrétaire de l'Institut, au Kaire.

Au quartier général du Kaire, le 17 fructidor an VIII
de la République française.

MENOU, *général en chef,*

Au citoyen Fourier, Secrétaire perpétuel de l'Institut.

Citoyen, prenant entière confiance en votre zèle, vos lumières et votre attachement à la république française, je vous ai nommé à place de conseiller au conseil privé d'Égypte.

La première séance aura lieu le 1ᵉʳ vendémiaire an 9 de la république.

Je vous salue.

Signé : ABD. J. MENOU.

DOCUMENT Nᵒ V. (*Page 8.*)

Réunion du bureau de l'Institut du Kaire et des deux Commissions de la haute Égypte.

Cejourd'hui trois frimaire an huit de la république française, le bureau de l'Institut ayant réuni les membres de la Commission des sciences et arts dans la salle des séances de l'Institut, la séance a été ouverte sous la présidence du citoyen Nouet, le plus ancien d'âge. Le citoyen Jollois, l'un des assistants, a été désigné par l'assemblée pour secrétaire.

Le secrétaire de l'Institut a fait à l'assemblée la lecture de la lettre suivante :

« Au quartier général du Kaire, le 1ᵉʳ frimaire an VIII.

« KLÉBER, général en chef, au président de l'Institut national.

Je crois, citoyen président, devoir charger l'Institut de transmettre aux deux commissions qui ont visité la haute Égypte, le témoignage de ma vive satisfaction sur la manière dont elles se sont acquittées de cette mission, en attendant que je puisse en rendre compte au Directoire exécutif en leur payant le tribut d'éloge qui leur est dû.

On ne peut qu'applaudir à l'activité surprenante, à l'union qui a régné et au partage bien entendu des travaux entre les membres des deux commissions, et surtout à l'idée vraiment libérale et patriotique de confondre tant de belles choses dans un seul et grand ouvrage et de déposer les objets qui en sont susceptibles dans les collections nationales.

Ceux des Français qui, avant la formation des commissions, ou pendant leurs recherches, ont visité la haute Égypte sous le rapport des sciences, des arts, ou qui en ont allié l'étude à d'autres occupations, doivent aussi se réunir aux commissions, car l'objet est le même : celui de recueillir pour répandre l'instruction et concourir à élever un monument digne du nom français.

Je désire, en conséquence, que l'on prenne des mesures promptes pour assurer la rédaction des différents travaux, pour distribuer les matières, et désigner celui qui sera chargé d'ordonner l'ensemble de ce beau travail et d'en lier toutes les parties.

L'Institut sentira la nécessité d'une introduction générale partant d'un seul jet, de même que tous les artistes conviendront que les monuments et les dessins doivent être tracés de la même main quand il sera question de les livrer au burin.

L'Institut pèsera avec la sagesse qui lui est propre, les intérêts des sciences et des arts que je ne puis mieux faire que de lui confier sans réserve.

Je vous salue.

Signé : KLÉBER. »

Sur la proposition d'un membre, il a été arrêté que l'on s'occuperait sur-le-champ de fournir à l'Institut les moyens de répondre au général en chef.

Plusieurs membres de l'assemblée ont successivement demandé la parole et ont énoncé des opinions tendantes à suivre à l'égard des travaux des voyageurs français les usages adoptés par les Académies pour la publication de leurs mémoires.

Le citoyen Coutelle a donné des développements à cette opinion ; il a rappelé les formes établies dans les sociétés littéraires ; il est entré dans quelques détails sur le plan général de l'ouvrage que l'on se propose de faire. Il a fait remarquer la nécessité de laisser aux artistes la plus grande liberté dans la confection de leurs ouvrages; il désire que les artistes en soient les dépositaires en prenant l'engagement de les communiquer au gouvernement sur la demande qui en serait faite. Il a fait sentir combien il serait important pour assurer l'exécution de l'ouvrage projeté, de nommer une personne qui remplirait auprès de la Commission des arts les fonctions attribuées au secrétaire dans une société littéraire : elles consistent, a-t-il dit, à écrire l'histoire de la formation de la société, à faire précéder chaque volume du précis des mémoires qui y sont contenus. C'est aussi le secrétaire qui enregistre les écrits des auteurs et dont la signature est consultée lorsqu'il s'élève une contestation sur la priorité d'une invention. Celui de nos collègues que je vous propose de nommer aurait, outre les occupations dont j'ai parlé, d'autres devoirs à remplir. Il serait pour ainsi dire le centre de notre société; il serait chargé aussitôt notre arrivée de correspondre avec les membres et d'être en quelque sorte l'éditeur de l'ouvrage que le public attend de nous. En conséquence de toutes ces considérations, le citoyen Coutelle a proposé un projet dont tous les articles ont été successivement discutés et adoptés ainsi qu'il suit :

1° Tous les travaux de la Commission des sciences et arts seront réunis sous la forme des collections des sociétés savantes et suivant le mode adopté par elles.

2° Lorsque les travaux des divers auteurs seront près d'être achevés, la société nommera une commission suffisamment nombreuse, qui exercera sur chacun des ouvrages le droit de contradiction que les sociétés savantes se réservent sur les écrits qui doivent entrer dans leurs collections.

3° La société nommera aujourd'hui l'un de ses membres pour jouir par rapport à elle et à ses collections de toutes les attributions dont jouissent les secrétaires des sociétés savantes.

4° Le secrétaire sera chargé en outre de correspondre avec

les diverses personnes de la société aussitôt après leur retour en France. Il donnera le plus tôt possible un compte rendu des travaux faits, et annoncera ceux que les membres de la Commission se proposent de faire.

5° Il instruira le bureau de l'Institut des dispositions ci-dessus qui formeront une partie de la réponse à faire au général en chef, réponse dans laquelle il est nécessaire d'observer que, quelque zèle que les membres de la Commission apportent à la confection de leurs travaux, ce zèle ne peut produire aucun résultat dans un pays où les auteurs originaux et les moyens de tous les genres manquent totalement. Il appellera sur cet objet toute l'attention du général en chef, dont la bienveillance connue, et l'attachement pour les arts, a fait concevoir à la Commission les plus heureuses espérances.

On a passé à la nomination de la personne qui, aux termes de l'article 3 de l'arrêté ci-dessus, doit remplir auprès de la Commission des sciences et des arts les fonctions de secrétaire.

Sur quarante-sept votants, le citoyen Fourier a réuni quarante-cinq voix, le citoyen Villoteau une, et le citoyen Girard une. Le citoyen Fourier a, en conséquence, été proclamé par le président, secrétaire de la Commission des sciences et arts.

La séance a été levée à huit heures et demie.

Signé : Nouet, président.

Signé : Jollois, secrétaire.

Document n° VI. (*Page* 9.)

Minute autographe du projet de traité avec Mourad-Bey,
rédigé par Fourier. (Floréal an VIII.)

Au nom de Dieu tout-puissant.

Le très-honoré et très-illustre parmi les princes, Mourad Bey Mohammed, ayant témoigné le désir de vivre en bonne intelligence avec l'armée française en Égypte; et le général en chef Kléber voulant lui donner des preuves de l'estime qu'ont inspirée aux Français son courage et la loyauté de la conduite qu'il a tenue à leur égard,

Il a été convenu ce qui suit :

Le général en chef de l'armée française Kléber, au nom de son gouvernement, reconnaît Mourad Bey Mohammed en qualité de prince de la haute Égypte.

Il lui concède à ce titre les revenus du territoire de la haute Égypte depuis et y compris..... sur l'une et l'autre rive.

Les conditions de cette concession sont : 1° qu'il payera à la république française le myry dû au souverain de l'Égypte, et cette redevance sera déterminée comme il suit :

Les revenus de la douane de Cosséïr sont compris dans les concessions faites au prince du Saïd. Ce poste sera occupé par des troupes françaises au nombre de deux cents hommes conjointement avec les Mameluks : cette garnison sera approvisionnée aux frais de Mourad Bey et la double solde qu'elle doit recevoir sera acquittée en déduction de la redevance déterminée dans l'article précédent.

La jouissance des revenus étant attribuée au seul gouverneur de la haute Égypte, il ne disposera d'aucune propriété en faveur des personnes qui lui seraient attachées et pourvoira à leur entretien comme il le jugera convenable.

Les propriétés légitimement acquises par les particuliers sont garanties par le gouvernement français et il ne pourra y être porté aucune atteinte.

Le général de l'armée française garantit à Mourad Bey la jouissance des revenus de son gouvernement et lui fournira en cas d'attaque les moyens de les conserver. Si le territoire occupé par les troupes françaises est menacé d'une agression ennemie quelle qu'elle soit, Mourad Bey sera tenu de fournir un corps de troupes auxiliaires jusqu'à la concurrence de la moitié de ses forces. La subsistance de ces troupes sera fournie par le gouvernement français.

Les cultivateurs de chaque village ne pourront point se réfugier du Saïd sur le territoire occupé par les Français, et réciproquement.

Les déserteurs d'une armée à l'autre seront à l'avenir renvoyés de part et d'autre.

DOCUMENT N° VII. (Page 228.)

Discours sur les sciences, prononcé par Fourier, à l'ouverture d'une séance publique de la Société des sciences et des arts de Grenoble.

Le plus éloquent des philosophes de la Grèce recommande l'étude des sciences, parce qu'elles sont amies de tous les hommes. C'est en effet vers les avantages généraux de la société humaine que les sciences dirigent leurs efforts. Elles appartiennent en propre à toutes les nations, à tous les âges. Elles subsistent au milieu des générations qui s'écoulent; elles forment leur patrimoine commun. Si les progrès des sciences intéressent chacun de nous, si toute découverte importante est un bien offert à nos semblables, les hommes illustres à qui nous en sommes redevables, trouvent dans leurs propres succès la plus noble et la plus glorieuse des récompenses.

L'occasion de procurer un bienfait à un seul homme est par elle-même précieuse et désirable, et l'on s'estime heureux de ne point la laisser échapper; quelle sera donc la satisfaction de celui dont les travaux immortels peuvent servir l'humanité tout entière?

Mais on a contesté l'influence favorable des arts; elle est devenue l'objet de discussions dans le sein même des nations civilisées. Il ne fallait qu'interroger les contrées du globe où la lumière des sciences n'a point encore pénétré : c'est là que l'on peut distinguer les effets inévitables de l'ignorance; que le droit de gouverner n'est que le pouvoir de nuire et consiste en effet dans l'exercice impuni d'une autorité sans principe et sans frein; que les peuples, devenus la proie des passions les plus abjectes, ne jouissent d'aucune sûreté ni pour les biens ni pour les personnes; que la qualité d'homme, enfin, n'inspire aucun respect et qu'on ne lui accorde pas même la pitié. Il faut ajouter que ces peuples sont privés des avantages immuables qui résultent de l'ingénieux concours de la nature et de l'art; que leur propre territoire leur est, pour ainsi dire, étranger, en ce qu'ils ne peuvent ni le défendre pendant la guerre ni l'embellir pendant la paix.

Les arts et les sciences que l'Europe a cultivés offrent sans doute des ressources précieuses à la société civile, mais un plus grand bienfait peut-être est de rendre les nations sensibles et polies, d'élever l'âme et d'ennoblir l'usage de la raison. Pour ne citer que les sciences dont l'exactitude ne peut être contestée, on a mesuré les dimensions et la forme du globe que nous habitons; on a découvert les forces physiques qui déterminent sa figure; et les observations recueillies dans les derniers voyages à l'équateur et aux pôles ont confirmé les résultats du calcul. On a décomposé l'air que nous respirons, l'eau qui paraissait un élément formé de vapeurs élastiques, et jusqu'à la lumière du jour. On connaît les propriétés de l'air, sa nature et son poids ; on a soumis au calcul les mouvements dont il est agité, soit qu'il propage plusieurs sons, soit qu'il les transmette aux échos qui les réfléchissent, ou qu'il retentisse des impulsions harmoniques des corps sonores. La subtilité et la vitesse immense de la lumière ne s'est point dérobée à nos recherches ; elle a été divisée en rayons diversement colorés, et l'on sait exactement combien elle emploie de minutes pour parvenir du soleil jusqu'à nous. On a expliqué l'influence des astres sur les mouvements périodiques des eaux de l'océan, et ses effets les plus variés peuvent être calculés et prévus ; les causes qui tendent à troubler l'équilibre des mers et celles qui les arrêtent et les remettent dans leur lit. Il n'y a dans les sciences aucun espace où les regards de l'homme ne se soient portés. Il a inventé des instruments pour suppléer à l'usage naturel de ses organes ; il a découvert des corps célestes qui semblaient devoir échapper à tous ses sens. Non-seulement nous avons observé le cours des astres et mesuré les distances inaccessibles qui les séparent, mais ce qui est plus encore, nous connaissons les lois générales auxquelles tous leurs mouvements sont assujettis. Nous retrouvons le principe universel dans les oscillations et la stabilité des mers, dans l'aplatissement du globe vers les pôles, et les irrégularités apparentes de sa figure dans la libration de la lune et les mouvements insensibles de l'axe de la terre, dans l'ordre constant des révolutions célestes, et jusque dans leurs perturbations les plus variées. Ainsi l'homme embrasse dans une pensée commune tous les phénomènes passés et à venir, quoique séparés par des intervalles de temps immenses. Il assiste à ce grand spectacle comme si la nature l'avait fait le contemporain de tous les états successifs du ciel.

Qui pourrait refuser son admiration à ces efforts sublimes

de notre intelligence et soutenir qu'il est plus utile de laisser oisive cette faculté précieuse que Platon appelle une émanation de l'intelligence divine? On objecte que l'ignorance est préférable à la fausse doctrine, que l'esprit de recherche a des abus considérables, qu'il inspire l'orgueil, qu'il peut s'élever contre la vérité elle-même et propager des erreurs funestes. Il est vrai que la raison humaine est exposée à des illusions sans nombre, mais elles ne sont point le fruit de l'étude, elles sont plutôt une conséquence de notre nature. Les nations barbares n'en sont point exemptes; elles ont l'ignorance de plus. Où d'ailleurs les fausses doctrines sont opposées, elles se détruisent mutuellement, et le triomphe de la droite raison, quelquefois tardif, est toujours assuré. Les abus de l'esprit sont passagers, les mœurs de la barbarie sont durables.

Quant à cette disposition vicieuse de l'âme qui nous porterait à la présomption et à l'opiniâtreté, il faut être persuadé que rien n'est plus contraire à l'esprit des sciences. Le propre de l'ignorance est de ne jamais hésiter, l'homme le plus instruit est le plus circonspect dans ses décisions. Pour être indulgent envers les autres il faut seulement comparer ce que l'on sait avec ce que l'on ignore et n'avoir point oublié combien de fois on s'est trompé, car la science n'est pour ainsi dire que le souvenir et l'observation attentive de nos erreurs.

Non-seulement les sciences nous éclairent sur les intérêts généraux de nos semblables, elles excitent encore en nous la bienveillance universelle qui les fait chérir; elles nous portent à défendre la cause de l'humanité toutes les fois qu'elle est offensée. Mais quelque généreux que soit ce sentiment, la raison lui prescrit des limites, elle nous défend de préférer à nos proches les générations à venir, de bannir de notre âme les affections tendres que la nature y a placées, pour la remplir d'une passion confuse dont le genre humain serait l'objet; elle veut que nous soyons amis zélés, citoyens fidèles et utiles, et que si notre profession et nos goûts nous y portent, nous consacrions aux sciences tout ce qui nous reste d'efforts et de loisirs.

Cultivons les arts parce qu'ils embellissent le songe de la vie, qu'ils nous garantissent des fautes de l'oisiveté et nous consolent de toutes les injustices; parce qu'ils sont bienfaisants envers tous les hommes et jettent quelques fleurs sur le chemin pénible qui les conduit tous de la naissance à la mort.

Cultivons–les aussi pour honorer notre nation, qu'ils servent à immortaliser notre reconnaissance pour les héros défenseurs de notre patrie. Que tous les arts s'allient pour célébrer dignement, s'il est possible, la gloire du monarque illustre qui remplit le monde entier de sa gloire et de celle du nom français, dont le premier éloge est prononcé par les monarques qu'il a vaincus, dont les promesses ont surpassé toutes nos espérances, dont les actions ont surpassé toutes les promesses. Que les accents de la reconnaissance personnelle s'unissent aux hommages publics; que le bronze, quoique moins durable que sa mémoire, conserve ses traits immortels. Que celui qui a mis un terme à nos dissensions civiles vive longtemps pour réparer les malheurs qu'elles entraînent : qu'il vive pour la paix et la prospérité de la France. Et vous, Messieurs, vous vous livrerez à l'étude des sciences sous l'influence libérale d'un gouvernement modéré, vous cultiverez et vous aimerez les arts, parce qu'ils réunissent et concilient tous les hommes, parce qu'ils sont bienfaisants, pacifiques et consolateurs : (Scientia amica omnibus. *Plato, de amicitiá*).

Document nº VIII. (*Page 57.*)

LETTRES DE VOLNEY A FOURIER.

1ʳᵉ *Lettre.* Paris, 7 janvier 1812.

Monsieur le Baron,

J'assistais hier à la proclamation du prix qui vous a été décerné par l'Institut, et me trouvant à côté d'un de vos amis et compagnons de voyage, ce fut pour nous une occasion de parler de vos travaux dans le grand ouvrage sur l'Égypte. Parmi les choses intéressantes qu'il m'apprit, vos recherches sur la correspondance qui a dû exister entre les signes du zodiaque et les opérations agricoles des Égyptiens ont surtout excité mon attention, et elles m'engagent à m'adresser directement à vous pour la solution d'un problème qui m'occupe. Vous savez que la sortie d'Égypte fut précédée d'une grêle *qui ruina l'orge et le lin,* mais qui ne détruisit pas le froment, *parce qu'il n'avait pas formé ses épis.* Très-peu de jours après arriva le *premier mois de l'année usitée:* les chronologistes veulent placer *ce mois* à l'équinoxe vernal; mais la circonstance des *cailles dont le passage eut lieu dans le second mois* (qui serait avril) contrarie absolument cette hypothèse; il faudrait donc savoir en quel mois (à 10 jours près selon les années), *le froment entre en épis dans la basse Égypte.* J'ai pensé que dans vos recherches sur le cours des opérations rurales, vous auriez pu tenir quelque note à cet égard, et que je ne commettrais pas une indiscrétion grave en vous priant d'avoir la bonté de m'éclaircir sur ce fait physique qui m'a échappé comme à presque tous les voyageurs dont j'ai compulsé les observations relatives. Dans tous les cas, Monsieur le Baron, je respecterais vos motifs de réserve et je n'en conserverais pas moins les sentiments de considération très-distinguée avec lesquels j'ai l'honneur de vous saluer.

Signé : VOLNEY.

2ᵉ *Lettre.* Sarcelles sous Écouen, le 10 mai 1812.

Monsieur le Baron,

Au moment où je recevais votre lettre du 31 mars, un accès de fièvre de cinq jours attaqua tellement ma santé par elle-même assez faible, qu'il m'a fallu presque tout le temps écoulé depuis cette date pour me rétablir, et ce n'est que depuis peu que j'ai pu reprendre mes occupations de cabinet.

Je vous dois, Monsieur le Baron, des remercîments particuliers pour la lettre obligeante dans laquelle vous avez répondu à ma question d'agriculture égyptienne, et pour la communication que vous avez bien voulu me donner du premier article de vos recherches sur les monuments astronomiques de l'Égypte. Cet échantillon me fait vivement regretter les retards que vos fonctions et *votre santé*, me dit-on, apportent à la publication de votre travail ; l'esprit de modération et d'impartialité que respire votre début devient le garant de la solidité de vos aperçus et de vos découvertes : que de choses curieuses à voir et à expliquer dans ces ruines vraiment étonnantes dont il m'a été permis de voir les magnifiques gravures ! quels siècles que ceux où les arts de toute espèce avaient acquis un si haut degré de perfection ! et combien nous sommes jeunes dans la connaissance de l'antiquité !

J'attache le plus grand intérêt à lire le développement de vos preuves en faveur de la date reculée des zodiaques de Latopolis et de Tentyra. Il paraît que des copies inexactes ont induit Dupuis en erreur ; je n'ai point encore étudié cette question, attendant à le faire sur de sûrs modèles, et d'ailleurs étant occupé d'une autre branche qui se lie à la vôtre, je veux dire la chronologie des Chaldéens, dans laquelle il me semble avoir aussi découvert des choses neuves, et entre autres

22.

une identité frappante avec tout ce qu'on attribue aux **Juifs** dans toute la prétendue période diluvienne et anté-diluvienne. Il y a deux ans que j'ai publié un premier travail intitulé *Chronologie d'Hérodote*, où je m'écarte totalement des idées reçues sur les Assyriens de Ninive et de Babylone, et cependant ce travail a obtenu le suffrage de plusieurs savants distingués en Allemagne et même à Paris. J'ai en main un second volume très-avancé, qui traite des *Babyloniens* et des *Juifs*; si mes aperçus sont vrais, comme je le crois, l'histoire de l'A-sie avant Cyrus prendra une face nouvelle; et parce qu'au delà des premiers rois hébreux, les propres livres de ce peuple attestent une fracture absolue dans l'échelle des temps, et qu'au delà d'une certaine limite tout devient mythologique et chaldéen, mon travail s'accordera avec le vôtre à ouvrir une perspective de temps antérieurs suffisants à placer les dates des plus anciens monuments. Je me rappelle toujours avec plaisir les vues savantes et judicieuses dont vous me fîtes part il y a déjà dix ans chez le ministre de la guerre : ma crainte est de ne pouvoir attendre dix autres années pour voir terminer tout le magnifique travail sur l'Égypte. Mais j'oublie que j'entretiens un administrateur qui a d'autres oc-cupations plus pressantes ; recevez, Monsieur le Baron, à ce titre et à tout autre, les vœux bien sincères que je fais pour tout ce qui peut contribuer à votre bonheur, et l'assurance des sentiments de considération distinguée avec lesquels j'ai l'honneur de vous saluer.

Signé : VOLNEY.

Document n° IX. (*Page 36.*)

Lettre circulaire adressée par le Préfet du Département de l'Isère à MM. les maires des communes de ce département, à l'occasion du retour des Bourbons en 1814.

Messieurs,

J'ai fait imprimer et publier différentes pièces relatives aux événements politiques qui viennent de s'accomplir dans la capitale de la France. Les premières m'ont été adressées par ordre du gouvernement provisoire, la dernière est extraite du journal officiel ; j'y ai joint la déclaration du corps municipal de la ville de Grenoble. Il est nécessaire que ces pièces soient portées sans délai à la connaissance de vos administrés, et je vous invite à les faire publier et afficher dans le lieu le plus apparent de votre commune, immédiatement après la réception.

Je suis persuadé que les habitants de ce département feront éclater une joie unanime en apprenant que le bonheur de leur patrie est consolidé par le retour à jamais mémorable d'une autorité tutélaire et paternelle, qui regarde tous les Français comme ne composant qu'une seule famille, et doit ajouter à tant de titres augustes le bienfait d'une paix nécessaire et si longtemps désirée.

Il est inutile, Messieurs, de vous recommander d'exciter le zèle des habitants de vos communes ; je vous invite seulement à en autoriser l'expression.

Aux motifs personnels qui me portent à vous adresser cette invitation, s'en joignent plusieurs autres qui sont puisés dans l'intérêt immédiat de notre pays.

J'attends, Messieurs, de votre zèle et de votre dévouement que vous vous conformerez à la présente instruction.

Je recevrai avec satisfaction l'assurance de votre concours, ainsi que celle des dispositions des personnes qui participent à l'exercice de l'autorité municipale. Il est convenable que les magistrats s'expriment publiquement ; leur voix donnera l'essor à toutes les autres, et appellera sur le pays les avantages résultant de la concorde publique et d'une paix stable, objet de tous les vœux.

Agréez, Messieurs, l'assurance de ma parfaite considération.

J. FOURIER.

Grenoble, le 14 avril 1814.

La veille, le 13 avril, Fourier avait homologué une déclaration du corps municipal de Grenoble, en ces termes :

« Vu et homologué par le préfet du département de l'Isère,
« qui ordonne que la présente déclaration du corps municipal
« soit sur-le-champ publiée et affichée avec solennité, com-
« me exprimant les vœux unanimes des habitants, et comme
« un témoignage authentique de leurs sentiments pour l'au-
« guste maison de France, qui va rendre à notre patrie, avec
« une paix durable, son ancienne prospérité et sa gloire, et
« fondera sur des bases anciennes et révérées l'union et le
« bonheur de tous les Français. Vive le Roi ! »

DOCUMENT N° X. (Page 37.)

Ordre de police pour le passage de Napoléon à Gre-
noble, en se rendant à l'île d'Elbe.

Le 21 avril (1814), à trois heures de l'après-midi, la promenade du jardin et des terrasses sera interdite, les grilles en seront fermées et ne seront ouvertes qu'en suite de l'ordre du maire.

Il sera placé deux piquets, l'un sur le quai à l'angle de la maison Perrard, et l'autre à l'angle de la maison Giroud, joignant la salle de spectacle ; à chacun de ces angles il y aura un agent de police qui ne laissera passer que les habitants des maisons situées sur cette partie du quai, à qui il sera délivré un billet de passe par le commissaire de police.

Il sera fait des patrouilles par la cohorte urbaine, depuis l'hôtel de la préfecture jusqu'à la porte de France ; elles dissiperont les attroupements, engageront les personnes isolées qui auraient l'intention de stationner sans aucun motif, à se retirer, et ne laisseront passer que celles qui se rendraient dans les communes environnantes.

Toutes personnes qui, par des injures ou propos, troubleraient l'ordre, seront arrêtées et traduites à la Conciergerie.

Il y aura des détachements de la cohorte urbaine stationnés sur les places et carrefours, qui se porteront partout où besoin sera.

Le présent sera soumis à l'approbation de M. le préfet.

Il sera communiqué à M. le commandant de la place et à M. le colonel de la cohorte urbaine.

Signé : RENAULDON, Maire.

Vu et approuvé par le préfet du département de l'Isère, pour être exécuté selon sa forme et teneur.

Grenoble, le 21 avril 1814.

Signé : FOURIER.

DOCUMENT N° XI. (Page 38.)

Séjour de Monsieur comte d'Artois à Grenoble.

Deux brochures relatives à cet événement furent imprimées à Grenoble ; elles sont intitulées :

« Relation des fêtes qui ont été offertes à son Altesse « Royale *Monsieur*, pendant son séjour dans le département « de l'Isère ; 16 pages in-8°. »

« Recueil de différentes poésies à l'occasion du passage de

« S. A. R. Monsieur, frère du roi, à Grenoble ; 113 pages
« in-8°. »

L'étendue de ces recueils ne permet de reproduire ici que leurs titres.

Mais nous ne pouvons omettre d'ajouter que Fourier, en envoyant au ministre de l'intérieur le texte de la première brochure, la *Relation*, s'exprimait ainsi :

« Je n'ai point rédigé moi-même cette relation, mais je
« l'ai examinée et corrigée avec soin. J'ai suppléé aux articles
« qui avaient été omis, comme les visites aux établissements
« littéraires, etc.

« J'ai cru devoir ajouter à cette lettre une *note* dont l'ob-
« jet n'a point un rapport direct avec le séjour de Son Altesse,
« mais qui m'a paru devoir mériter votre attention, etc. »

Et cette note adressée au ministre était un formel avertissement contre les dénonciations clandestines dont les événements d'alors favorisaient singulièrement la production. Fourier en accuse l'ambition, la vanité, et toutes les mauvaises passions qui sont les compagnes habituelles de ces vices honteux ; il flétrit et la dénonciation et le dénonciateur en termes énergiques. Le fonctionnaire dont Fourier avait pris si noblement la défense conserva son emploi, et Fourier ne se fît jamais un mérite de ce succès ; il avait accompli un devoir.

La théorie des délations a été perfectionnée depuis 1814 ; faut-il la comprendre aussi dans les progrès du siècle, et renoncer à cette consolante pensée, que le développement de l'intelligence doit aussi profiter à la conscience? C'est une question qu'il ne faudra pas examiner tant qu'il y aura des hommes qui ne vivront que de leurs propres turpitudes ou de celles des valets à leurs gages.

On ferait un volumineux recueil de pièces inédites, de la réunion des délations anonymes écrites ; les délations orales, plus bénignes en général et de meilleure compagnie dans la forme, seraient encore plus piquantes, si toutefois des documents d'un tel degré de dépravation laissaient quelque place à toute autre pensée qu'à celle de la juste réprobation que mérite un semblable renoncement à toute humanité, et de l'opprobre éternel dont il doit être marqué.

DOCUMENT N° XII. — (*Page 42.*)

Desséchement des marais de Bourgoin.

Le travail administratif auquel Fourier se livra pour conduire à une heureuse fin cette vaste entreprise, fut considérable, et presque tout personnel, à cause de l'importance supérieure de son objet, de la variété des intérêts qui s'y trouvaient engagés, de l'entêtement des prétentions qu'ils firent naître, et des difficultés infiniment compliquées sur lesquelles les tribunaux et le conseil d'État ne parvinrent, qu'à grand'-peine, à mettre d'accord par la force légale de leurs décisions, l'État, les communes, les propriétaires et la compagnie des entrepreneurs du desséchement.

Il est constant que ce grand ouvrage d'utilité publique, dont Fourier préfet ne cessa de s'occuper après en avoir exposé mathématiquement les bases, a rendu à l'agriculture six mille cent cinquante-quatre hectares de terres labourables.

DOCUMENT N° XIII. (*Page 80.*)

Recherches au sujet des zodiaques égyptiens.

Voici le texte d'une autre note autographe de Fourier; elle servira, comme celle qui se lit page 79, à montrer à quelle diversité de recherches il se livrait pour perfectionner son ouvrage.

1. Trouve-t-on sur plusieurs monuments la tête d'Isis (d'Hathôr) du zodiaque rectangulaire de Denderah?

2. La liste des noms égyptiens des mois, la prononciation, la transcription donnée par les Grecs, avec les jours épagomènes, et les mêmes noms transcrits en arabe.

3. Les noms égyptiens des plantes les plus communes.

4. Examiner le passage d'Hérodote sur le voyage des Phéniciens.

5. Examiner le passage ancien de l'inégalité du niveau de la mer Rouge et de la Méditerranée.

6. De même le passage de Strabon qui rapporte que dans les temps les plus anciens il y avait trente-six nomes en Égypte.

7. Système numérique tiré de la langue égyptienne et comparé à la numération grecque.

8. Peut-on connaître le nom égyptien du lotus, de Sothîs, d'obélisque?

9. Le texte de la procession de Ptolémée Philadelphe, dans Athénée.

DOCUMENT N° XIV. (*Page 216.*)

Mesures prises par le maréchal Masséna contre les troupes impériales débarquées de l'île d'Elbe.

Extrait du *Journal du département de l'Isère*, n° 29, du 8 mars 1815, qui ne fut pas distribué (*Suprà*, page 220.)

Communications officielles du préfet du département de l'Isère à ses administrés.

Une lettre de M. le maréchal prince d'Esling, datée de Marseille du 4 mars 1815, et adressée à M. le lieutenant général comte Marchand, annonce que M. le lieutenant général comte Miollis, parti avec le 83ᵉ régiment et six com—

pagnies d'élite du 58e, est à la poursuite de Bonaparte. Le restant du 58e suit le même mouvement, et leur but commun est de couper, s'il est possible, la marche de l'ennemi. Cette dépêche est terminée ainsi : « Je ferai tous mes efforts pour favoriser vos mouvements et vous seconder de tout mon pouvoir. »

> *Signé :* le maréchal duc de RIVOLI, gouverneur de la 8e division militaire, prince d'ESLING.

La dépêche de M. le Maréchal est accompagnée d'une lettre de M. le comte de Bouthillier, préfet du département du Var, qui porte que la force de l'ennemi est de mille hommes ; que son département, où le passage a eu lieu, est aussi tranquille que possible, et que cet événement n'a fait écarter personne de son devoir.

Certifié conforme aux lettres ci-dessus, déposées en nos archives, à Grenoble, ce 6 mars 1815. Le préfet, FOURIER.

DOCUMENT N° XV. (*Page* 243.)

Sur le titre de comte conféré à Fourier.

C'est dans le décret impérial du 12 mars 1815, contenant la nomination de Fourier à la préfecture du département du Rhône, que son nom paraît pour la première fois précédé du titre de comte. Fourier le prit dans ses actes administratifs et dans sa correspondance familière. Dans le décret du 6 avril, qui régularisa la liste générale des préfets de l'Empire, le nom de Fourier n'est précédé d'aucun titre. Enfin dans le décret du 10 juin de la même années, qui accorde à Fourier une pension de retraite de 6,000 francs, à compter du premier juillet suivant, son nom est sans titre, mais il est désigné avec celui de comte dans le rapport du ministre de l'intérieur, Carnot, qui a servi de motif à ce décret.

Il devait exister, de la décision impériale qui a élevé Fourier du rang de baron à celui de comte, deux actes officiels, savoir, le *décret* impérial par lequel se manifesta la volonté souveraine, et les *lettres patentes* conférant le titre et enregistrées en cour royale. On ne trouve aucune trace du brevet ; les papiers du gouvernement des cent jours ont été peu ménagés, et la liste générale des dotations, titres et majorats accordés par l'Empereur, ne présente qu'un très-petit nombre de nominations pour la fin de l'année 1813 et les premiers mois de 1814 (quatre, depuis le mois de juin 1813, y compris M. Léon de Perthuis au titre de baron, et M. Louis Marie de Mesgrigny au titre de comte, le même jour 22 novembre). Une autre liste des titres de propre mouvement renferme très-peu d'actes des neuf derniers mois de l'Empire, et le nom de Fourier ne se trouve que pour son titre de baron. (Décret du 3 décembre 1809, Lettres patentes du titre, du 26 avril 1810.) Enfin une troisième liste, celle des lettres patentes accordées par le Roi et portant collation de titres concédés par brevets de l'Empereur et non suivis de Lettres, est également muette à l'égard de Fourier. Terminons en faisant remarquer que, dans l'acte qui lui confère le titre de baron, il est désigné par les prénoms de *Joseph-Jean-Baptiste*, autre variante à ajouter à celles qui sont déjà mentionnées dans le premier chapitre de cet ouvrage.

DOCUMENT N° XVI. (*Page* 249.)

Notice des opérations militaires exécutées dans les départements de l'Isère et des Hautes-Alpes, du 4 au 31 mars 1815.

La garnison de Marseille se composait du 58me et du 83me régiments de ligne; les généraux Gardanne et Loverdo commandaient dans le département.

Le 4 mars, le 58me sortit de Marseille, accompagné par environ 400 hommes de la garde urbaine pour aller à la poursuite de l'Empereur. Cette troupe arriva à Gap le 9, d'où le général Chabert se retira pour se porter sur Corps : mais sur la nouvelle que ce général fit répandre à Gap, qu'il arrivait avec huit cents hommes et du canon, les Marseillais se retirèrent en désordre ; ils arrivèrent à Aix le 22, et attendirent en cette ville un nouveau renfort qui ne tarda pas d'y arriver ; il se composait du 83me et d'environ 900 Marseillais pris un peu partout.

Cette colonne, composée d'environ trois mille hommes, partit d'Aix le 24 et se dirigea sur Sisteron, où elle arriva le 26. Le lendemain, la troupe se partagea en deux colonnes ; l'une se dirigea sur Gap, où elle arriva le même jour, et l'autre prit la route de Veynes et Serres, pour aller déboucher par la Croix-Haute, et faire vraisemblablement sa jonction à la Mure.

Le 29 mars, le 58me, laissant à Gap environ 400 Marseillais, et étant en quelque sorte instruit par les journaux de ce qui se passait, alla coucher à Saint-Bonnet le même jour. Lorsque le général Chabert eut pris position à Corps, il donna ordre aux gardes nationales de Vizille et de la Mure de s'y réunir. Le même jour, la garde nationale de Vizille, composée d'environ cent hommes, à la tête desquels se trouvaient les plus riches propriétaires, vint coucher à la Mure.

Le lendemain 30, la garde nationale de la Mure, composée d'environ deux cents hommes (parmi lesquels se trouvaient également les principaux habitants), se joignit à celle de Vizille et à une compagnie du 5ᵉ qui avait été envoyée de Grenoble avec deux pièces d'artillerie. Cette petite armée arriva à Corps, sur les 10 heures du matin. De suite le général Chabert fit prendre position dans le défilé qui conduit de Corps à Aspres, la garde nationale de la Mure occupant les avant-postes.

La petite armée qui se trouvait réunie sur la place de Corps, à deux heures après midi, pouvait s'élever à environ cinq cents hommes. Mais le général Chabert ayant appris par des gendarmes venant de Serres, qui avaient traversé les montagnes du Dévolui, que la 2ᵐᵉ colonne marseillaise se dirigeait sur Mens, fut obligé, pour ne pas être tourné, de partager sa petite armée ; en conséquence, le colonel Lespinasse et le major du 5ᵐᵉ furent détachés avec 100 hommes de troupes de ligne, une pièce de canon et la garde nationale de Vizille, pour aller prendre position au pont de Cognet, qui se trouve à environ trois quarts de lieue au-dessous de la Mure. Mais ils avaient déjà été prévenus par les gardes nationales de la Motte. Ces braves paysans s'étaient levés spontanément, ils avaient barricadé le pont, et près de 100 hommes se trouvaient dans le défilé armés de toutes pièces.

Du côté de Corps, la position n'était pas moins bien gardée ; on avait placé la pièce de canon qui restait, un peu au-dessus de la croix d'Aspres, de manière à balayer toute la route ; cette pièce était soutenue par la garde nationale de la Mure. Soixante hommes de la garde nationale de Corps s'étaient postés au sommet de la montagne avec des pioches, pour lancer des pierres qui auraient été plus funestes que l'artillerie ; mais tous ces préparatifs devinrent inutiles : sur les quatre heures et demie on apprit que le 58ᵐᵉ avait laissé les Marseillais à Gap, et qu'il venait se ranger sous les aigles impériales. En effet, on vit arriver une heure après le général Gardanne.

Le lendemain, le 58me arriva à Corps sur les 10 heures du matin. La garde nationale de la Mure rentra le même jour.

La colonne qui était partie de Sisteron le 29 déboucha dans le Trièves le 31 au soir.

Le lendemain, le général Gardanne envoya un parlementaire au général Loverdo, pour lui faire part de ce qui se passait, et l'engager à se ranger sous les aigles ; on ignore quel a été le résultat de cette conférence; mais plusieurs personnes, entre autres deux officiers du 83me, assurent que le jour de leur départ le général Loverdo avait donné des ordres pour se diriger sur Montélimart.

DOCUMENT N° XVII. (*Pages* 258 *et* 310.)

Notice des recherches sur les calendriers des peuples anciens.

Les mémoires indiqués dans ces passages étant inédits, nous en donnerons ici une idée, tirée de l'Exposé même des travaux de la classe d'histoire et de littérature ancienne de l'Institut, depuis le 1er juillet 1814 jusqu'au 30 juin 1815, rédigé par M. Daunou :

Dans une dissertation sur les calendriers comparés de plusieurs peuples anciens, lue le 19 mai 1815, M. Champollion-Figeac, correspondant de l'Institut, fait observer l'influence qu'exercèrent sur les divisions du temps, adaptées aux usages civils, les conquêtes d'Alexandre, celles des Romains, et l'établissement du christianisme. D'autres causes, moins considérables, ont concouru à varier ces divisions, et à compliquer l'étude si importante des anciens calendriers. Point de système complet de chronologie, sans une connaissance précise des diverses années civiles, des idées que chaque peuple avait conçues soit de la révolution solaire, soit de la combinaison de cette révolution avec les phases lunaires, soit de quelques autres périodes. Il y a des monuments, des livres qui peuvent éclairer dans ces recherches : M. Champollion cite surtout l'Almageste de Ptolémée, et en montre l'exactitude, en rapportant sur le calendrier julien quatre observations astronomiques indiquées selon le calendrier égyptien dans ce grand ouvrage. M. Halma, qui en publie une traduction accompagnée du texte , rend un important service aux lettres et aux sciences.

Entre ces calendriers proprement dits, rien n'est plus précieux que le recueil découvert en 1715, par Jean Masson, et connu sous le nom de Hémérologe de Florence. Il en existe dans cette ville deux manuscrits, et un troisième à Leyde. Masson le fit imprimer d'après les deux premiers , et il paraît que l'édition qu'il en a donnée n'était point connue lorsque, sur une copie envoyée de Florence, et faite, à ce qu'il semble, avec peu de soin, on inséra l'Hémérologe dans la collection des Mémoires de l'Académie des Inscriptions et Belles-lettres (Tome XLVI).

Mais les trois manuscrits eux-mêmes ne sont pas exempts de fautes et de lacunes; il était donc à propos de restaurer ce monument, et M. Champollion-Figeac s'est livré à ce travail : il a mis sous les yeux de la classe l'Hémérologe rétabli, corrigé, complété. Son mémoire indique les sources , expose les motifs des rectifications et additions qu'il y a faites.

Dressé pour l'usage de l'année fixe de 365 jours et un quart, l'Hémérologe, tel qu'il nous est parvenu, est, par cela même, incomplet; la concordance qu'il présente ne s'applique immédiatement qu'aux années communes, et rien ne montre comment on l'appropriait aux années bissextiles. C'est ce que M. Champollion se propose de déterminer dans une autre partie de ce mémoire, où il explique l'usage qu'on peut faire de l'Hémérologe devenu complet, pour fixer, avec précision, un grand nombre de dates anciennes. (Extrait textuel, pages 65, 66 et 67 du Rapport de M. Daunou.)

Document n° XVIII. (*Page 302.*)

Ordre du jour de la place de Paris au sujet de la capitulation avec les alliés, le 4 juillet 1815.

Ordre du jour du 4 juillet 1815, donné par le général Donzelot.

Une convention a été faite avec les généraux (ennemis, *mot effacé*) des puissances alliées pour arrêter l'effusion du sang.

Les citoyens de Paris doivent être sans alarme, et rester dans l'attitude à la fois paisible et ferme qu'ils ont gardée au milieu des dangers.

La police de la ville est confiée à la garde nationale et à la gendarmerie municipale sous mes ordres comme gouverneur de Paris.

Continuer à garantir de toute atteinte les personnes et les propriétés, empêcher tout rassemblement tumultueux, faire taire toute espèce de cris qui peuvent exciter des dissensions, ne laisser arborer, en aucun lieu, par qui que ce soit, d'autres couleurs que les couleurs nationales, voilà les devoirs qui sont imposés de nouveau à la garde nationale.

Je me repose de leur accomplissement sur le zèle des citoyens qui la composent et sur le dévouement de ses chefs.

DOCUMENT N° XIX. (*Page* 269.)

Préférence déclarée de Napoléon pour toutes les aristo-
craties.

Dès que Napoléon fut élevé au trône impérial, il s'occupa attentivement de se faire une cour et d'en rétablir autour de sa personne l'étiquette, l'élégance, le luxe et l'éclat. **Dès le mois de mai 1804, il fit demander à la Bibliothèque nationale tous les volumes manuscrits qui avaient été à l'usage du prince de Condé, grand maître des cérémonies de France :** un code tout entier fut rédigé pour le nouveau souverain ; ce code régla minutieusement tout ce qui concernait les appartements, les levers et les couchers de l'Empereur ; les audiences et les présentations ; la chapelle, les repas, les bals et concerts, le service d'honneur, les parades, les cérémonies publiques, les voyages, le serment et le deuil des personnages du plus haut rang. Les habitués de l'ancienne cour donnèrent à la nouvelle leurs souvenirs, leurs manières et leur expérience : Napoléon adopta les usages qui lui semblèrent les plus dignes de sa toute-puissance.

L'Empereur était accompagné aux offices de l'Église par le grand aumônier qui lui présentait son livre d'heures, le livre des Évangiles et la paix à baiser ; qui assistait aux festins impériaux pour la bénédiction et les grâces.

Dans les repas en grand couvert, le grand maréchal du palais prenait les ordres de l'Empereur pour le moment du service. La table était placée sur une estrade et sous un dais, avec deux fauteuils ; le couvert de l'Empereur à droite, celui de l'Impératrice à gauche ; la nef et le cadenas de l'Empereur à droite de son couvert, la nef et le cadenas de l'Impératrice à gauche, et sur la table même.

En petit couvert, on les plaçait sur des tables de desserte.

Le grand maréchal prévenait que tout était prêt; le grand chambellan présentait à laver à l'Empereur, le grand écuyer offrait le fauteuil, le grand maréchal présentait la serviette, le grand aumônier bénissait le dîner et se retirait; les pages faisaient le service. Les carafes d'eau et de vin étaient sur un plat d'or, le verre sur un autre plat d'or et à la droite du couvert. Le premier préfet versait l'eau et le vin dans le verre, qui était offert par le grand maréchal. Les maîtres d'hôtel portaient les plats, découpaient les mets et faisaient offrir par les pages. Le grand chambellan faisait verser devant lui le café dans la tasse destinée à l'Empereur, un page la lui remettait sur un plat d'or, et le grand chambellan l'offrait après le repas. Le grand maître prenait la serviette des mains de l'Empereur, le grand écuyer retirait le fauteuil, et le grand chambellan donnait à laver. Aux petits couverts, les grands officiers de la couronne étaient moins employés.

L'heure du déjeuner était donnée la veille par l'Empereur avant son coucher. Pour tous les repas, le service de la cuisine et celui de l'office étaient apportés couverts, ainsi que l'eau, le pain et le vin. Un maître d'hôtel gardait la table dès qu'elle était posée et il ne devait pas la quitter. On plaçait une serviette sur la nappe à la place où devait être mis le couvert de l'Empereur. Cette serviette était rejetée de la moitié de sa longueur sur le couvert pour le couvrir entièrement. Le préfet de service visitait tous les jours les cuisines, caves, offices, argenteries, fourrières et magasins; il devait bien connaître toutes les personnes employées.

Le maître de la garde-robe était chargé de tous les objets qui la composent: habits, linge, dentelles, chaussures, grands et petits costumes; cordons et colliers des ordres; diamants et bijoux. S'il assistait à la toilette de l'Empereur, il lui passait lui-même son habit, lui attachait le cordon ou collier des ordres; il présentait son épée, son chapeau et ses gants lorsque le grand chambellan était absent. Au coucher, il détachait les colliers, et recevait l'épée, le chapeau et les gants en l'absence du grand chambellan.

A l'armée, le grand écuyer accompagnait toujours l'Empereur; il portait son épée en l'absence du connétable; si le cheval de l'Empereur était tué ou venait à tomber, le grand écuyer relevait l'Empereur et lui donnait son cheval. Dans les défilés ou sur un pont étroit, le grand écuyer suivait l'Empereur, prenait son cheval s'il mettait pied à terre, il devait être prêt à le soutenir au besoin. Il avait sous ses ordres un porte-arquebuses chargé d'entretenir, charger et décharger les pistolets et les armes des voitures de l'Empereur. Le grand écuyer donnait la cravache, présentait le bout des rênes et l'étrier gauche à l'Empereur, quand il montait à cheval. L'écuyer de service portait à l'armée la cuirasse de l'Empereur, et le revêtait de ses armes le jour d'une bataille, si le grand et le premier écuyer étaient absents. Dans les mêmes circonstances, il ramassait ce que l'Empereur à cheval laissait tomber.

Quand l'Empereur se servait de sa voiture de cérémonie, il montait derrière la voiture autant de pages qu'on pouvait y en placer, et six autres derrière le cocher. A la nuit, les pages de service attendaient l'Empereur à la porte du vestibule, portant un flambeau de poing de cire blanche. Porteurs d'un ordre, même verbal, de l'Empereur ou des princes, les pages devaient le rendre directement à la personne que l'ordre concernait, fût-elle malade et même gardant le lit.

Le colonel général de service ne devait jamais quitter l'Empereur depuis que S. M. sortait de son appartement jusqu'au moment où elle y rentrait; il marchait toujours derrière elle, et qui que ce soit ne pouvait passer entre, afin que rien n'empêchât le colonel général d'avoir toujours la vue sur la personne de l'Empereur. Il l'accompagnait au conseil d'État et y restait jusqu'à ce qu'il en sortît. L'Empereur était, hors du palais, sous la garde unique du colonel général qui répondait de sa personne, et devait pourvoir à sa plus grande sûreté ; à l'armée il devait faire éclairer sa marche ; dans les bivouacs et les reconnaissances, il couchait dans la tente de l'Empereur.

Dans ses palais, l'Empereur étant couché, l'aide de camp de service était chargé de la garde de sa personne, couchait dans la pièce voisine, dont la porte était fermée en dedans par un verrou, et personne ne pouvait y entrer. Une dépêche pressée était reçue à la porte par l'aide de camp qui la refermait au verrou, grattait ensuite à la porte de la chambre où l'Empereur reposait.

Les aides de camp recevaient le commandement de l'Empereur le chapeau à la main et le répétaient ; ils le rendaient aussi le chapeau à la main, à l'officier auquel ils le portaient, et quel que fût son grade. Il était écrit en principe que rien n'était au-dessous des aides de camp pour le service, qu'il n'y en avait aucun, quelque inférieur qu'il fût, dont ils ne pussent être chargés. Ils devaient pourvoir aux feux, à l'eau-de-vie, aux vivres de campagne quand l'Empereur vivait de l'ordinaire du soldat.

Le palais des Tuileries était distribué en appartement de représentation, en appartement ordinaire de l'Empereur, divisé aussi en appartement d'honneur et en appartement intérieur. Celui-ci se composait d'un cabinet de travail, d'un arrière-cabinet, d'un bureau topographique et d'une chambre à coucher. Le gardien du portefeuille tenait la porte de l'arrière-cabinet, et n'y laissait entrer que par l'ordre de l'Empereur. Quant au cabinet de travail, personne ne pouvait le traverser, ni y entrer sous quelque prétexte que ce fût, à moins d'y être appelé ; et on devait se retirer si l'Empereur venait à en sortir. Le gardien du portefeuille faisait tout le service du cabinet; il tenait tous les verrous fermés et n'ouvrait à qui que ce fût.

Le lever et le coucher étaient marqués par le moment où l'Empereur sortait de son appartement intérieur, ou y rentrait. Les grandes et les petites entrées étaient strictement réglées ; l'Empereur pouvait en priver par une lettre au grand chambellan, qui faisait rayer la personne désignée de la liste remise à l'huissier. Les formalités, au sujet des présentations, et des cercles pour faire la cour, étaient nombreuses et strictes.

A la chapelle, outre les grandes solennités, l'Assomption, (jour de la naissance de l'Empereur), Noël, Pâques et la Pentecôte, il y avait aussi des cérémonies extraordinaires, telles que la bénédiction des cierges au jour de la Purification, les Cendres, les Rameaux, le lavement des pieds le jeudi saint, l'adoration de la croix le vendredi saint, la bénédiction du cierge pascal et celle de l'eau le samedi saint, la bénédiction de l'eau le samedi de la Pentecôte, la Fête-Dieu, et autres qui pouvaient être instituées.

Dans toutes les cérémonies au palais, on avait hiérarchiquement réglé l'usage des fauteuils, des chaises, des tabourets et des pliants, d'ordinaire, il était défendu aux hommes de s'asseoir, à moins que l'Empereur ne leur en envoyât la permission par un de ses officiers.

Aux bals, cercles et concerts, les princes et les princesses ne pouvaient être invités que par une lettre écrite à la main et portée par un valet de chambre de l'Empereur. S. M. se tenait dans la salle du trône ; on devait s'abstenir, par respect pour le trône, de faire jouer dans la salle où il est placé; les hommes et les dames devaient saluer le trône en traversant cette salle. Si l'Empereur parcourait les salons, les personnes occupées à jouer ne se levaient point et n'interrompaient pas leur jeu, à moins que l'Empereur ne s'approchât. Si l'Empereur voulait jouer, le chambellan de jour avertissait les personnes désignées par **S. M.**; si l'Empereur avait voulu danser, le premier chambellan, ou le maître de la garde-robe, ou le chambellan de jour devait s'approcher et recevoir son épée et son chapeau, prendre les ordres sur les personnes désignées pour danser avec lui, et les inviter.

Dans l'appartement d'honneur, si l'Empereur avait besoin de quelque chose, le chambellan de service le remettait à un prince de la famille impériale, qui le présentait lui-même à l'Empereur; et l'honneur de ce service appartenait au prince le premier par ordre de naissance. Les rafraîchissements étaient apportés par des pages et présentés par le chambellan de service.

L'Empereur et l'Impératrice entraient *seuls* dans le salon de l'Empereur; aucune autre personne n'y entrait sans y être appelée, le chambellan même devait en faire demander la permission par un huissier; en règle générale, *personne*, quel qu'il fût, n'avait le droit d'entrer dans la pièce où se trouvaient l'Empereur et l'Impératrice.

Les huissiers, les valets de chambre et de livrée étaient hiérarchiquement échelonnés.

Dans les voyages, un officier de chaque service partait au moins vingt-quatre heures d'avance pour s'assurer que tout était disposé conformément aux goûts de **S. M.** et à l'étiquette. Durant les relais, ou si l'Empereur s'arrêtait dans une ville, la gendarmerie ne devait pas entourer sa voiture, ni empêcher le peuple d'approcher. L'écuyer devait veiller à ce qu'on ne fît pas de poussière, qu'on n'éclaboussât pas la voiture de l'Empereur, et il devait lui-même y faire attention; les voitures devaient marcher à soixante pas de distance, celle de l'Empereur à cent pas, en avant et en arrière. S'il y avait beaucoup de poussière, les voitures marchaient à une plus grande distance, l'escorte de l'Empereur derrière sa voiture, ainsi que les courriers et les coureurs: il ne devait y avoir devant aucun homme à cheval. L'écuyer devait exiger du silence de l'escorte, être circonspect et ferme au besoin pour les personnes qui approchaient la voiture de S. M., mais toujours avec ménagement et sans rudoyer qui que ce fût; les voitures devaient être attelées trois quarts d'heure avant l'heure indiquée pour le départ. On devait éviter le bruit des chevaux et des voitures dans la rue où l'Empereur était logé. Une note attachée dans l'intérieur de sa voiture lui désignait les noms et les distances des relais.

Dans les deuils, la longueur de la queue des manteaux était ainsi fixée : pour l'Empereur, cinq pieds; le prince impérial, quatre pieds; les frères de l'Empereur, trois pieds et demi; les autres princes, deux pieds; les ministres et les grands officiers civils et militaires, trois à quatre doigts; pour toute autre personne, point de queue, le manteau ne devait descendre que jusqu'à la cheville.

Le cérémonial pour la réception d'un ambassadeur ordonnait que lorsque l'Empereur le congédiait, l'ambassadeur se retirât sans se retourner.

L'esprit qui dominait dans toutes ces solennelles formalités, révèle la nécessité de mettre des bornes au zèle ardent des serviteurs de l'Empereur, de les contenir dans les limites de leurs attributions personnelles; l'aide de camp seul était bon à tout, s'il était seul auprès du souverain; bon au service le plus élevé comme au plus inférieur : et l'heureux soldat corse, parvenu à la couronne impériale renouvelée de Charlemagne après mille ans, vivait obsédé des soins que lui rendaient nuit et jour les Montmorency, Mortemart, Montesquiou, d'Aubusson, Talleyrand, Angosse, Radziwill, Kergariou, Turenne, Noailles, Brancas, Chabrillant, Gontault, Narbonne, et tant d'autres personnages d'illustre nom dans l'ancienne monarchie française.

TABLE ANALYTIQUE
DES MATIÈRES.

(1) Les titres en lettres italiques indiquent les documents inédits insérés dans le texte de cet ouvrage.